钓鱼战法

快速捕捉牛股买卖信号

李星飞◎著

中国铁道出版社有限公司
CHINA RAILWAY PUBLISHING HOUSE CO., LTD.

内 容 简 介

本书根据趋势的运行规律，从主力拉升股价前向下快速试盘和出货时快速向上冲高回落、K线组合形态所形成的征兆出发，寻找牛市上涨波段的开始与结束，以获取股票投资的波段收益。

主要内容包括向上钓鱼形态和向下钓鱼形态期间买卖时机的判断，详细介绍判断这两种钓鱼形态时相关的技术指标及短线实战策略、操盘步骤，从选股的初级操作步骤开始逐一介绍买股判断、持股判断，以及卖股判断信号等实战方法及相关技巧，是一套完整短线波段交易体系，实用性强、成功率高。相信严格按照本书的操作方法操盘，可以达到轻松投资、短期获利的目的。

图书在版编目（CIP）数据

钓鱼战法：快速捕捉牛股买卖信号/李星飞著. —北京：中国铁道出版社有限公司，2022.3
ISBN 978-7-113-28550-0

Ⅰ.①钓… Ⅱ.①李… Ⅲ.①股票投资-基本知识 Ⅳ.①F830.91

中国版本图书馆CIP数据核字（2021）第233420号

书　　名：钓鱼战法：快速捕捉牛股买卖信号
　　　　　DIAOYU ZHANFA：KUAISU BUZHUO NIUGU MAIMAI XINHAO
作　　者：李星飞

责任编辑：张亚慧　　编辑部电话：（010）51873035　　邮箱：lampard@vip.163.com
编辑助理：张秀文
封面设计：宿　萌
责任校对：孙　玫
责任印制：赵星辰

出版发行：中国铁道出版社有限公司（100054，北京市西城区右安门西街8号）
印　　刷：三河市航远印刷有限公司
版　　次：2022年3月第1版　2022年3月第1次印刷
开　　本：700 mm×1 000 mm　1/16　印张：16.25　字数：228 千
书　　号：ISBN 978-7-113-28550-0
定　　价：69.00 元

　　钓鱼战法,是笔者根据多年来的股市实践操作,将市场上经常使用的钓鱼形态,结合私募、机构的操盘手法、短线操盘技术,以及市场运行规律中股价波段运行的各种特征,系统性、延伸性地总结出的一套波段实战的操盘技术。

　　钓鱼战法主要包括向上钓鱼形态和向下钓鱼形态,根据主力操盘过程中在完成建仓后快速拉升股价前的向下试盘时,或是上涨趋势调整行情结束前主力快速洗盘时,形成向上钓鱼线后,股价的强势表现,股价在大幅上涨后主力维持股价在高位区出货时的虚假向上拉升时,向下钓鱼线出现后的弱势表现,总结出的向上钓鱼形态和向下钓鱼形态。

　　无论是从主力操盘的角度,还是股价运行的规律出发,向上钓鱼形态刚好是股价弱势转强的征兆,而向下钓鱼形态刚好是股价强势转弱的征兆,而在向上钓鱼形态与向下钓鱼形态之间,则是股价上涨的一个波段。因此,钓鱼战法实质上是针对股价在上涨波段的起点和终点到来时经常表现出的特征所进行的一种低买高卖的波段操盘技术。

　　钓鱼战法中的这种波段操作主要分为两种情况,因为上涨波段的定义是股价在持续转上涨时开始计算,结束时则是以短期快速转弱时来计算。而在整个上涨波段中,由于钓鱼战法寻找的是股价短期快速转强时的征兆,以及股价快速转弱时的征兆。因此,钓鱼战法中的波段,实质上是股价快速转强与快速转弱时的一个加速上涨小波段。钓鱼战法中的波段操盘,实际上寻找的是股价加速上涨的开始与结束,也就是股价在上涨趋势初期或上涨趋势调整结束时加速上涨的主升浪这一波段,所以,列入钓鱼战法目标股的都是一些具有短期快速上涨特征的股票,也就是我们习惯上所称的牛股。

　　一只股票成为牛股,是由多方面的原因合力促成的。主要表现在三个方面:技术面的充分整理,业绩的良好预期或突变式预增,主力的高度参与。同时,还有一个牛股启动的时机问题，如大盘不能表现为熊市。而这一点完全可以通过主力的动向来把握，这样对于普通的散户而言，就可以避免许多对经济、行业等发展趋势的分析与判断，因为主力即便建好仓后，一旦发动上涨时，均会选择一个适当的时机。所以，只要散户能够通过对技术面＋基本面的分析，确认一只股票具有牛股形成的基因后，通过对向上钓鱼形态和向下钓鱼形态的判断，即可确认牛股发动上涨和结束上攻的时机。这一点也正是钓鱼战法化繁为简的技术操盘理念。

为了能够更为准确地捕捉到主力开始拉升和结束拉升的信号，钓鱼战法又结合短线操盘技术，包括实战策略、交易技巧等诸多技术，并结合基金抱团的长牛股所表现出的上涨特征，根据股价在长、短上涨过程中的不同技术表现，又对钓鱼战法进行了延伸性的扩展，也就是投资者在充分学会钓鱼战法后，如何通过一些实战技巧和主力不同的操盘手法，跳出钓鱼战法的局限，让自己能够在股价快速上涨时，不仅及时捕捉到短期牛股，同时还能够学会如何对长牛股进行波段操作。这种波段操作的方式，就是大波段中的小波段操作。只有在充分熟练钓鱼战法的各种操盘技术后，投资者才能真正成为一名"股市剑客"，以钓鱼战法中的"招数"应对市场中的各种变化，达到无招胜有招的境界。

作　者

2021年12月

| 目　录 |

第 1 章

钓鱼战法：短线获利最高的操盘技术

由于钓鱼战法是通过股价转强初期出现的强势向上钓鱼形态买入股票，通过持续上涨后出现股价快速转弱的向下钓鱼形态卖出股票，操作的是股价整个上涨波段中加速上涨的一个小波段，所以是中线波段操作中持股时间最短、获得最高的一个加速上涨小波段操作。因此，钓鱼战法是中线思维操盘、短线操作获利最高的一种操盘技术。

1.1 钓鱼形态

1.1.1 什么是钓鱼形态

钓鱼形态，就是借用钓鱼时通过垂钓者观察鱼漂的跳动情况，而判断出鱼是已经上钩还是脱钩，或者是大鱼只是在吃饱前故意咬动钓钩，引垂钓者在那里空钓，以为鱼还会来咬钩，实际上大鱼早已逃之夭夭遁去的两种形态，因为这两种不同情况的出现，与股票市场上股价快速上涨前突然向下深蹲和股价快速转跌前猛然向上一蹿时的情况十分相似，所以叫作钓鱼形态。

钓鱼形态的实战意义：

钓鱼形态从类别上分为两类：一是向上钓鱼形态，意味着股价在弱势中的见底回升，并迅速转强，所以是上涨波段开始的买入征兆；二是向下钓鱼形态，意味着在鱼遁去前只是用力咬了一下钩，或是跳出水面让垂钓者看到了一丝希望和期待，实际上此时已经无鱼可钓，因此是上涨波段结束时的卖出股票征兆。而正是这两种钓鱼形态的出现，给投资者波段操作时的买卖股票提供了依据。

如图1-1所示，西部牧业（300106）在持续弱势震荡中的A区域，形成了主力快速探底回升的向上钓鱼形态，股价快速转强，就像深水中咬钩的鱼在鱼钩的带动下持续向上游动，最终露出水面，进入垂钓者的竹篓。而持续上涨的高位区B区域，又形成了向下钓鱼形态，就像是鱼快速咬钩后即跑了，鱼漂突然一沉一浮，垂钓者再无鱼可钓。因此，向上钓鱼形态多为上涨波段开始的买股时机，向下钓鱼形态多为上涨波段结束的卖股时机。

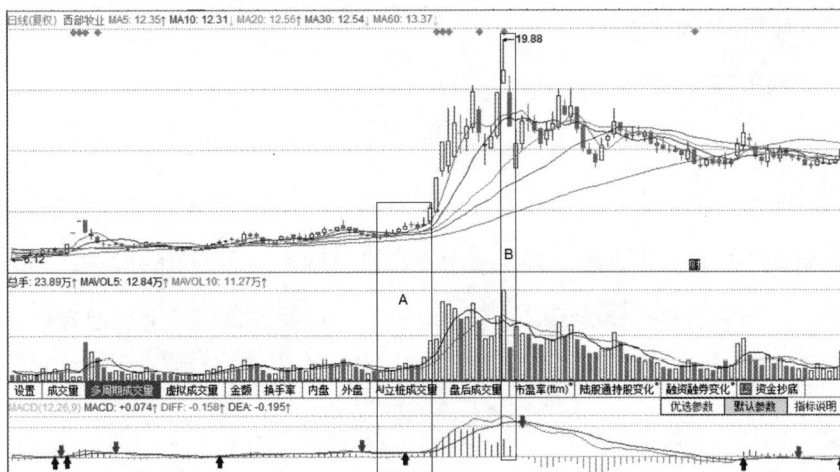

图1-1　西部牧业-日线图

实战指南：

（1）钓鱼形态是根据垂钓者钓鱼时的情形而得出的一种股票交易实战技术，但单纯的钓鱼形态只是股价可能见底或可能见顶的技术形态。因此，一定要明白，钓鱼形态只是判断买卖股票时机时的一种形态，只有钓鱼形态符合钓鱼战法中的买卖股票要求后，才能真正成为实战中交易股票的依据。

（2）在利用钓鱼形态判断股价的见底或见顶时，一定要分清两种钓鱼形态：向上钓鱼形态与向下钓鱼形态，因为两种钓鱼形态所代表的市场意义是截然不同的，不明白这个道理，交易时就会做反，应该买时卖了，应该卖时却买了，难以实现获利。

1.1.2　为什么会形成钓鱼形态

钓鱼形态的形成，与主力资金的高度参与是分不开的，因为市场上的散户投资者虽然多，整体资金量大，但因为资金掌握在分散的投资者手里，所以资金在一只股票上的进出难以集中，除非是百花齐放的超级大牛市，散户资金很难对某一只股票的走势形成较强的影响。

因此，钓鱼形态的出现和形成，最根本的原因是主力资金短时在一只股票身上的高度参与。

形成钓鱼形态的原因：

（1）向上钓鱼形态形成的原因。由于向上钓鱼形态是出现在股价弱势中快速下跌的时候，因此是主力在建仓这只股票后，启动前一种向下试盘的结果。因为股价从底部开始快速上涨，如果主力不借机甩掉一些不坚定的投资者，让大多数人都卖出手中的筹码，筹码必然会过度分散。这样，其后一上涨就容易引来众多的短线获利筹码抛售，影响股价的持续上涨，一旦获利筹码集中卖出，则势必影响股价刚刚形成的上涨走势，从而导致主力的拉升失败。

因此，主力必须在上涨前向下试盘，一是甩掉不坚定的浮筹，将廉价筹码交到主力手中；二是看下方筹码的支撑如何，这才有了向上钓鱼形态。

如图1-2所示，TCL科技（000100）在弱势震荡中，A区域突然形成明显的向上钓鱼形态，说明主力在通过向下试盘的方式测试低位支撑，获得支撑后即持续上行，虽然上行中压力相对较大，抛压较多，但在其后的震荡中，主力依然保持震荡上行的状态，并未大幅下探，目的是不再给机会让投资者买到更低的筹码，随后即发动了快速上涨。这就是股价在上涨前形成向上钓鱼形态的原因。

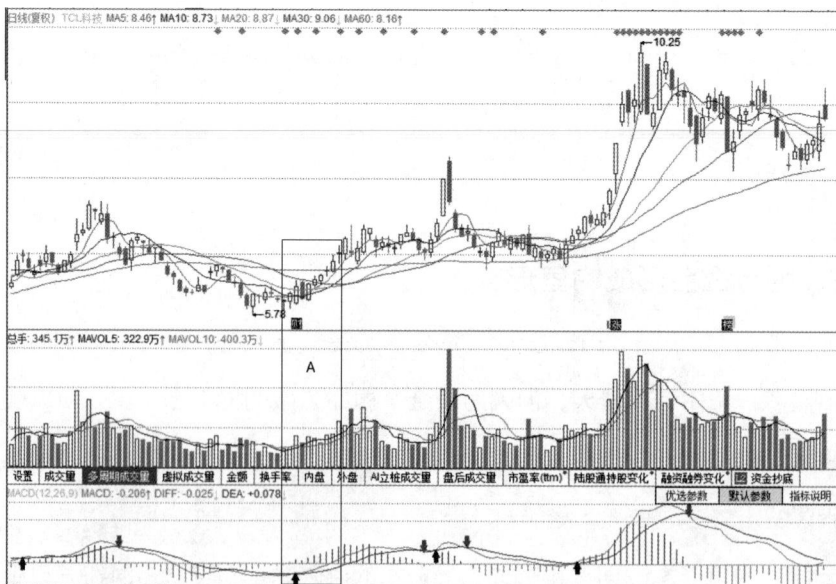

图1-2　TCL科技-日线图

（2）向下钓鱼形态形成的原因。由于向下钓鱼形态是出现在股价明显持续上涨的走势末端，因此是主力借股价短时快速向上拉升时逢高出货的时机，因为当主力大幅拉升一只股票后，要想获利，必须在高位及时抛掉手中大量的获利筹码，但如果散户均明白主力此时的意图都去卖股了，主力则很难实现出货。

因此，当股价在高位区时，主力必然短时营造出一种股价看似依然在上涨的假象，以迷惑短线跟风者，这样才能实现快速派发筹码的目的。如此一来，就有了向下钓鱼形态。

如图1-3所示，川能动力（000155）在持续上涨的A区域，股价在累积涨幅和短期涨幅都极高的情况下，出现了向下钓鱼形态，是因为主力在拉高股价，吸引跟风资金买入，以便达到高位卖出筹码的目的。因此，向下钓鱼形态的出现，是主力高位出货造成的。

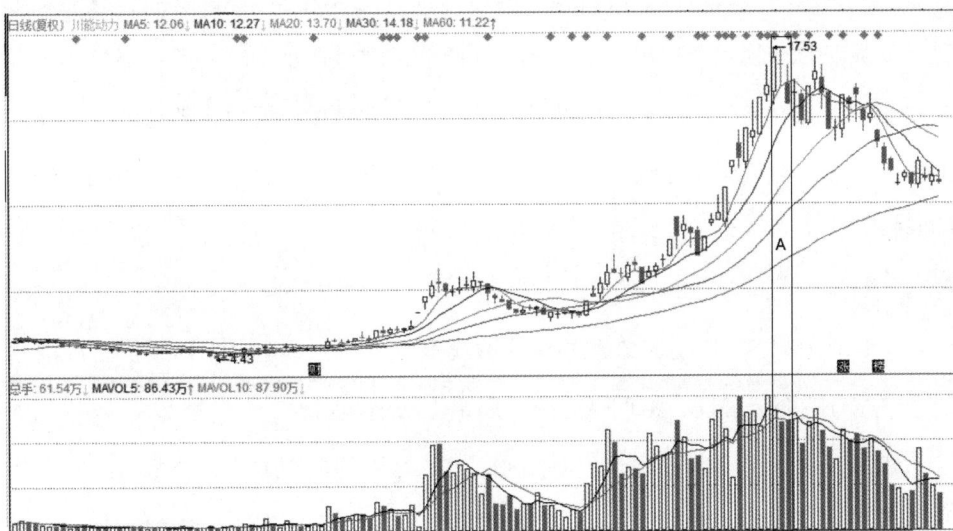

图1-3　川能动力-日线图

实战指南：

（1）要想明白钓鱼形态形成的原因，就必须学习主力操盘的各个阶段的目的和惯用的一些操盘手法，只有了解得更为透彻，认识才会更为深刻。

（2）在明白了向上钓鱼形态形成的原因后，就应当知道，向上钓鱼形态的买股，实质上投资者钓的是主力全力做多一只股票时的鱼。而主力全力做多一只股票前，向下试盘的手法很多，向上钓鱼形态只是其中的一种。因此，投资者一定要在实战中不断学习，才会达到超越钓鱼战法后的多角度分析和操作。

（3）明白了向下钓鱼线形成的原因是主力的诱多行为后，自然就知道卖股的时机，因为一旦向下钓鱼形态出现，就意味着主力开始出货，所以，此时投资者的钓鱼行为，实质上是避开主力高位垂钓的行为，及时收竿，获利了结。

1.1.3　向上钓鱼形态及判断标准

向上钓鱼形态，是指股价在长期弱势状态下，当快速向下深跌后，突然又出现上下跳动的震荡后，开始快速回升，就像钓鱼时鱼在水下咬钩后，当垂钓者向上拽动鱼线时鱼漂在水面上不停跳动的情况，因为其后只要垂钓者持续向上拉动鱼线，就会钓到鱼买到牛股，因此叫作向上钓鱼形态，是股价见底快速回升的一种形态。

判断向上钓鱼形态的标准：

（1）股价处于长期弱势震荡，或短线呈持续弱势。这是因为股价上涨前必须经过充分的弱势整理，整理越充分，后市上涨越牢固。

如图1-4所示，美的集团（000333）在A区域的短期内，股价呈持续震荡后的快速下跌，为短期弱势的征兆，这类股最容易在其后出现向上钓鱼形态。

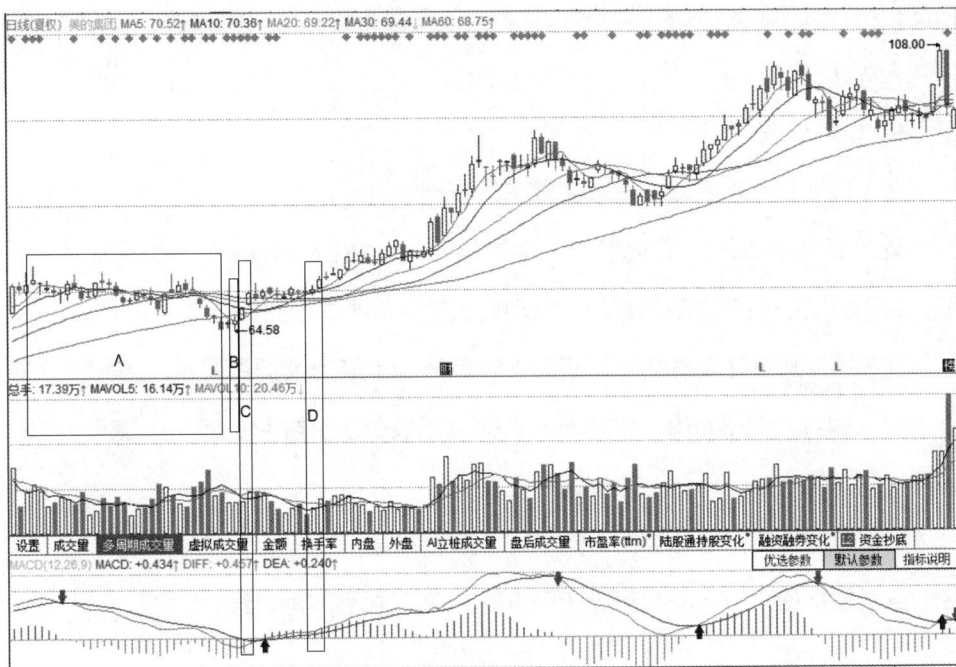

图1-4　美的集团-日线图

（2）向上钓鱼线的判断。这一点是判断向上钓鱼形态的关键，股价必须在弱势中出现短时的快速下跌，且形成了一根或数根下影线较长、实体较短的K线，或是形成锤子线，阴线或阳线均可。

如图1-4中的B区域，出现一根下影线较长、实体较短的阴线，符合向上钓鱼线的标准。

（3）向上钓鱼线形成后，K线必须出现明显的快速或持续上涨，K线收盘在向上钓鱼线时的K线最高点上方。日线图上以光头涨停阳线或持续三个交易日收盘在向上钓鱼线高点之上为准。

如图1-4中的C区域持续阳线跳空上涨，K线收盘远高于A区域向上钓鱼线的高点，符合向上钓鱼形态的要求。

（4）确认向上钓鱼形态后，必须得到其他指标的助涨和量价要求，方可买入股票。如图1-4中在C区域确认向上钓鱼形态后，股价呈小幅震荡状态，直到D

区域，MACD和均线才表现为多头状态，符合助涨要求，持续放量上涨明显，方可买入股票。

实战指南：

（1）向上钓鱼形态均出现在较弱的行情末端，所以，判断时首先必须确保股价处于长期或短期的弱势形态，这也是为什么在钓鱼战法中存在选股这一环节，目的就是缩小观察范围，及时发现向上钓鱼形态的股票。

（2）向上钓鱼线虽然是判断向上钓鱼形态中最为关键的一个环节和主要形态构成的内容，但不是唯一的标准，必须其后股价出现震荡走强，持续或强势收于向上钓鱼线高点上时，方可确认形态。

（3）实战时一定要明白，向上钓鱼形态只是买股步骤的一个重要环节，必须得到其他指标进一步的强势确认和量价要求后，才能执行买入操作。

1.1.4 向下钓鱼形态及判断标准

向下钓鱼形态，是指股价在持续上涨的走势中，一旦在高位区出现快速大幅冲高后，又出现快速回落，K线上留下一条明显极长的上影线后，其后的交易日又出现高位震荡或持续下跌，因为看似主力在极力做多，事实上是在引诱短线跟风投资者在高位接盘，所以叫作向下钓鱼形态，是股价快速转跌时的卖出股票形态。

判断向下钓鱼形态的标准：

（1）首先必须确保股价是在持续上涨的高位区，持续累积的涨幅较大。因为没有一定的获利空间，主力是不会出货的。

如图1-5所示，东方盛虹（000301）在持续上涨的A区域，C段累积涨幅已达到200%左右，这时就要密切注意。

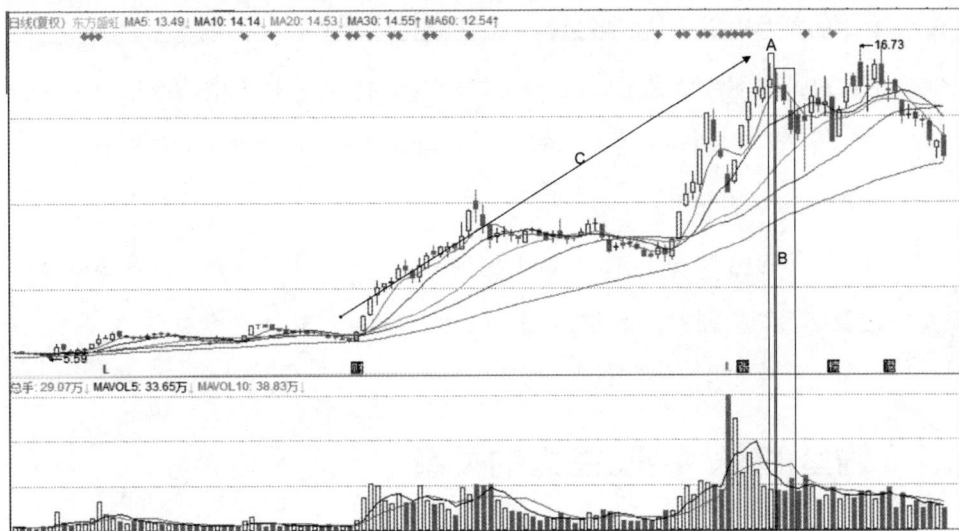

图1-5　东方盛虹-日线图

（2）向下钓鱼线的判断。股价短时快速冲高，形成了一根有长上影线的K线，或是形成上吊线，或阴线，或阳线，多数情况下，这一根长上影线K线会出现刷新近期新高。

如图1-5中的A区域形成一根上影线极长、实体较短的K线，虽为阳线，也属于向下钓鱼线。

（3）向下钓鱼线形成后，K线出现快速下跌，或持续下跌，或是形成放量或大量状态的震荡滞涨，一般只要持续三个交易日即可确认。如图1-5中的B区域出现持续的阴线下跌，应确认为向下钓鱼形态。

（4）向下钓鱼形态出现期间，一旦满足量价齐跌或大量滞涨要求时，即应果断卖出股票。如图1-5中的B区域K线持续下跌时，成交量为持续阴量放大的量价齐跌，应果断卖出股票。

实战指南：

（1）向下钓鱼形态均出现在股价大幅上涨的末端，所以，判断向下钓鱼形态时，当前的上涨状态是一个首要的条件。

（2）从主力出货的角度考量，一般短期持续涨幅较大，或是积累涨幅达到100％左右时，向下钓鱼线出现后，形成转跌的向下钓鱼形态的概率极高。而长牛股，波段累积涨幅达到50％左右时，向下钓鱼线出现后的向下钓鱼形态，往往是阶段性高点到来的征兆。

（3）向下钓鱼形态是判断股价上涨走势结束时的主要征兆，但在具体操作时，一定要结合量价要求，满足要求时才会构成卖出时机。

1.2　钓鱼形态、牛股、主力的关系

1.2.1　主力的参与是牛股形成的根本原因

在运用钓鱼形态实战前，必须充分了解牛股形成的原因，因为当你明白了牛股是如何形成的，就会知道什么样的股票会成为牛股，再去选股时，就明白为什么要这样选股。因为符合选股标准的股票，都是最容易产生牛股的股票。而一只股票成为牛股，根本的原因就是主力的参与，这也是为什么很多投资者在选股时都喜欢寻找那些具有背景的主力基金。

主力参与的股票成为牛股的原因：

市场上所有主力参与的股票，之所以会成为牛股，原因就是主力参与股票的目的造成的，因为主力进入股市大量购买一只股票，不是来看风景的，而是为了获利的。这也决定了主力的目的只有一个：通过买入股票的价格上涨来收获持股带来的收益。

因此，无论主力参与的股票质地如何，都必须具有短线的价格优势或中长线的价值优势。这样才能确保主力在投资这只股票后，股价能够出现上涨，达到获利的目的。

如图1-6所示，京基智农（000048）在持续弱势震荡中，在A段走势起点的2020年8月初发动上涨时，股价较低，到末端的2020年9月初，股价在一个月内

即达到翻倍的上涨，而上涨的原因，正是由于主力的高度参与造成的。这一点从图1-7中公司公布的2020年9月30日（第三季度）前十大流通股东的变化中可以看得出来，正是由于较上一报告期间退出的这些流通股东为主的集体退出，造成了股价在其后的下跌，而图1-6中2020年8～9月A段的一轮猛烈上涨，则是以这些大股东为主的主力在集体推升股价所造成的大幅上涨。

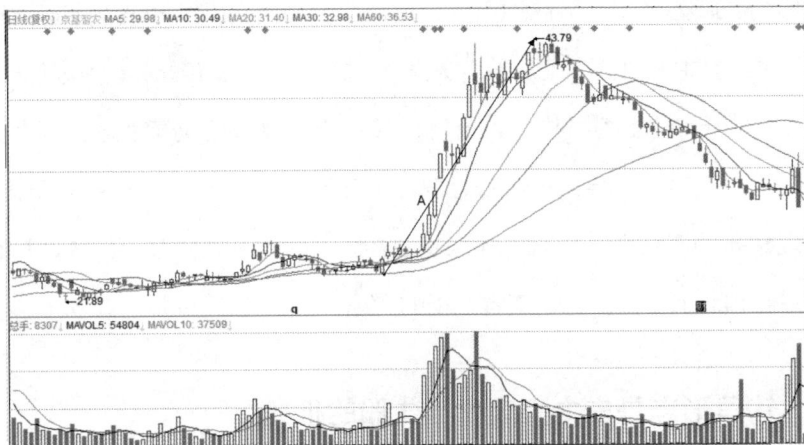

图1-6 京基智农-日线图

图1-7 京基智农-2020年第三季度前十大流通股东

实战指南：

（1）主力参与的股票，为了达到获利的目的，都会以低买高卖的方式参与，这就决定了股价不低时主力不会买、不高时不会卖，这一股价从低到高的演变，就是主力参与的股票成为牛股的过程。

（2）在市场上的主力资金，由于主体不同，性质也略有不同，除了中国证券金融股份有限公司（以下简称"证金公司"）是国家以维持证券市场稳定为基础而设立的，其主要目的不是从股市赚钱外，其他主力的目的都是为获利而来的。

（3）在所有的主力机构中，首先，最不能忽视的是社保基金，因为当前我国已步入人口老龄化社会，社保基金已处于不能亏损的地步，而国内退休养老资金已实现16年的连续提升，可见社保基金在股市中的盈利情况。其次，具有国资背景的基金和北上资金，也是不容忽视的力量。

1.2.2 钓鱼形态是主力高度参与牛股的征兆

钓鱼形态出现后，股价大概率会出现持续上涨，主要是因为主力高度参与的结果，在这里一定要纠正一种不良的错误认识，即主力利用资金优势干预股价达到获利的目的。因为包括钓鱼战法在内的所有股票分析技术，都是通过股价运行规律而产生的，涨久必跌、跌久必涨是市场最大的价格运行规律，主力参与的股票，都是通过价格优势和价值优势的角度，寻找最佳的介入时机和离开时机。

因此，一定要正确看待主力参与股票的动机和操盘理念。但是，为什么说钓鱼形态是主力高度参与牛股的征兆呢？

钓鱼形态是主力高度参与牛股的原因：

首先是主力参与的股票为什么会成为牛股，因为主力通过专业调研和分析，自然会寻找到具有短期价格优势或是长期价值优势的标的股，所以主力参与的股票，大多具有较高的潜力。

同时，主力大举低位买入的股票，由于专业，所以他们更懂得如何利用资金优势寻找拉升股价的时机，如大举建仓股公司业绩改变的时间窗口、市场的强弱转换时机。向上钓鱼形态，就是通过各种技术指标所表现出来的特征，来寻找主力借机发动向上进攻的重要征兆，而向下钓鱼形态，同样是通过技术征兆判断主力出货离开时的征兆。

因为在股市中，当大量资金短时介入或离开一只股票时，都会留下痕迹，而钓鱼形态就是寻找主力高度参考一只股票时的征兆，是跟随主力动向的一种操盘技术，所以才能准确捕捉到牛股。

如图1-8所示，潍柴动力（000338）正是由于主力在A区域的参与，才出现B区域股价上涨后形成震仓洗盘，C区域才在洗盘结束末端形成向上钓鱼形态，经过其后的持续上涨，到D区域的高位区，因为主力的高位快速出货，形成向下钓鱼形态。因此，这只股票之所以在C区域形成向上钓鱼形态，是主力向下试盘的结果，而D区域出现向下钓鱼形态，又是主力在拉高出货的征兆，所以，牛股的出现，包括向上钓鱼形态的低位启涨，以及向下钓鱼形态的高位转跌，都是主力高度参与下因为资金的大举进出造成的痕迹。

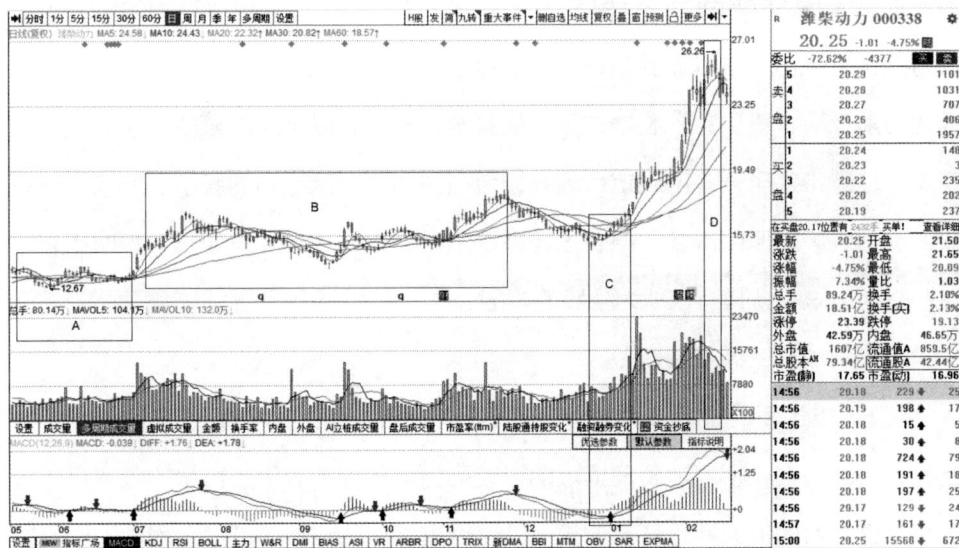

图1-8 潍柴动力-日线图

实战指南：

（1）由于主力的参与，原本平淡的股市才有了活力，造成了牛股频出，而钓鱼形态则是主力在高度参与一只股票时的征兆，但这并不意味着主力参与度较低时股价就没有征兆，只是这种征兆不同而已。

（2）向上钓鱼形态是主力快速拉升一只股票时的征兆，向下钓鱼形态是主力快速出货初期的征兆。至于主力建仓、洗盘和震仓时期，同样是主力高度参与一只股票的时期，但因为不同时期主力的目的不同，所以，具体的表现形式也有很多区别，但这一点在钓鱼战法中，已经通过选股环节进行了规避，实战时基本上可以忽略。

（3）主力操盘目的虽然都是一样的，但因为不同的主力操盘手法的不同，以及主力资金规模的大小不同，所以不是所有主力参与的股票均会呈现出钓鱼形态，只不过钓鱼形态是主力高度参与股票时经常会在有意无意间留下的痕迹，这就意味着钓鱼战法只是寻找主力实战的一种技术，而非全部。

1.2.3　牛股形成的三大基因

股价的上涨，根本原因是业绩的明显增长，但由于股市是经济和上市公司业绩的提前反应，所以，炒股炒的是一只股票的预期，或是经济预期，而非兑现的事实，这就带来了一些不确定性因素，包括主力调研后参与的股票。所以，一只股票成为牛股的原因很多，但归纳起来，主要原因并不多，只要一只股票拥有了这些基因，未来就具有了成为牛股的可能。

牛股形成的三大基因：

（1）技术面的整理。这是从股价运行规律得出的结果，由于一只股票想要上涨，必然是在长期弱势整理或短期持续弱势下出现的，因为再牛的股票也不会始终上涨，再弱的股票也不会总是下跌，否则就可能退市了。而上涨前，股价必定会为日后的上涨幅度留出空间。

如图1-9所示，洋河股份（002304）这只牛股，原本出现了一波上涨，但进入A区域后又形成略上行后的震荡整理，直到其后的B段走势，才发动了又一轮持续快速上涨，因为每一轮上涨都需要一定时间的整理。

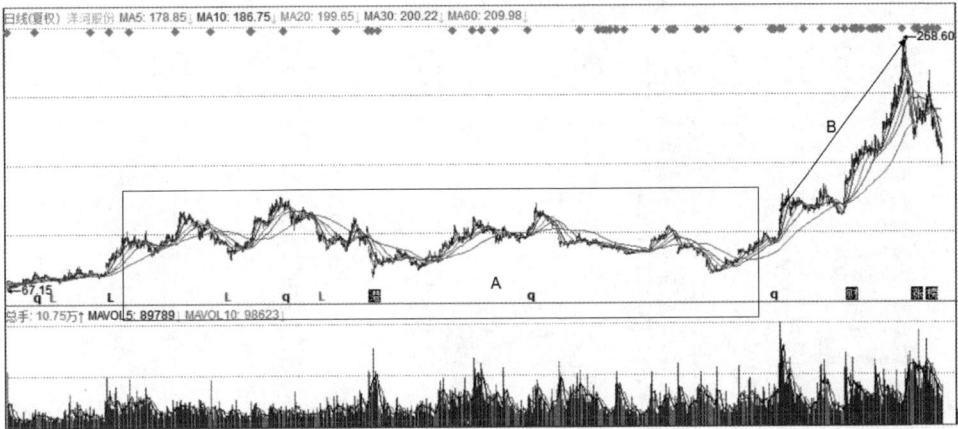

图1-9　洋河股份-日线图

（2）业绩的良好预期或突变式预增。一只股票如果长期业绩处于稳定的增长状态，如白马股、绩优股等，公司的价值自然会在股价上有所体现。因为业绩预期明显，所以市场资金较为追逐，因为明朗的预期会提升资金投资的安全性和收益的保障性。但是业绩突变式预期也是不可忽视的，尤其是ST类股的扭亏为盈，或行业景气度差时的逆势增长，因为短期突变式预增带来的不只是业绩好转预期，更多的是惊喜，尤其是对于股市而言，这种情况更会引发短期资金的持续关注，成为引爆市场的热点。

如图1-9 中的洋河股份，观察图1-10中的公司基本面会发现，这只股票持续多年保持净利润的稳定盈利，净资产收益率多年均高于20%，业绩持续稳定、优良，且保持增长状态。业绩的良好预期十分明朗，这就是其股价能够持续保持上涨的基本面原因。

洋河股份 002304

同花顺F10 全面解读 全新体验　最新价：166.70　涨跌幅：-7.34%　上一个股　下一个股　输入股票名称或代码　换肤

洋河股份 002304　最新动态　公司资料　股东研究　经营分析　股本结构　资本运作　盈利预测
新闻公告　概念题材　主力持仓　财务概况　分红融资　公司大事　行业对比

财务诊断　财务指标　指标变动说明　资产负债构成　财务报告　杜邦分析

按报告期　按年度　按单季度　显示同比

科目\年度	2019	2018	2017	2016	2015	2014
成长能力指标						
净利润(元)	73.83亿	81.15亿	66.27亿	58.27亿	53.65亿	45.07亿
净利润同比增长率	-9.02%	22.45%	13.73%	8.61%	19.03%	-9.89%
扣非净利润(元)	65.56亿	73.69亿	61.36亿	54.07亿	49.16亿	44.68亿
扣非净利润同比增长率	-11.04%	20.09%	13.50%	9.98%	10.03%	-10.43%
营业总收入(元)	231.26亿	241.60亿	199.18亿	171.83亿	160.52亿	146.72亿
营业总收入同比增长率	-4.28%	21.30%	15.92%	7.04%	9.41%	-2.34%
每股指标						
基本每股收益(元)	4.8991	5.3850	4.3976	3.8700	3.5600	2.9900
每股净资产(元)	24.23	22.33	19.59	17.29	15.22	18.32
每股资本公积金(元)	0.49	0.49	0.49	0.49	0.49	1.09
每股未分配利润(元)	22.24	20.43	17.59	15.30	13.23	15.73
每股经营现金流(元)	4.51	6.01	4.57	4.91	3.87	2.52
盈利能力指标						
销售净利率	31.94%	33.59%	33.23%	33.78%	33.42%	30.73%
销售毛利率	71.35%	73.70%	66.46%	63.90%	61.91%	60.62%
净资产收益率	21.21%	25.95%	24.08%	24.01%	25.37%	24.53%
净资产收益率-摊薄	20.22%	24.12%	22.45%	22.37%	23.39%	22.85%

图1-10　洋河股份-财务概况

（3）主力的高度参与。这一点在前面已经讲过，主力参与股票是为了赚钱，尤其是那些资金量大、背景雄厚的主力，如中金公司、汇金公司、券商、社保基金、国家集成电路产业投资基金等，甚至是一直被市场称为聪明资金的北上资金和南下资金等，均是市场上不容忽视的力量。

仍然以洋河股份为例，观察图1-11发现，参与这家公司的主力机构很多，有中国证券金融股份有限公司、中央汇金资产管理有限责任公司等国家队，还有几家基金机构，正是由于这些实力雄厚主力的高度参与，加上公司业绩的持续优良和技术面的充分整理，才促成了这只长牛股的出现。

洋河股份 002304

同花顺F10 全面解读 全新体验　最新价：166.70　涨跌幅：-7.34%　上一个股　下一个股　输入股票名称或代码　换肤

洋河股份 002304 | 最新动态 新闻公告 | 公司资料 概念题材 | 股东研究 主力持仓 | 经营分析 财务概况 | 股本结构 分红融资 | 资本运作 公司大事 | 盈利预测 行业对比

股东人数　十大流通股东　十大股东　控股层级关系

十大流通股东

2020-09-30　2020-06-30　2020-03-31　2019-12-31　2019-10-29

前十大流通股东累计持有：9.70亿股，累计占流通股比：77.66%，较上期增加1952.72万股

机构或基金名称	持有数量(股)	持股变化(股)	占流通股比例	变动比例	股份类型	持股详情
江苏洋河集团有限公司	5.15亿	不变	41.22%	不变	流通A股	点击查看
上海海烟物流发展有限公司	1.46亿	不变	11.67%	不变	流通A股	点击查看
香港中央结算有限公司	7725.31万	↓-1625.91万	6.19%	↓-17.39%	流通A股	点击查看
江苏蓝色同盟股份有限公司	7365.86万	不变	5.90%	不变	流通A股	点击查看
上海捷强烟草糖酒(集团)有限公司	6003.23万	↓-57.62万	4.81%	↓-0.95%	流通A股	点击查看
中国银行股份有限公司-易方达蓝筹精选混合型证券投资基金	2585.00万	新进	2.07%	新进	流通A股	点击查看
中国银行股份有限公司-招商中证白酒指数分级证券投资基金	2452.58万	↑877.98万	1.96%	↑55.76%	流通A股	点击查看
中国银行股份有限公司-易方达中小盘混合型证券投资基金	2143.01万	↑1228.01万	1.72%	↑134.21%	流通A股	点击查看
中国证券金融股份有限公司	1379.00万	不变	1.10%	不变	流通A股	点击查看
中央汇金资产管理有限责任公司	1276.64万	不变	1.02%	不变	流通A股	点击查看

图1-11　洋河股份-前十大流通股东

实战指南：

（1）明白牛股形成的主要基因，更有利于在实战选股期间，倾向于在同等情况下，选择那些牛股基因明显的股票，因为这类股票短期的上涨更有力，优于常态的股票。

（2）在牛股形成的三大基因中，技术面的弱势整理是选股的技术标准，整理时间越长时，后市牛股爆发时的短期涨幅越大；主力实力越雄厚，介入越深，向上钓鱼形态后的强势越可期；业绩良好是股价上涨的根本原因，尤其是白马股遭遇短时行业政策或市场打击，出现大幅下跌时，其后短时的突变式预增更可期。因此，长期弱势整理的白马股，尤其是行业白马龙头或细分龙头，往往是可遇不可求的上车良机。

（3）在实战选股时，对目标股牛股基因进行分析与判断时，一定要注意，业绩短时的突变式预期，不要只看增长幅度，一定要看增长的资金量，比如上

期亏损程度较大的情况下、本期增长额极少的扭亏为盈，说明其短期爆发的概率较小。

（4）关于主力的观察与判断，要尽量选择机构较多的，因为有时股票流通盘较大时，机构主力较多，更容易形成各主力的合力做多。同时还要注意，主力持仓与股价位置有很大的关系，低位持仓的大主力不容易快速离开，而高位主力云集的股票很容易出现主力集中离开。

1.3 盈利方式

1.3.1 获利基础：主力拉升及时买股"上轿"

通过对上一节的学习后，很容易就能够明白钓鱼战法的盈利基础，就是通过捕捉主力向上拉升一只股票时出现的向上钓鱼形态，准确判断出买入时机，这样未来才能够轻松跟随主力持续的拉升而坐享这只股票"上轿"后的不断向上抬升。

买股"上轿"的具体要求：

严格按照选股的要求选好目标股，通过持续观察捕捉到向上钓鱼形态，进行辅助的技术助涨判断，盘口换手的突然放大，主力以净流入为主时，以确认强势，满足量价齐升要求时果断买入股票，以实现及时"上轿"，为日后获利打下牢固的基础。

如图1-12所示，山西汾酒（600809）在A区域符合长期弱势震荡要求后，在持续观察中发现B区域形成向上钓鱼形态，量价齐升期间，盘口换手缓慢放大，主力持续以净流入为主，说明主力已开始"抬轿"，应果断买入股票，以及时"上轿"。

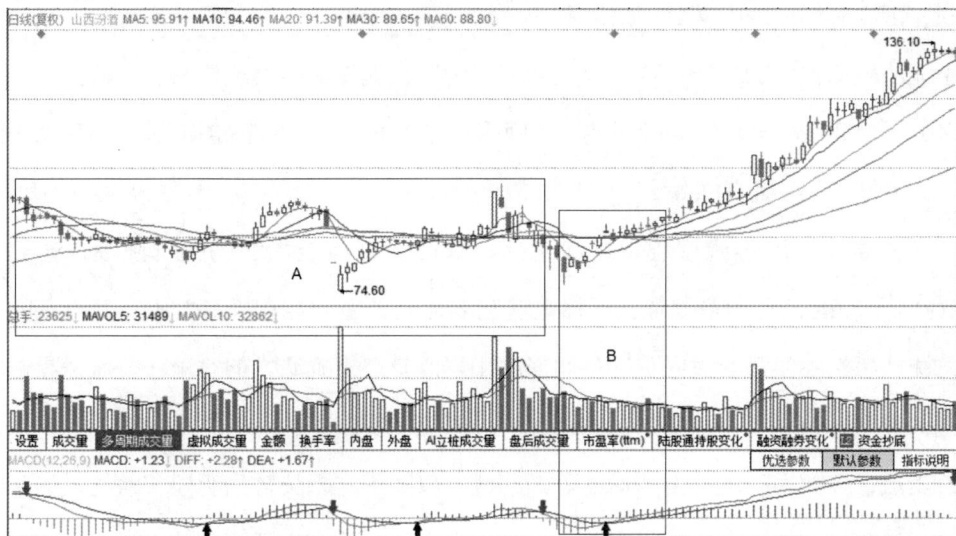

图1-12　山西汾酒-日线图1

实战指南：

（1）投资者在根据钓鱼战法买股"上轿"期间，一定要遵守买股前的各种要求，因为这些内容属于买股的基础，基础越扎实，其后达到获利的概率就会越高。

（2）钓鱼战法买股前的要求虽然是必须遵守的，但同时不能忽略实战策略中的操盘策略、交易原则等内容，以及严格在操盘纪律下进行，这样才能确保其后的获利。

（3）在钓鱼战法中，买股"上轿"只是获利的基础，所以存在一定的预期性和不确定性，而这种不确定性不管是来自人为的判断，还是技术本身存在的缺陷，都是难免的，所以不能忽略买股失败后的及时止损要求。

1.3.2　获利方式：主力不走坚定持股"坐轿"

在根据钓鱼战法实战时，获利的方式就是通过买股"上轿"的操作后，再通过其后的持股来获得收益。因此，能够坚定持股是钓鱼战法实现获利的唯一方式，因为哪怕你及时买到了对的股票，实现了"上轿"，但如果不懂持股，就等于无法坐稳主力的"轿"，一旦被颠下"轿"，就无法坐享绝佳获利的机会。所以，一定要在"坐轿"期间坚持一个原则：主力不走，就要坚定持股"坐轿"。

判断主力不走的关键：

只要是买股后股票出现持续上涨，只要由低点至当时的股价涨幅未达到100%左右时，主力是很难实现操盘获利的，因为主力存在操盘成本。而观察的方法，虽然主要是通过向下钓鱼线形态和量价卖点来确认，但对于一些流通盘略大的股票，若是累积涨幅未达到翻倍时，即便出现向下钓鱼形态和短时的明显量价卖点，多数为阶段性上涨后的短期回调，只要不是趋势转为明显下跌的走势，往往说明主力未走，就要坚定持股，或是卖出股票后，一旦回调结束时，再买回来，以完成整个上涨波段的收益。

如图1-13所示，山西汾酒（600809）A区域通过向上钓鱼形态买入后，其后B段走势的持股期间，发现股价每次回调时都是以小幅略震荡下行的方式出现，中长期均线始终保持上行趋势，为典型的锯齿式缓慢上涨方式，说明主力不仅未走，且始终处于缓慢"抬轿"状态，所以应始终保持"坐轿"状态，以实现股价持续上涨的获利。

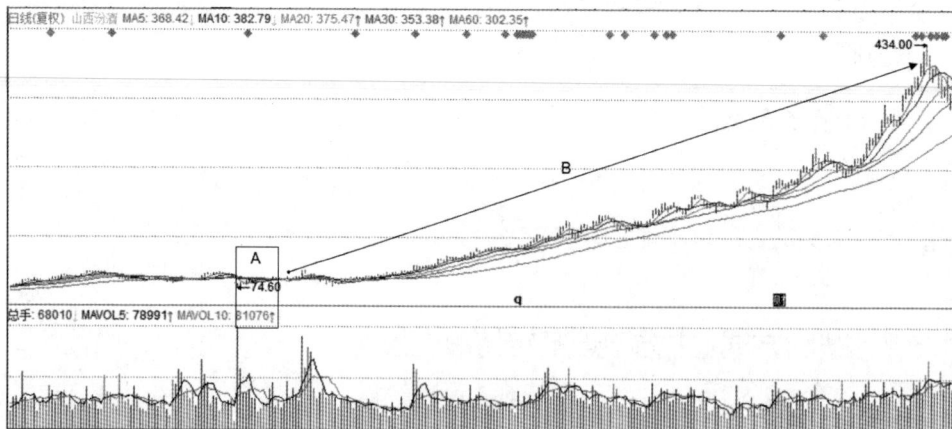

图1-13　山西汾酒-日线图2

实战指南：

（1）判断上涨走势中主力是否离开时，虽然向下钓鱼形态和明显量价卖点是股价短期变弱的征兆，但往往在短线卖股时较为准确，因为只有大幅上涨后出现时，才是整个上涨波段结束的征兆，所以，投资者在操盘时要根据自己的操作策略来掌握，原则上持股到整个上涨波段走完时再卖出。

（2）当一只股票形成上涨趋势后，整个上涨波段的累积涨幅通常至少在80%以上，大多在100%左右，这是从主力操盘获利的角度得出的判断。但若是主力实力较弱时，整体涨幅会略偏低。如果主力实力雄厚，而目标股又为流通盘大的白马股时，则股价多数表现为长牛股的阶段式上涨，如贵州茅台、五粮液等。

（3）判断主力是否离开时，不要根据个股资料中的流通股东是否退出为依据，因为这些资料都是在季报中出现，信息会延后。并且在持股期间还要时刻注意大小非是否解禁等情况，这一点也会削弱原本的上涨波段整体涨幅，因为解禁股的成本本身就低，会增厚参与主力的收益。

1.3.3　锁定收益：主力出货果断卖股"下轿"

钓鱼战法盈利方法的关键环节，除了及时在向上钓鱼买股"上轿"和坚定在主力未走时持股"坐轿"外，还有一个在主力出货时要果断卖股"下轿"的最后环节，因为及时买股能在股票强势时最低的价格买入，并通过坚定持股获得收益。但通过主力强势拉升股价获得收益时，必须学会如何在向下钓鱼形态造成趋势转跌时及时卖出，因为向下钓鱼形态的出现，已经说明主力开始出货，股价已经失去了上涨动力，及时从主力抬升股价的"轿子"上"下轿"，才能锁定住收益，将纸面财富变为真正的收益。

卖股"下轿"的具体要求：

卖股时，主要是判断向下钓鱼形态和造成破坏上涨趋势的量价形态，但对于波段操作者来说，由于股价在快速转弱时，主力出货的方式或是以持续大量的方式快速卖出手中筹码，或是以更为隐蔽的方式出货，所以，不管是否形成了标准的向下钓鱼形态，只要量价在高位区出现持续的放量滞涨，或是持续大量状态的下跌，盘口换手率保持高换手，主力以净流出为主时，就能证明主力在出货，应果断卖出股票。

如图1-13中的A区域买入山西汾酒及时"上轿"，又通过B段的持股"坐轿"让股价升值，到了图1-14中的A区域，出现向下钓鱼形态，且累积涨幅较高，持续放量下跌明显，盘口换手加大的同时，主力开始出货，应果断卖出股票"下轿"，这样才能及时锁定收益，实现获利。

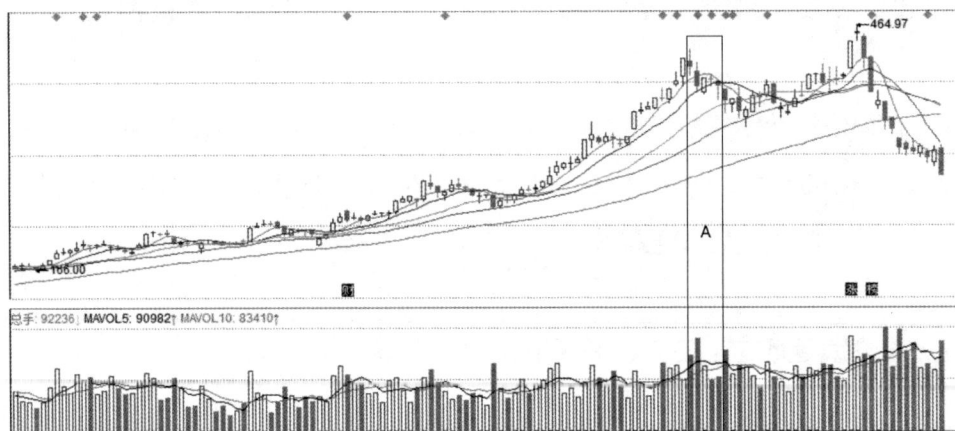

图1-14　山西汾酒-日线图3

实战指南：

（1）无论是在钓鱼战法中，还是使用其他技术交易时，卖股在操盘中都属于一项重要的技术手段，因此，在股市中流传着"会买的是徒弟，会卖的才是师父"之说，因为投资者不懂得如何锁定收益，就很难实现最终的投资获利。

（2）钓鱼战法属于日线图波段操作，但波段操作中存在小波段操作，即主升浪股价加速上涨的小波段，而股价在转跌时又会在跌停板制度下，经常表现出某些极端反应，所以，在把握卖股时机时，一定要留意某些极端的主力快速出货时的量价特征，尤其是一些小盘股转跌时，经常出现。

第 2 章

实战策略：操盘策略是获利的保障

在学习钓鱼战法之前，必须全面了解钓鱼战法中的实战策略，包括操盘策略、交易原则、操盘纪律和操盘步骤。因为这些内容都是确保通过钓鱼战法操盘获利的基础，如操盘策略是指导操盘的方向，交易原则是交易期间能够获利的原则，而操盘纪律则是确保能够准确实施钓鱼战法的准则，操盘步骤则是机械化的操盘流程和各个环节，只有严格按照这些实战策略去执行操作，才能实现最终获利。

2.1 操盘策略

2.1.1 尊重趋势的操盘策略

由于钓鱼战法是以钓鱼形态为主来判断交易时机的，而A股市场的盈利方法又只有做多的交易规定，所以要想投资股票获利，唯一的方法就是买入后股价能够上涨，由此才能带来股价上涨的价格差收益。这就要求在操作前，始终尊重趋势的操盘策略，并严格按照这一策略执行，以确保投资获利的目的。

尊重趋势的操盘策略具体内容：

（1）尊重趋势的买入交易策略。一旦形成向上钓鱼形态，必须通过其他指标的辅助判断进行确认，不管攻击形态还是助涨形态的确认，都是为了确保趋势能够真正地由弱转强，此时的买入操作，哪怕错过了最佳时机，买入略迟也无妨，因为趋势真正转强了，在趋势持续性的特征下，买入迟的结果无非是收益略少，总能安全获利。

如图2-1所示，长虹美菱（000521）在长期弱势震荡中的A区域，形成向上钓鱼形态，但由于此时趋势依然不明朗，MACD依然保持震荡趋势，量价变化不明显，所以，买入股票时应选择在其后B区域均线与MACD趋势为明显放量上涨时或C区域再次形成向上钓鱼形态时再买入，这就是尊重趋势的买入交易策略下的操作。

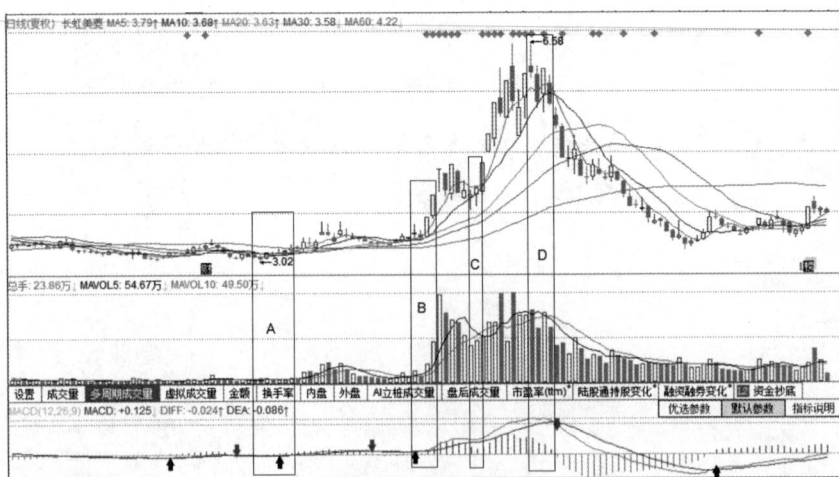

图2-1　长虹美菱-日线图

（2）尊重趋势的卖出交易策略。在持续中一旦形成向下钓鱼形态，只要是发现趋势转弱，就要果断选择卖出交易，因为上涨趋势弱了，持股短期已无法再获利。

如图2-1中持续上涨的D区域，在形成向下钓鱼形态时，放量下跌明显时说明趋势已快速转弱，应果断卖出。这就是在尊重趋势的卖出交易操盘策略下的操作。

实战指南：

（1）趋势操盘策略，是所有股票交易中都要严格遵守的，除非一些长线投资，存在埋伏买入的情况，否则都必须遵守，只不过操作周期过短的交易技术，更为注重的是短线趋势变化。

（2）趋势交易策略是在操盘前就要明晰的内容，因为钓鱼战法中所有的交易方法、技巧，都是在这一策略指引下才形成的。

（3）趋势交易操盘策略，主要体现在向上钓鱼线的买入时机判断，和向下钓鱼线的卖出时机判断期间，表现最为明显。因为作为一名技术熟练的投资者，不管趋势转强时是否出现向上钓鱼形态，或是趋势转弱时是否出现向下钓鱼形态，甚至是钓鱼形态失败，都会严格按照趋势向上的方向买入，趋势向下时卖出。

2.1.2　右侧波段操盘策略

在实战操作前，除了要明白尊重趋势的策略外，还必须明白右侧波段的操盘策略，因为策略不明晰，势必在具体操盘时不会更深地理解钓鱼战法的每个交易环节，一旦明晰右侧波段操盘策略后，运用钓鱼战法时，就会在这一交易与持股策略下，明白为什么在钓鱼形态下进行买卖交易。因为右侧波段操盘策略是专门为钓鱼战法而制定出的操盘策略，只有在这一策略的指引下，交易才能够顺利获利。

右侧波段交易策略的具体内容：

（1）首先要明确"右侧"，就是右侧交易法，是指交易时根据股价在右侧的方向所进行的交易，即买入交易时是右侧的方向为向上时再执行买入操作，卖出交易时右侧的方向是向下时再执行卖出操作。

如图2-2所示，招商银行（600036）中的A区域形成向上钓鱼形态和B区域形成向下钓鱼形态时，买卖股票时，应在A区域右侧股价明显上行时买入，B区域右侧股价明显下行时卖出，这就是右侧交易。

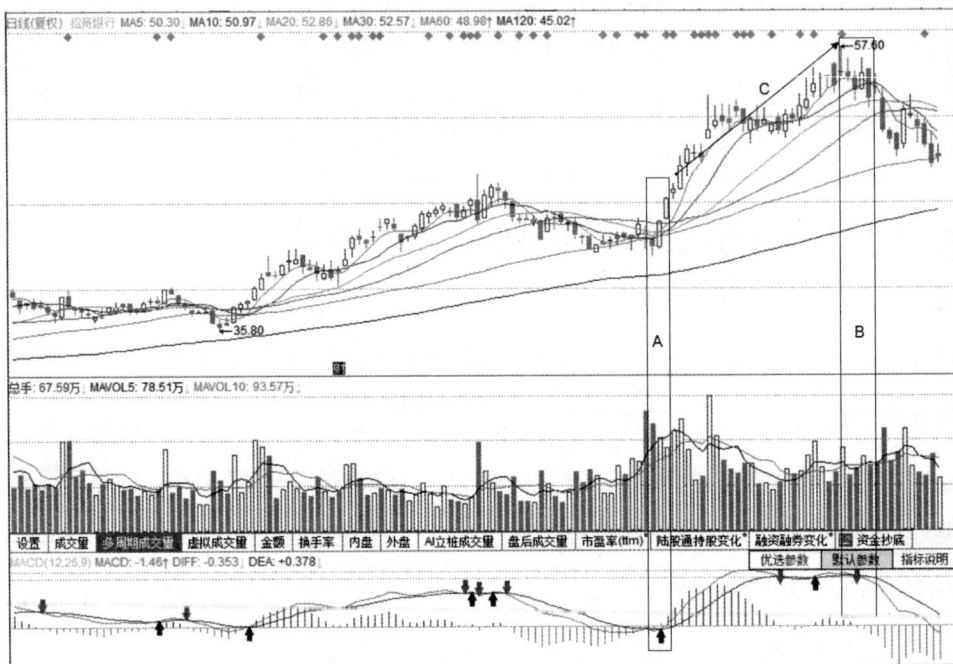

图2-2　招商银行-日线图

（2）其次是"波段"，是指波段操作，即一只股票在上涨波段开始和结束时的操作，在钓鱼战法中就是对日线图上股价上涨波段开始时买入、结束时卖出的操作。

如图2-2中A区域的右侧是C段上涨波段开始时，应买入，而B区域的右侧是C段上涨波段结束时，应卖出。这就是波段交易。与上一点内容合在一起的交易，就是右侧波段操盘策略的交易。

实战指南：

（1）投资者在根据钓鱼战法实战前，一定要明白右侧波段操盘策略所包含的具体内容，主要是右侧交易和波段操作两个内容。右侧交易是趋势交易中的一种安全交易方法，而波段操作则是一种中线持股的操盘，同样是安全的交易。

（2）右侧波段操盘策略一经制定，即不要轻易更改，在钓鱼战法的实战过程中，一定要严格遵守，尤其是在买卖股票时，都要遵守这一策略，并按照具体的操盘环节要求具体执行和落实。

（3）对于老股民来说，右侧波段操盘策略，甚至是遵守趋势的操盘策略，心里都十分清楚，但为什么他们在操盘中依然经常亏损呢？最根本的原因不是技术的好坏，而是对操盘策略的忽视，一旦涉及股价波动时的买卖时机，就会将事先制定的策略抛之脑后，忘得一干二净，眼里只看到了股价的波动。所以，投资者在制定好操盘策略后，就要将这些内容牢牢记在心里，并在操盘期间时刻提醒自己，这样才能做到之后的操盘均是在操盘策略下严格执行的。

2.2　交易原则

2.2.1　买入时要缓

在钓鱼战法中，买入时要缓是一条买入交易的原则，因为这一原则是在趋势交易策略下制定的，除非出现超级强势的抢板买入，都要在买股时克服内心的冲动，缓一步再来操作，因为缓能够让你更为冷静，以客观的眼光，真正看清股价趋势演变的真实趋向。

做到缓一步买入的方法：

（1）牢记买股时的具体步骤和要求，一是不要一看到向上钓鱼形态出现，或是向上钓鱼线形成，就认为是金针探底的止跌回升出现，可以买股；二是要牢记通过其他技术指标进行攻击或助涨形态的确认，以确保趋势真正转强；三是还要通过对盘口换手率、主力资金净流入动向进行分析和判断，以及量价是否出现量价齐升的突变。只有完全满足这三点要求时，方可买入操作。

如图2-3所示，海信视像（600060）虽然在A区域出现了向上钓鱼形态，但MACD和均线未形成助涨，量价齐升不明显，盘口主力净流入也不明显，所以应缓一步再买入。

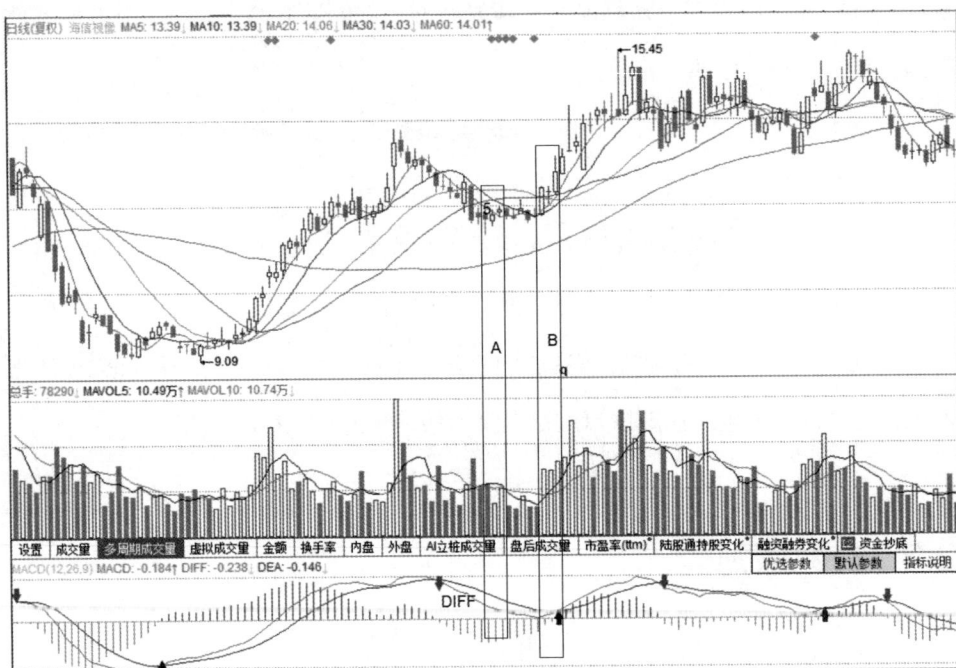

图2-3　海信视像-日线图

（2）牢记超强特征的特殊类型，即向上钓鱼线形成后的回升状态下，一旦出现量价齐升的快速冲击涨停，虽然抢板要快，但依然不能急，只有通过此时的分时图，观察到股价线出现涨停波时，区间放量明显了，且盘口换手率和主力净流入较多时，常态下以10%为涨停的股票，涨幅超过6%后再买入，或是在接近快速涨停价时买入。

如图2-4所示，特变电工（600089）当A区域形成向上钓鱼形态时，K线表现为跳空高开时，强势特征明显，应及时观察当日分时图，即A区域右侧K线对应的分时图B区域，股价大幅高开震荡后出现股价线大角度上行的区间放量，应果断在盘口换手率放大、主力资金持续净流入期间买入。这就是超强特征时缓一步的抢板操作。

图2-4　特变电工-日线图（叠加2020年12月15日分时图）

实战指南：

（1）缓一步买入不是让你在买入交易时真正得慢，而是不能慌，因为人一慌就容易出错，尤其是看到股价短期表现强势时，总怕一迟疑就无法买入错过时机，这种想法是错误的。即便再强的股票，在低位启动时，也很难出现超级状态，多数底部强势回升的股票，即便当日强势，其后总会反复震荡，所以千万不能怕失去机会，就怕一着急把陷阱当作机会。

（2）缓一步买入要做到急而不乱、有条不紊，要想做好这一点，在学习阶段，就必须对向上钓鱼形态的形态判断和买股时机判断，全面熟练地掌握，并且要通过小仓位的实战做到能够熟练操作，这样就不会遇事急切了。

（3）要想真正做到缓一步买入，尤其是股价超强状态的抢板操作，就必须逐渐养成不过于注重得失的心理，因为虽然炒股看起来不是亏就是赚，像极了赌博，但炒股并非赌博，你越是在意结果，越难以做到交易期间的冷静。

2.2.2 卖出时要快

在钓鱼战法中，卖出时要快是一条卖出股票时应遵守的交易原则，因为在涨跌停板制度下，股市里几乎所有的股票都有着熊长牛短的明显特征，当一只股票形成上涨趋势后，一旦转为下跌，往往是迅速的，所以量价突变式的放量下跌经常出现在高位转跌时，卖出股票时一定要快。

做到卖出时要快的方法：

实战前必须学会并熟练掌握向下钓鱼形态的判断，尤其是掌握卖股原则及两种卖股时机的判断和区别，这种区别主要是，卖股时机一是在股价转跌时向下钓鱼形态出现时形成的量价及盘口卖股时机；卖股时机二是当股价转跌时未出现向下钓鱼形态时所形成的量价及盘口卖股时机。只要熟练掌握这两点内容，就能够做好卖出时快了。

如图2-5所示，上海梅林（600073）在持续上涨的A区域，形成了明显的向下钓鱼形态，且量价持续下跌明显，盘口换手放大、主力以净流出为主，应在A区域右侧K线当日快一步卖出。

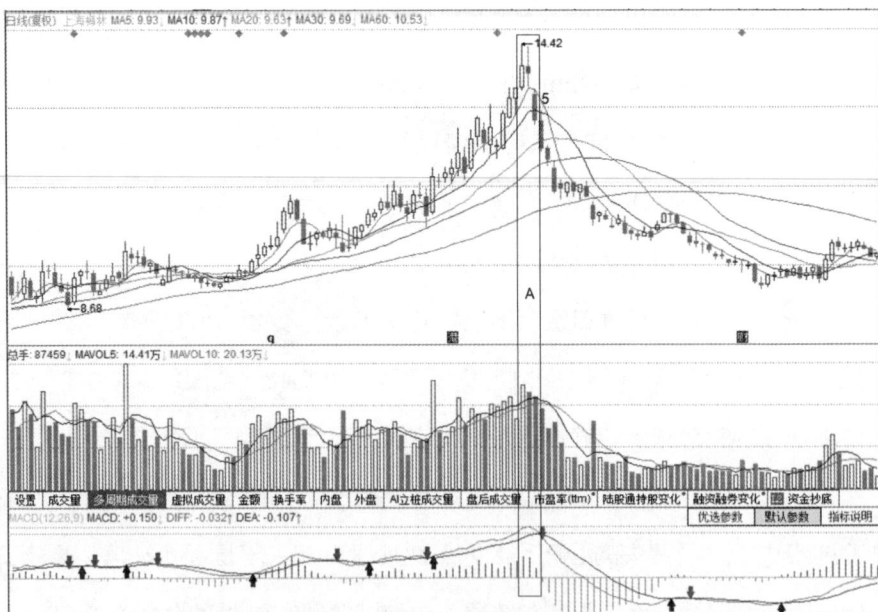

图2-5　上海梅林-日线图

实战指南：

（1）卖出时快与买入时缓是同样的道理，即卖出时的快不是急躁，要始终保持冷静，客观地分析和判断行情，这样才能做到快而不乱、急而不慌。要做到这一点，实战前的认真学习和掌握卖出技术是十分重要的，因为只有将技术都熟记于心，遇到时才不会慌乱，真正做到在技术指导下得快。

（2）买入时缓与卖出时快是买卖股票时两条重要的交易原则，因为在这两条原则的指引下，完全超越钓鱼战法。这是由股价在运行中的涨跌规律所决定的，因为钓鱼战法中的买卖形态只是股价在波段涨跌明显时的显著征兆，但并不意味着就会百分之百出现。所以要求投资者在学习某一炒股技术时，不能完全局限于这一技术，要学会综合使用各种技术，才能实现超越，达到赚钱的最终目的。

2.2.3　趋势明显时果断交易

在钓鱼战法中，趋势明显时果断交易是一条重要的交易原则，这也就意味着，当股价趋势不明显时不能进行交易，无论在买卖股票时都要遵守，因为这一点是在趋势交易策略下制定的交易原则，只有趋势明朗了，才能在趋势明显变化时，赚取到股价上涨波段所带来的收益。

趋势明显时果断交易的具体内容：

（1）主要是向上钓鱼形态形成明显的量价支持的趋势向上反转时，果断买入交易；当趋势由上涨快速转为短期明显破坏性下跌时，不管是否形成向下钓鱼形态，还是主力在隐藏出货，如高位放量震荡滞涨，即应果断卖出交易。

如图2-6所示，岭南控股（000524）在A区域形成向上钓鱼形态时，均线恢复多头排列和量价齐升明显，趋势向上明显，应果断买入；B区域股价高位震荡期间，未出现向下钓鱼形态，但高位放量滞涨明显，主力在隐藏出货，应果断卖出。

（2）在明白了趋势明显时果断交易原则的同时，还要坚持在判断买入交易时机时，趋势不明显时不要买入交易，以及持股期间，坚持趋势未明显变化弱势时不卖出交易的原则。

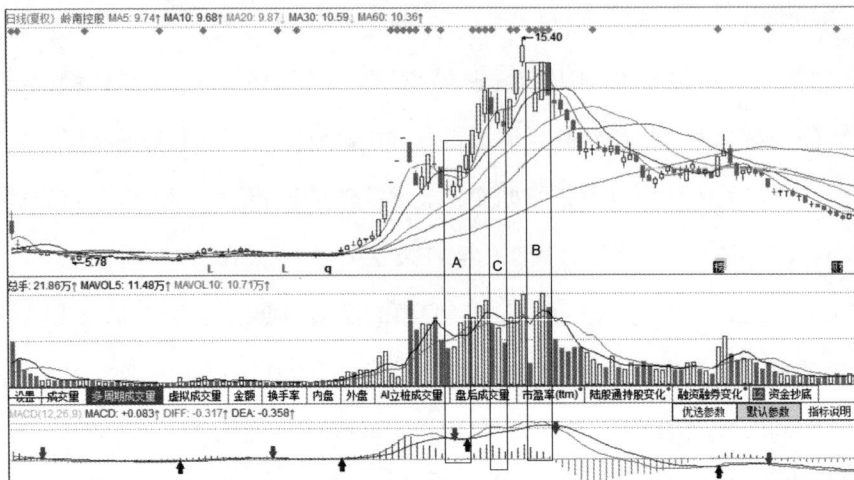

图2-6　岭南控股-日线图

如图2-7所示，康欣新材（600076）在A区域形成向上钓鱼形态，虽然出现DIFF线突然向上翘起，但未突破0轴，且均线多头排列中MA60依然在K线上方，下行明显，说明趋势尚未完全形成向上，不应买入。而图2-6中C区域股价下跌时明显缩量，主力快速洗盘特征明显，未造成上涨趋势的破坏，应持股。

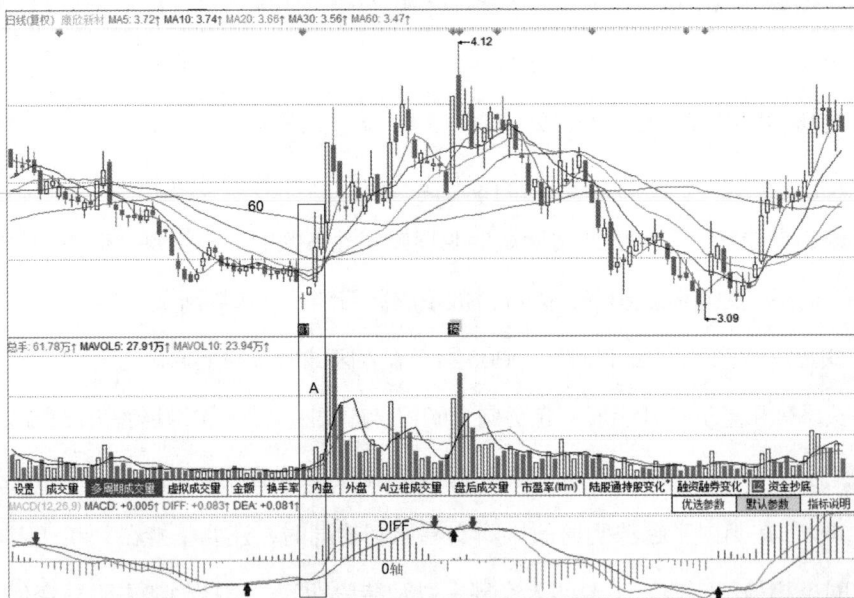

图2-7　康欣新材-日线图

实战指南：

（1）由于趋势明显变化对应的是趋势不明显变化，所以在坚持趋势明显变化时果断交易原则的同时，还要坚持在趋势未明显变化时不交易的原则。

（2）趋势明显时果断交易原则，主要表现在趋势明显由弱势转强时向上钓鱼形态的买入交易，和趋势明显向下或出现主力出货时的卖出交易。这也就意味着，如果这两种钓鱼形态出现时，未形成明显的趋势变化时，不要交易，如量价不支持这种形态造成趋势明显变化时。

（3）趋势未明显变化，主要体现在对买股判断时的趋势判断，即向上钓鱼形态未造成趋势的快速反转向上，以及持股期间未形成明显的趋势反转向下，即未形成量价卖点，依然保持健康整理状态，就不应卖出交易。

2.2.4　买入时要重向上钓鱼形态

在钓鱼战法中，买入股票时一定要关注向上钓鱼形态的出现，以向上钓鱼形态出现时形成明显的趋势变强时为买入依据，因为股价在长期弱势状态下，当转强时，几乎会接近百分之百的比例，先是出现快速下跌，以向下探明低位的支撑，所以，利用向上钓鱼形态判断买股时机是较为准确的，一定要坚持遵守这一买入原则。只要留意一种类超强状态的反转即可。

买入时要重向上钓鱼形态的具体要求：

（1）要在选股的基础上进行向上钓鱼形态的判断，必须得到其他指标的助涨确认，且符合量价齐升突变的要求时，就要果断买入。

如图2-8所示，诺德股份（600110）在上涨趋势调整行情中，A区域形成向上钓鱼形态，均线恢复多头排列，放量上涨明显，应果断买入股票。

（2）从波段操作的角度出发，一旦在弱势中未形成标准的向上钓鱼形态，即向上钓鱼线不明显，只要出现强势的其他技术指标的攻击形态，放量上涨明显，同样要买入股票。

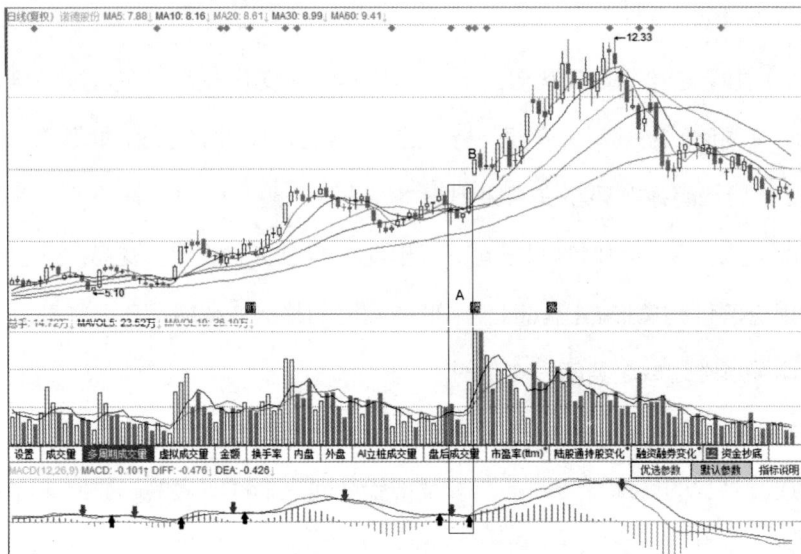

图2-8　诺德股份-日线图

如图2-9所示，人福医药（600079）在长期弱势震荡中进入A区域，虽然出现创新低的K线，但下影线并不长，即向上钓鱼线不明显，但B区域表现为标准的均线多头排列初期，MACD也表现为DIFF线突然向上翘起，放量上涨明显，也应从波段操作的角度买入股票。

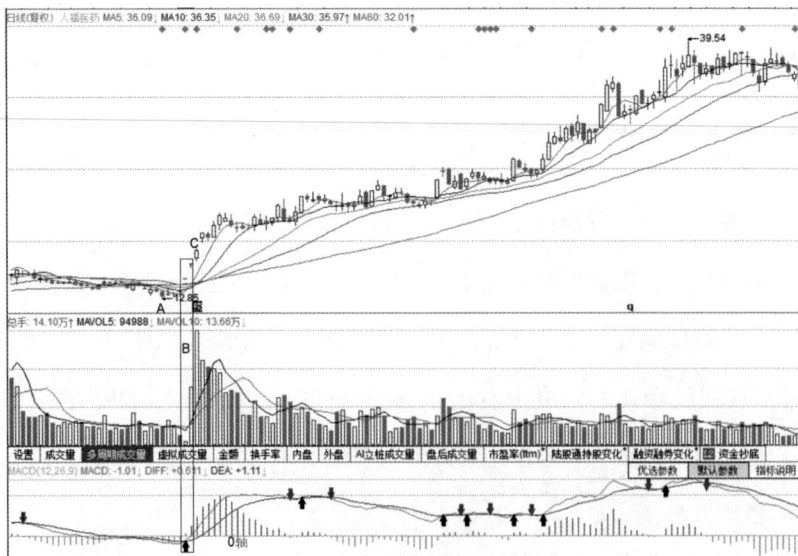

图2-9　人福医药-日线图

实战指南：

（1）在根据钓鱼战法买入交易时，一定要注意钓鱼形态的判断，以标准的向上钓鱼形态为主要的买入依据，具体要求应符合钓鱼战法中向上钓鱼形态的买股要求时，方可买入。

（2）由于钓鱼战法是一种日线波段操作，通过寻找日线图上涨波段出现时买入获利，而向上钓鱼形态又是上涨波段形成初期的征兆，但并不是唯一征兆，所以在钓鱼战法实战买入交易时，一定要遵守趋势交易策略，即便未出现向上钓鱼形态，只要趋势明显转为强势上攻的上涨趋势，同样应买入股票。此时的交易可以根据趋势交易的方法来判断具体的买卖点。

2.2.5　卖出时要轻向下钓鱼形态

投资者在根据钓鱼战法卖股时，一定要牢记卖股的一条交易原则，就是卖出时要轻向下钓鱼形态，因为向下钓鱼形态虽然是主力借以迷惑散户投资者的一种惯用方法和手段，但并不是唯一的方法，所以当主力改变操盘方式，只要出货时造成趋势的持续或快速转弱，就要果断卖出股票，而不一定非要等到向下钓鱼形态的出现再来交易。

轻向下钓鱼形态的卖股要求：

主要是未形成向下钓鱼形态时，出现主力出货的动向，包括明显的主力在高位区出货的巨量下跌或明显放量下跌、持续大阴量下跌、跌破昨日收盘价的大阴量下跌，以及主力隐藏出货的高位放量震荡滞涨、缩量盘整等量价形态。只要出现其中的一种，即应果断卖出股票。

如图2-10所示，东风科技（600081）在持续上涨的A区域，K线的上影线并不太长，未达到向下钓鱼线的要求，但表现为巨量下跌，所以应果断卖出股票，不要非等到向下钓鱼形态出现再操作。

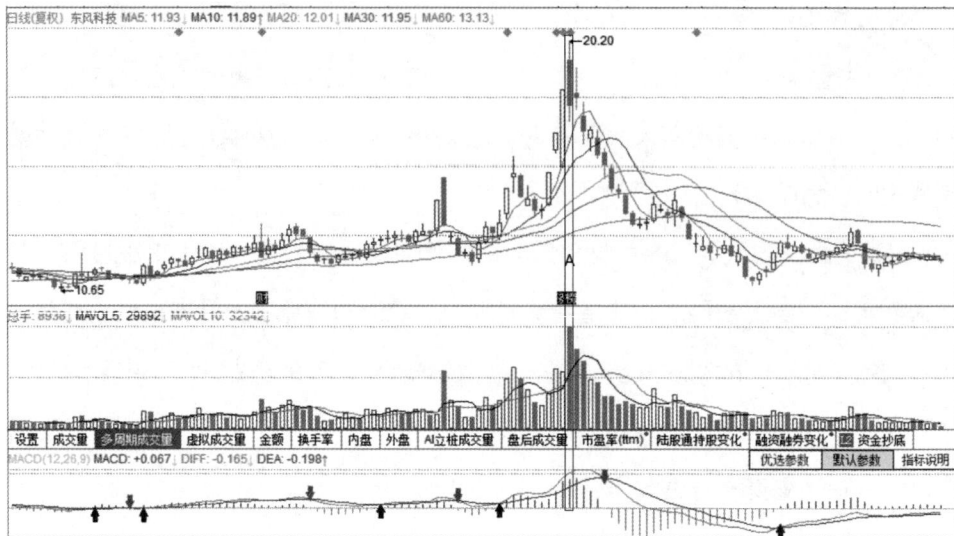

图2-10 东风科技-日线图

实战指南：

（1）卖出时轻向下钓鱼形态，主要是告诉投资者在炒股期间不要过于拘泥于某一种炒股技术，因为任何一种炒股技术都难以涉及所有的交易情况，一定要在实战期间学会灵活应用。

（2）卖股时轻向下钓鱼形态的交易原则，并不是不注重向下钓鱼形态，而是向下钓鱼形态是股价转弱时最容易出现的一种形态，但不出现并意味着股价依然会强势，所以，这一交易原则是超越钓鱼战法的趋势交易策略下产生的，为了弥补钓鱼战法本身存在的无法全面兼顾的不足制定。

2.3 操盘纪律

2.3.1 拒绝抄底

虽然钓鱼战法中的向上钓鱼形态能够让投资者在买股时尽量买到股价强势启动上涨的低位区，且向上钓鱼线时股价大多会创出新低，属于波段操作中的抄底行为，但这并不意味着投资者在实战时就可以放心大胆地抄底，因为低点不走出来，不形成向上钓鱼形态后期的强势回升，是难以确认股价转强的。也就是说，在向上钓鱼形态出现的低点回升时的底，难以确认为真正的低点。因此，在实战操盘期间，一定要遵守不抄底的纪律。

抄底的危害：

股价在下跌过程中，不是看似大幅下跌后就一定会在低点形成底，只有主力资金开始关注后，才会在弱势中形成底，所以，抄底即便是抄在股价腰斩过半的低点，也有可能是抄在半山腰，因为主力操盘的手法不同，即便建仓后也仍有可能会继续向下压制股价来洗盘，市场弱势走弱的情况比比皆是。因此，抄底的最大危害就是所买的股票经常大幅亏损，所以一定不要养成抄底的习惯。

如图2-11所示，东睦股份（600114）在持续大幅下跌的A区域和B区域，均出现了看似向上的钓鱼形态，但均线空头趋势明显，所以，低点回升时绝不能抄底买入，即便中长线投资也不允许，以免抄在半山腰，造成其后的亏损。

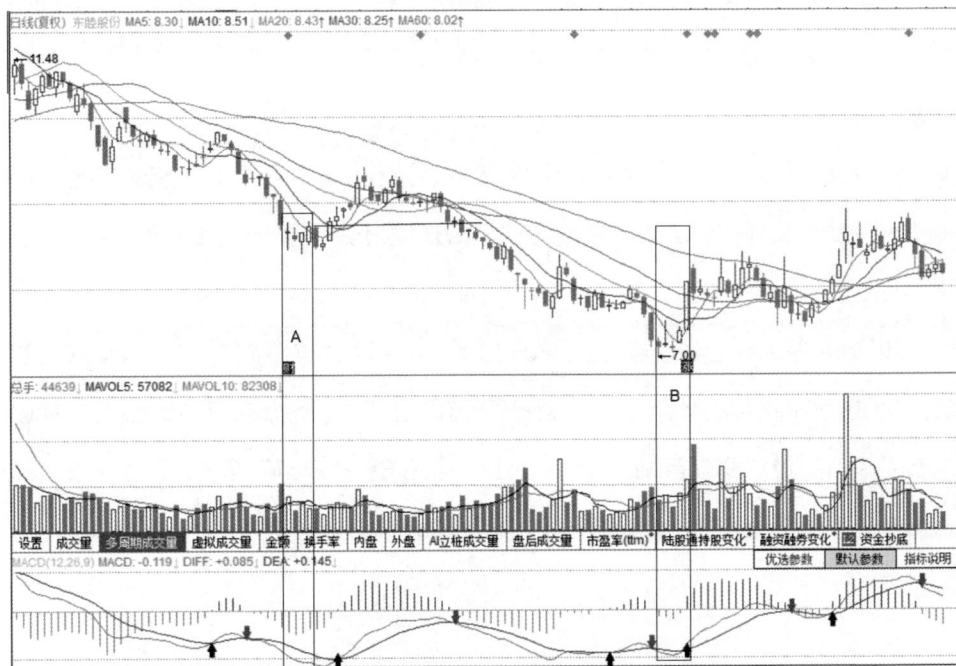

图2-11　东睦股份-日线图

克服抄底心理的方法：

（1）了解股价运行的规律，这样能够深刻认识到抄底给股票投资带来的风险，多从避免亏损的角度出发，也会克服抄底的心理。

（2）端正炒股的态度。炒股是投资，不是赌博，所以要克服贪婪心理，不要总想着在低点搏一把，而要按照正规的炒股技术，在坚定价值投资的基础上，进行技术手段的价格投机。

（3）多学习实用的炒股技术，只有掌握了操盘方法，买股时才会有依靠，就不会总是根据消息或是去盲目抄底了。

2.3.2　不贪婪

进入股市的投资者，在炒股时必须克服掉内心的贪婪，因为贪婪之心过大，就会影响炒股，无法达到投资获利的目的。

贪婪的危害：

投资者只要心存贪婪，就容易产生贪婪、侥幸心理，即便是克服了抄底的心理，也会在买入时机勉强时，抱着试试看的心理买入，哪怕只是轻仓，同样会形成较大的亏损，或是应当止损时不及时止损，或是应当卖出时心存贪婪不卖出，长此以往，势必会由原本的盈利变成不盈利、小亏，最后演变为大亏，忽略了所学技术，投资就真的成了一种赌博方式，既造成投资亏损，又会在这一结果下影响个人投资心理的健康。

如图2-12所示，北方稀土（600111）在A区域右侧向上钓鱼形态形成初期，此时趋势尚不明朗，所以不能抱着赌博的心态在低位提前买入，以免短期趋势走坏，上涨趋势调整行情持续，而B区域卖股时，一旦确认向下钓鱼形态，即应卖出，不要心生贪婪，抱着赌博的心态继续持股，以免造成其后的收益减少。

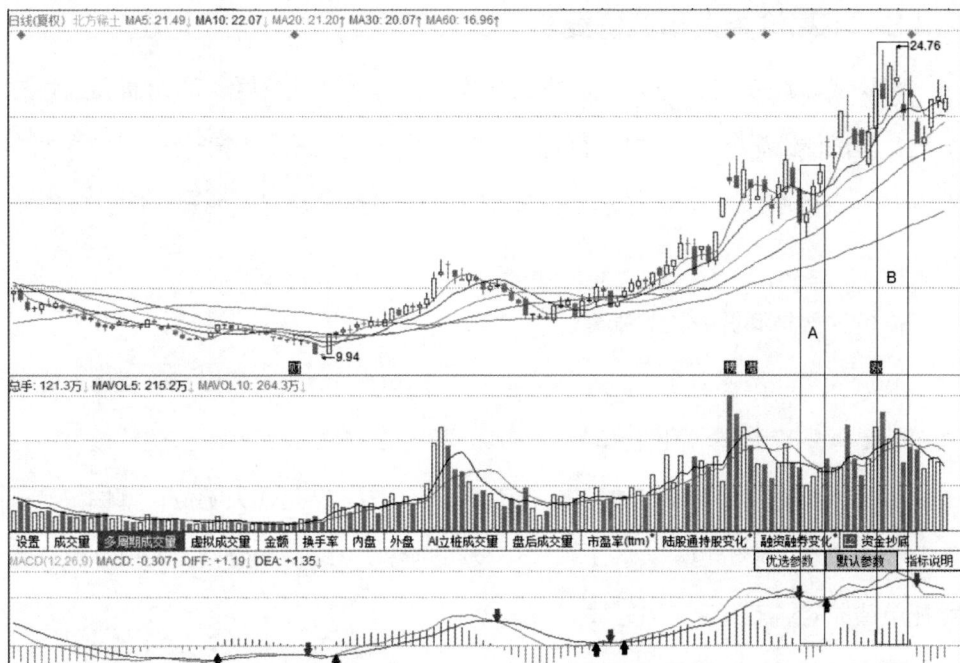

图2-12　北方稀土–日线图

克服贪婪心理的方法：

（1）在实战买卖交易前，多想想贪婪的危害，就会时时约束自己，在不该买时缩手、在应当卖时出手。因此，对于自制力差的人，可将操盘纪律写在一张硬纸片上，放于电脑旁，这样只要一坐在电脑前即会看到，以达到时刻提醒自己的目的。

（2）认真学习钓鱼战法中所有的操盘技术，尤其是向上钓鱼形态和向下钓鱼形态，这样就能够明白，在什么情况下的向上钓鱼形态出现时能够果断地去贪婪，在什么情况下的向下钓鱼形态出现后甚至是未出现时就不要再去贪婪。

（3）投资者只有掌握的技术越熟练，对市场有了足够的认识，自然就会对市场始终心存敬畏。因此，通过实战不断积累经验，并不断反思，才能真正克服贪婪。

2.3.3 不高价委卖和低价委买

投资者在股票交易中，一定要克服掉高价委卖与低价委买的习惯，因为这一点看似没什么影响，不过是想卖在略高位，买在略低位，属于每位投资者都存在的一种交易心理。但事实上，这是一种股票交易的陋习，如果不改，就会吃大亏。

高价委卖与低价委买的危害：

高价委卖就是下委卖单时，习惯以略高于市场现价的方式提交委卖单；低价委买就是下委买单时，习惯以略低于市场现价的方式提交委买单。造成这种行为的原因是，股价在盘中即将波动的无常，但殊不知，若是在关键位，哪怕只有一两分钱的差别，股价也不会向上或向下波动到略高或略低的价格，所以，这样的委托单造成的结果就是无法达成交易。

再者，若是股价真的出现跌破或突破这一两分钱的关键位价格后，则其走势则完全有可能会出现真正的突破转强，或是跌破转弱。而无法成交的情况就会演变为买时无法成交的后果，造成错过一轮极强行情；卖时无法成交的后果是大幅盈利变缩水，甚至持续下去会出现亏损。成交后的情况就会演变为：委卖成功后股价未走弱，继续强势上涨，与牛股擦肩而过；委买成交后，股价未反转向上，反而是一路走低，形成较大亏损。

如图2-13所示，东方航空（600115）在A区域向上钓鱼形态成立期间的买入和B区域向下钓鱼形态的卖出交易时，均要在形态确认达到买卖要求时，买时以当时委卖1的价格和卖时以当时委买1的价格现价挂单委托，以达到快速成交的目的，以免在买时委买价过低无法买入，错失行情，卖时委卖价过高无法卖出，造成收益减少。

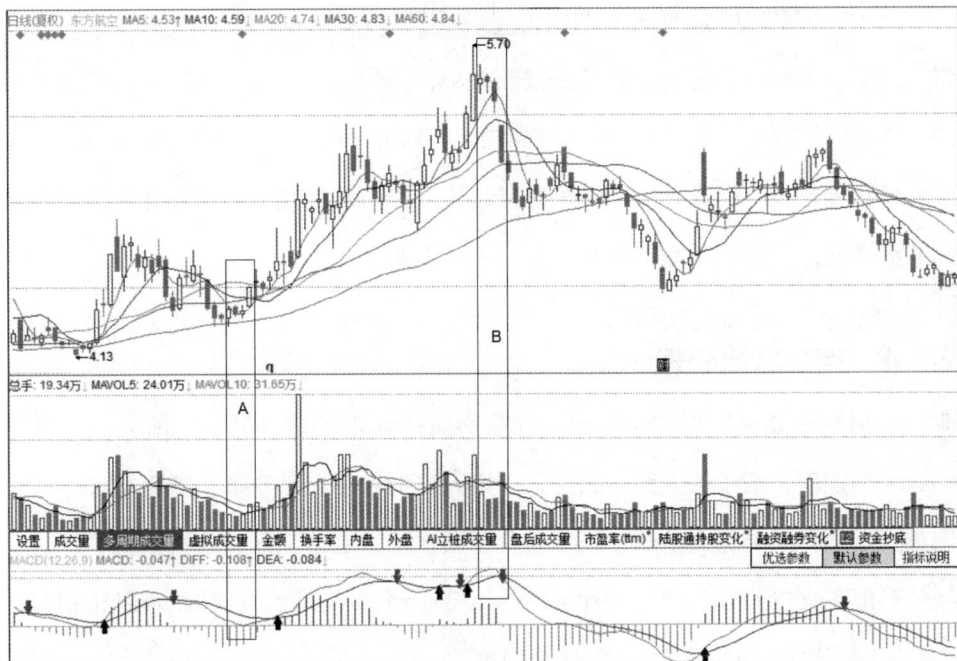

图2-13　东方航空-日线图

克服高价委卖和低价委买的方法：

（1）高价委卖和低价委买体现的是一个人的贪婪心理，所以，投资者只要克服内心贪婪的欲望，就不会总想着如何去占市场的小便宜，要学会用大智慧去战胜市场，这样就会逐步养成现价交易的习惯。

（2）在根据钓鱼战法实战期间，一定要抽时间学会如何观察压力位与支撑位，如重要均线或其他技术指标的判断方法，或是直接通过较多筹码聚集来判断。在明白了股价上涨和下跌中的压力与支撑位的判断，和压力与支撑互转的情况后，就能够深刻明白当股价在运行到这些关键位时的行情，也自然不会在交易时为了一两分钱去过多地计较。

（3）不要养成总喜欢操作低价股的习惯，因为总喜欢操作低价股的投资者，就会总喜欢在交易时计较几分钱的差异，因为几分钱对于几块钱的低价股来说是不小的涨跌幅。要明白股价交易赚的是涨幅比例，无论投资资金多少，买入的股票数量多少，操作标的的价格高低是不受影响的。这样就不会总是去抠几分钱的价格差，自然不会因小失大。

2.3.4 克服恐惧心理

恐惧和贪婪是一对孪生兄弟，在股民身上体现得较为明显，所以市场有着"老手怕大涨，新手怕大跌"之说，市场大涨时新手自然欢呼，老手却会出现害怕甚至恐惧，而市场大跌时，新手则会恐惧害怕，老手反而窃喜机会来了。这期间的恐惧和贪婪一样，都是一种不良的投资心理，不去除，往往是难以获利的，因此，克服恐惧心理同样是一条操盘纪律。

恐惧心理的危害：

心理决定行为，投资者心生恐惧，就会产生不敢在买股时机时买股和果断在未出现卖股时机时卖出股票的行为，不敢买股的结果自然是错过了牛股，提早卖股自然是令收益变小。这样持续操作后，一个人的股票交易行为就会变得畏首畏尾，这样的交易根本无法赚到钱，一旦遇到市场在震荡行情中个股波动的反复无常时，就很容易出现投资失误，造成亏损。

如图2-14所示，郑州煤电（600121）在上涨趋势首次出现调整后的A区域，形成明显的向上钓鱼形态，且股价止跌回升强势明显，所以，此时千万不可心生"恐高"，认为前期涨幅看似过大而不敢买入，因为上涨趋势首次调整结束的向上钓鱼形态，只要强势特征明显就应果断买入，否则会错过一轮短期快速上涨的行情。B区域股价快速下探时也不要心生恐惧，因为K线尚未跌破MA5即止跌，过早卖出则会大幅降低收益。

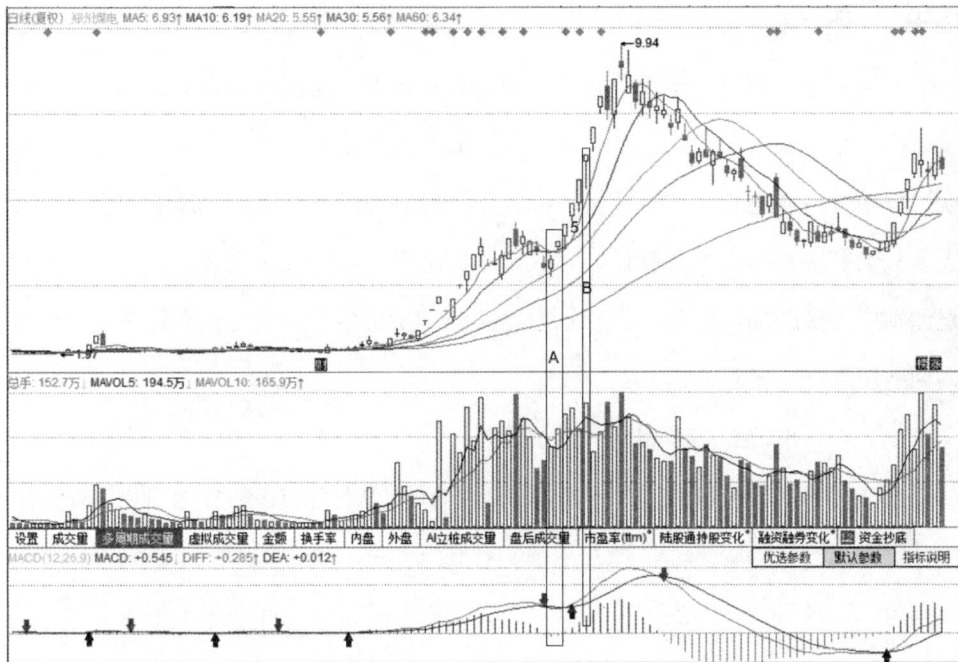

图2-14 郑州煤电-日线图

克服恐惧的方法：

（1）恐惧和贪婪是完全相反的一种心理，巴菲特曾说过一句名言：众人都贪婪时心生恐惧，众人都恐惧时心生贪婪。能够持续数十年在股市实现复利式增长的都如此说，你还有什么理由被恐惧左右呢。但一定要通过学习，明白这里所讲的恐惧，是指市场大涨众人皆贪时要恐惧，贪婪是市场大跌众人皆恐惧时一定要贪婪。这也就意味着，始终保持冷静、平和的心态，才是克服贪婪和恐惧的最好方法。

（2）要想克服普通恐惧心理，依然是认真学习钓鱼战法和好的炒股技术，因为只有掌握了炒股技术，才能够明白在什么时候买股和什么时候卖股，自然就不会为恐惧心理所左右了。

（3）多观察和思考市场，从中会发现股市运行的规律，一个人在股市中积累的经验越多后，心态自然就会变得平和，不会为恐惧等不良心理所影响。

2.3.5 不迷信消息

在股市中，消息的出现，往往会对股价短期的走势出现一定的影响，如一只股票由于某一利好消息的出现，走出了一波波澜壮阔的行情，或是利空消息的出现，导致股价接连断崖式下跌。所以，不少股民经常喜欢根据消息来操作，但在大多数情况下，根据消息操作，尤其是小道消息，会让股民出现很大亏损，甚至是原本应当卖时却买入股票，原本应当买时却卖出股票，因为消息经常会成为主力逆散户思维操盘的工具。

消息对股价的真实影响：

消息分为利好与利空，但能够真正影响股价的走势时，多数也只是短期的影响，是难以撼动大趋势的，因为常态的利好或利空消息，如中大单的利好，只是上市公司正常经营下的生产和经营常态，难以影响实质，而产品价格或原材料的涨跌，基本上都属于正常的市场行为，且多数与行业周期有关。

所以，常态下的消息是难以持续影响股价的大趋势运行的。只有那些真正涉及上市公司的生产和经营的消息出现时，才会真正影响未来的预期，如核心技术的突破、重组和产业链的重大兼并、行业政策的大幅倾斜等。

如图2-15所示，好想你（002582）在弱势震荡中的区域，公司发布了2020年度业绩预告，根据预告内容，公司在2020年度实现了每股4.88元的收益，如根据这一利好消息买入股票，必然会遭遇其后的短期大幅下跌，因为B区域的"地雷"显示，虽然有主力持续卖出，又有新主力在买入，但不是主力建仓后股价即会发动快速上涨，根据消息盲目买入自然会忍受亏损。

识别消息的方法：

（1）从消息出现时消息本身的性质来分析，涉及中大单或短期减产的消息时，都属于上市公司的正常生产经营中的消息，只要不涉及上市公司经营能力重大改变所带来的业绩提升预期的消息，基本上最多只是短期影响股价的波动，甚至是根本不会改变短期走势。

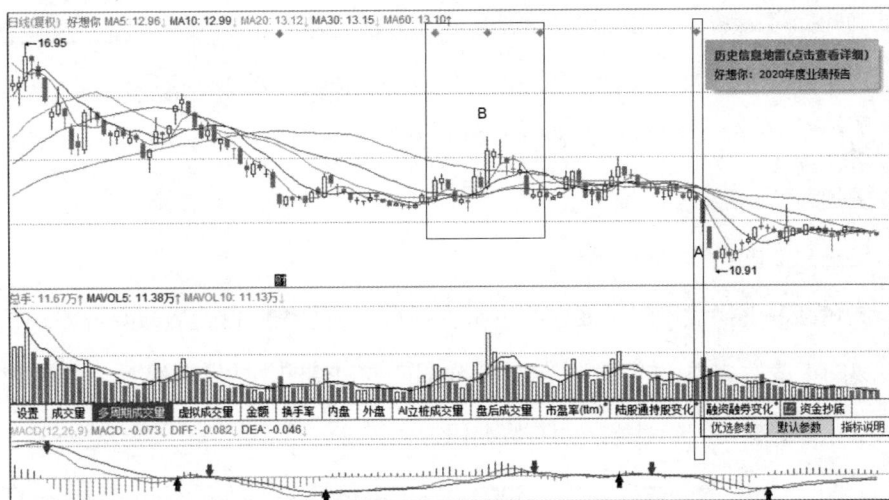

图2-15　好想你-日线图

（2）预增与预减消息，如年报或半年报、季报的大幅预期或预减甚至亏损的消息，不要只看增或减的幅度，而要观察预增的收入或亏损数额，并分析造成这种情况的具体原因，除非是公司经营能力提升造成的大幅预增才更可靠，因为政府补贴下的预增或扭亏，对上市公司本身而言意义并不大。

（3）结合股价当前的趋势和位置来判断消息，因为主力经常利用消息来操盘，如利好将出现时早已大幅拉高股票，主力借机在出货；利空不断时，主力在股价低位大举建仓。

（4）股市有着"利空出尽是利好，利好出尽是利空"之说，也就是说，当利空多时，一旦利空消息不再出现，即便无利好消息，也是利好股价；当利好消息出尽，即便无利空消息，也是利空股价。

2.4　操盘步骤

2.4.1　步骤1：制定操盘策略

在根据钓鱼战法实战时，一定要明白，首要的不是选股和买股，而是制定出准确的操盘策略，因为无论什么炒股技术，技术本身虽然重要，但相关的操盘策略也十分重要，因为操盘策略是指引你按照操盘技术操作以实现获利目的的方向，方向不对，方法再好，也难以达到目的。因此，操盘策略在钓鱼战法的实战操盘中起着"顶梁柱"的作用。

钓鱼战法的具体操盘策略：

钓鱼战法的操盘策略主要包括三个内容：一是尊重股价趋势演变规律；二是在交易时采取右侧交易的方式；三是操作时间为日线图中线波段操作。也就是2.1节内容：尊重趋势的操盘策略和右侧波段操盘策略。

如图2-16所示，太极集团（600129）在A区域买入前，一定要首先制定出尊重趋势和右侧波段交易的策略，即无论A区域买入时，必须是在趋势恢复强势时，在右侧K线上行的强势时买入，卖出时在B区域短期趋势变坏时的右侧K线呈下行的弱势时卖出。因为尊重趋势和右侧波段操盘策略是钓鱼战法中交易的核心，也是确保交易能够获利的根本。

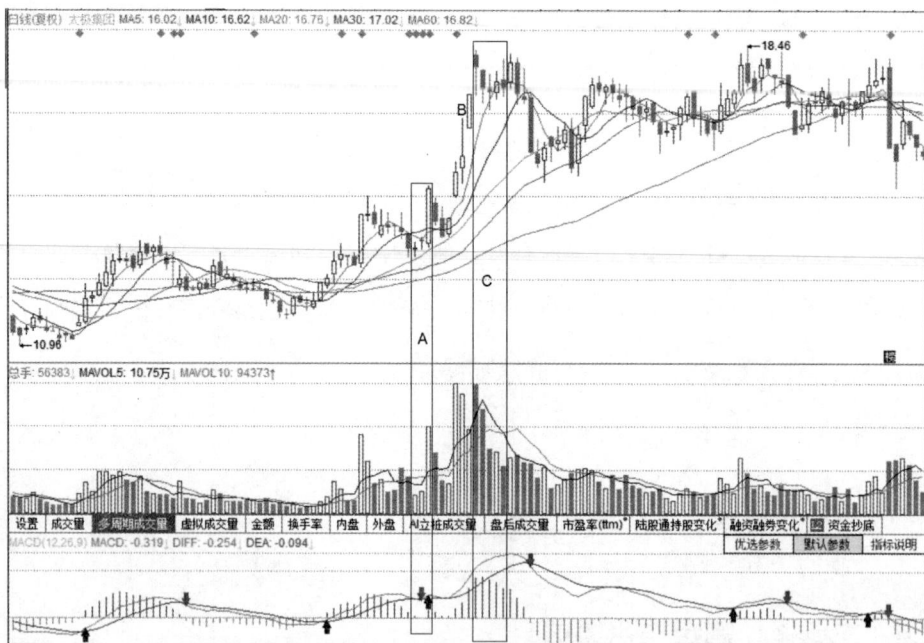

图2-16 太极集团-日线图

实战指南：

（1）钓鱼战法的操盘策略，主要包括三个方面的内容：一是尊重趋势交易，二是右侧交易，三是日线图为主的波段操作。操盘时一切的操作都要以这三个内容为核心。

（2）操盘策略是操盘的方向指引，是大方面的要求，而钓鱼战法中所有的交易方法、判断方法、选股方法、交易技巧，都是在操盘策略指导下制定的。所以在操盘前的第一步，就是全面去了解具体的策略，这样才能在其后的操盘中真正领悟到钓鱼战法的核心内容。

（3）操盘策略一经制定，就要学会在心中明确下来，不可改变，即便是在即时行情中出现某些看似的意外，也属于钓鱼战法常态中的极端情况，均有相关的应对方案，所以操盘策略不可更改。

2.4.2　步骤2：严格选股

选股是钓鱼战法操盘的第二个步骤，是极为重要和关键的一个步骤，不可忽略或省去。因为省去选股环节后，虽然同样能够通过认真判断买好股票，但是却会增加买股判断时的难度，稍一疏忽，极易引发操盘中的人为失误。所以，即便是技术熟练的投资者，也必须严格按照要求，做好操盘中的选股环节。

选股的具体要求：

（1）根据选股时的技术形态要求时，要依据技术面上呈长期或短期弱势的选股要求，进行技术面海选，将目标股放入自选股。

如图2-17所示，重庆啤酒（600132）在2020年7月初至8月初的A区域，表现为上涨趋势的调整行情，符合技术面短期弱势的要求，这时即可观察基本面。

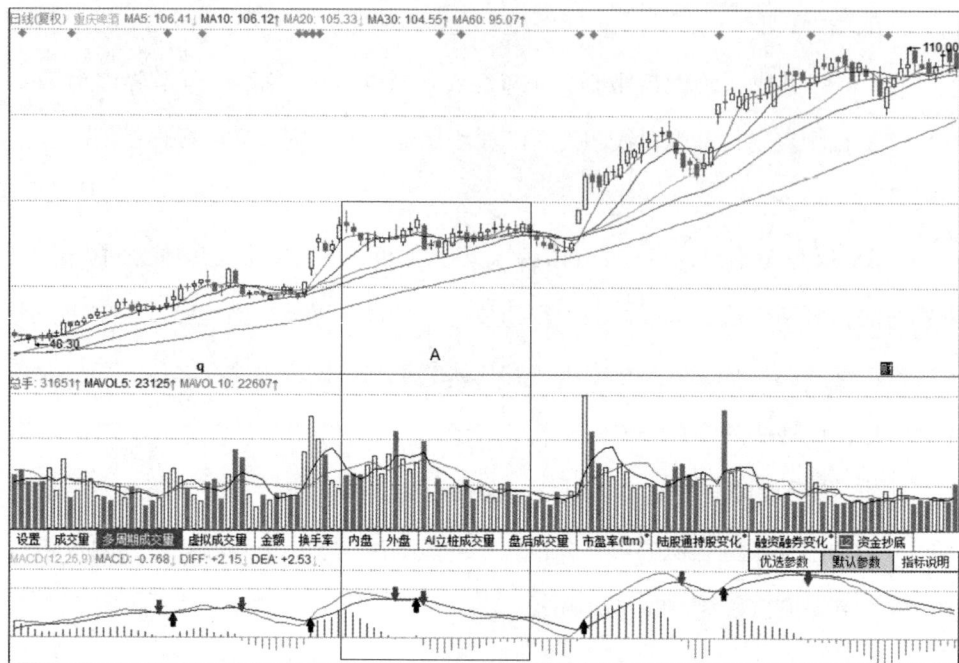

图2-17　重庆啤酒-日线图1

（2）技术面海选后，再根据基本面选股时的四大财务指标，对目标股进行二次筛选，优选白马股、绩优股、行业龙头股，将不符合基本面要求的股票一一剔出自选股。完成以上两个步骤后，自选股内的股票，即全部为有待持续观察的目标股。

如图2-18所示，重庆啤酒的财务概况中显示，净利润、基本每股收益、净资产收益率保持长期稳定增长，只在2015年出现小幅亏损，净资产负债比常年保持在60%左右，符合基本面长期强势要求，这时即可将其放入自选股，列为目标股，留待观察。

实战指南：

（1）在实战选股期间，技术面选股时，总的原则是技术面呈现弱势的要求，即长期弱势震荡类的股票，或是上涨趋势调整行情期间处于短期弱势的股票。

重庆啤酒 600132

同花顺F10 全面解读 全新体验　最新价：90.87　涨跌幅：-5.14%　上一个股　下一个股　输入股票名称或代码　换肤

重庆啤酒 600132　最新动态　公司资料　股东研究　经营分析　股本结构　资本运作　盈利预测　新闻公告　概念题材　主力持仓　财务概况　分红融资　公司大事　行业对比

财务诊断　财务指标　指标变动说明　资产负债构成　财务报告　杜邦分析

按报告期　按年度　按单季度　显示同比

科目\年度	2019	2018	2017	2016	2015	2014
成长能力指标						
净利润(元)	**6.57亿**	**4.04亿**	**3.29亿**	**1.81亿**	**-6567.84万**	**7343.52万**
净利润同比增长率	62.61%	22.62%	82.03%	375.57%	-189.44%	-53.74%
扣非净利润(元)	4.43亿	3.54亿	3.08亿	1.84亿	-6894.64万	7451.83万
扣非净利润同比增长率	25.11%	14.84%	67.89%	366.22%	-192.52%	-55.48%
营业总收入(元)	35.82亿	34.67亿	31.76亿	31.96亿	33.24亿	31.69亿
营业总收入同比增长率	3.30%	9.19%	-0.64%	-3.85%	4.90%	-6.44%
每股指标						
基本每股收益(元)	1.3600	0.8300	0.6800	0.3700	-0.1400	0.1500
每股净资产(元)	2.93	2.37	2.40	2.54	2.36	2.64
每股资本公积金(元)	--	--	--	--	--	--
每股未分配利润(元)	1.47	0.97	0.93	1.05	0.88	1.21
每股经营现金流(元)	1.46	1.54	1.69	1.18	0.93	0.86
盈利能力指标						
销售净利率	20.34%	12.15%	10.27%	4.38%	-4.62%	-0.99%
销售毛利率	41.69%	39.93%	39.35%	39.31%	36.92%	44.60%
净资产收益率	52.49%	36.00%	28.29%	15.37%	-5.47%	5.69%
净资产收益率-摊薄	46.30%	35.28%	28.31%	14.72%	-5.75%	5.75%

图2-18　重庆啤酒-财务概况

（2）在选股期间，一旦完成了首轮的技术面弱势海选之后，一定要对这些股票进行基本面的观察和分析，要求技术面呈现强势特征，包括长期基本面优良，或短期基本面出现向好的趋势时，才符合选股要求。

（3）在技术面和基本面选股期间，只要不符合条件的股票，均要从自选股中删除，只留下符合选股要求的股票。这样才不会出乱子，对于一些存在某一方面异议、又有一定价值的股票，应放入其他备用的自选板块中进行区分，以免时间一长忘记标识，容易出错。

2.4.3　步骤3：确认买股时机

在根据钓鱼战法实战操盘时，一旦完成了选股的步骤后，仍然不能买股，因为只有目标股在弱势状态下，形成钓鱼形态的买股时机时，才构成买入时机。所以，选股完成后确认买入时机期间，依然要等待一定时间的时机，而这一时机的出现，则需要通过持续的观察和分析，根据向上钓鱼形态的各种要求，进行一一确认，最终全部满足买股条件时，方构成买股时机，才能执行买入操作。

确认买股时机的具体要求：

在持续观察中，需要捕捉的有六点：一是目标股是否形成了向上钓鱼线；二是对向上钓鱼线长度的观察与判断；三是对向上钓鱼线后股价的强势特征进行观察和判断；四是运用辅助指标进行强势确认；五是观察目标股在盘口的强势判断，包括换手率放大、主力净流入为主；六是通过量价齐升突变来最终确认买股的具体时机，以完成买股操作。

如图2-19所示的重庆啤酒，在图2-17和图2-18的选股基础上进行观察，当发现进入图2-19中的A区域后，形成明显的向上钓鱼线后的快速回升，为向上钓鱼形态，均线表现为短期均线恢复快速上行的恢复多头排列助涨要求，盘口换手率放大，主力以净流入为主，量价为持续放量上涨时，方可买入股票。

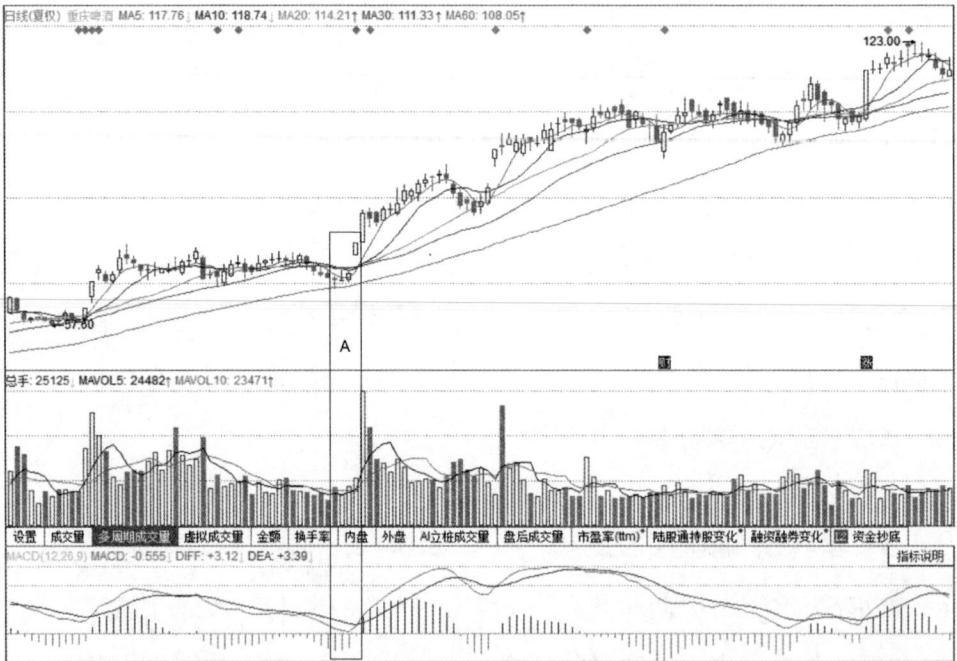

图2-19　重庆啤酒-日线图2

实战指南：

（1）买股时机的判断，一定要在选股的基础上，对目标股进行持股的观察和判断。也就是说，买股时机的出现时间是不确定的，要根据目标股的具体情况而定，所以，在此期间一定要有充足的耐心，始终保持冷静的心态，以客观地观察和分析目标股的行情演变。

（2）判断买股时机时，第一步是向上钓鱼线的判断，第二步是对向上钓鱼线长度的判断，第三步是向上钓鱼线的强势判断，第四步是借用其他技术指标进行强势特征的辅助判断，第五步是对盘口换手率和主力资金流入的分析，第六步是通过量价突变的情况来确认买入时机。

（3）确认买股时机是一个相对烦琐的过程，虽然真正熟练后应用相对简单，但内容却较多，其中每一步的分析和判断都很重要，不能忽视和漏掉，所以必须仔细、认真，不可马虎。

2.4.4　步骤4：持股的分析与判断

在根据钓鱼战法实战期间，一旦完成了买股，依然不能放松警惕，因为即便所买股票未形成卖股的要求，也要时刻观察，一旦持股出现短线调整时，必须准确判断出为健康的整理状态，方可继续持股。因此，持股的分析和判断同样是十分重要的，必须在其间保持对持股状态的观察，以确保继续持股能够持续获利。

持股期间的看盘要求：

持股期间，主要是观察所持股票的强弱状态，一旦持股不再保持持续上涨时，就要对股价的短期回调通过量价或是整体涨幅进行判断，因为一旦底部至此的累积涨幅达到翻倍，或是量价出现符合量价突变的强烈卖点时，就要引起注意了。

因为一旦量价齐跌的明显突变出现，可能在持续变化中影响上涨趋势的突然变坏，所以，要结合趋势来确认强势是否依然保持，以确认是否继续持股。只要未出现破坏性强的量价卖点，或是向下钓鱼形态，均应安心持股。

如图2-20所示的重庆啤酒，在A区域买入后，B区域即出现阴线震荡，但大幅缩量明显，且一上涨即转为阳量，趋势依然为均线多头排列，应保持持股。

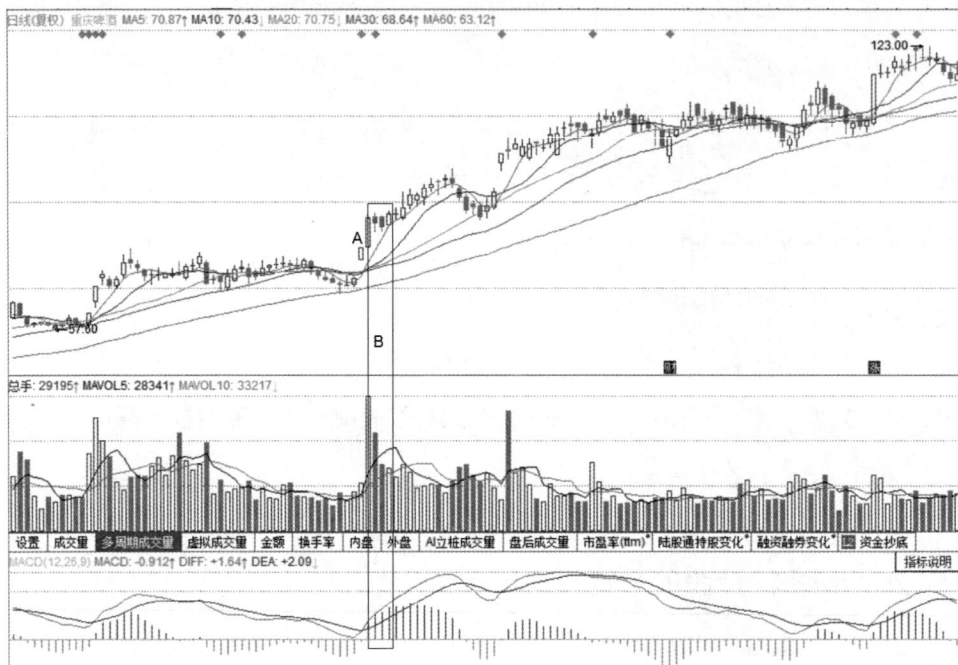

图2-20　重庆啤酒-日线图3

实战指南：

（1）持股期间，持股原则只有一个，继续持股能够短线获利，所以支持继续持股的理由也只有继续获利这一个。在此期间出现的短线调整，只有为健康的整理时，或是股价始终处于稳健的持续上涨时，才能达到这一目的，方可继续持股。

（2）持股期间对大盘的分析，主要是观察上证指数的走势，只要大盘强势或震荡走势时，均可忽略大盘，但若是大盘表现为持续大幅下跌的绝对弱势时，就要引起注意，降低持股预期，及时止盈。

2.4.5　步骤5：确认卖股时机

在根据钓鱼战法实战期间，确认卖股时机是操作一只股票的最后一个环节，但同样重要，因为在股票操作中，会买的只是徒弟，会卖的才是师父。所以，卖股行为看起来简单，其实却是综合考量一个投资者投资经验的时刻，尽管钓鱼战法或是其他任何炒股技术，都存在卖股的判断，但仍然需要结合投资者本人的经验与技术予以确认，才能真正卖好股，在股价真正趋势由强势转弱势初期时，及时卖出股票，锁定收益。

卖股时机的具体把握要求：

卖股时机的判断，主要是在持股期间，对上涨趋势结束的判断，包括四个方面的内容：一是是否形成了明显的量价齐跌突变时的主力出货卖点；二是向下钓鱼形态是否形成明显的量价齐跌突变；三是盘口换手率的观察，以及主力资金是否为较大净流出状态；四是股价由底部至今的整体涨幅是否达到100%左右。

其中，第一个或第二个条件满足时，第三个和第四个条件是从主力操盘的角度出发来考量的，但主力净流出和高换手率是从主力资金大举离开的资金动向出发，而整体涨幅的高低不是绝对的，只是主力操盘一只股票时，必须获得翻倍的收益，夫除开销后，才能实现获利，所以需要投资者凭经验判断，如近期这只股票是否存在机构增发的解禁潮，或是公司股权激励或大股东减持的情况。这些都会影响具体的涨幅，但如果这些因素均不存在时，股价的整个上涨波段多数会达到翻倍左右后才会真正转弱。

但若是短期持续涨幅较高时，也会出现股价中期的回调后再上涨的情况，所以操作者可视自己波段操作的持股时间而定。若不想过长持股，可在阶段性高点的量价卖点形态时即卖出股票，否则应以较长的上涨波段持股为主，但继续持股时必须确保较长周期的上涨趋势不能破坏。

如图2-21所示，重庆啤酒在A区域买入后的持股期间，进入B区域，出现了向下钓鱼形态，且持续放量下跌明显，即便长线看好这只股票，也应果断先卖出，以获取A区域到B区域的波段收益。其后转强时可再买回来。

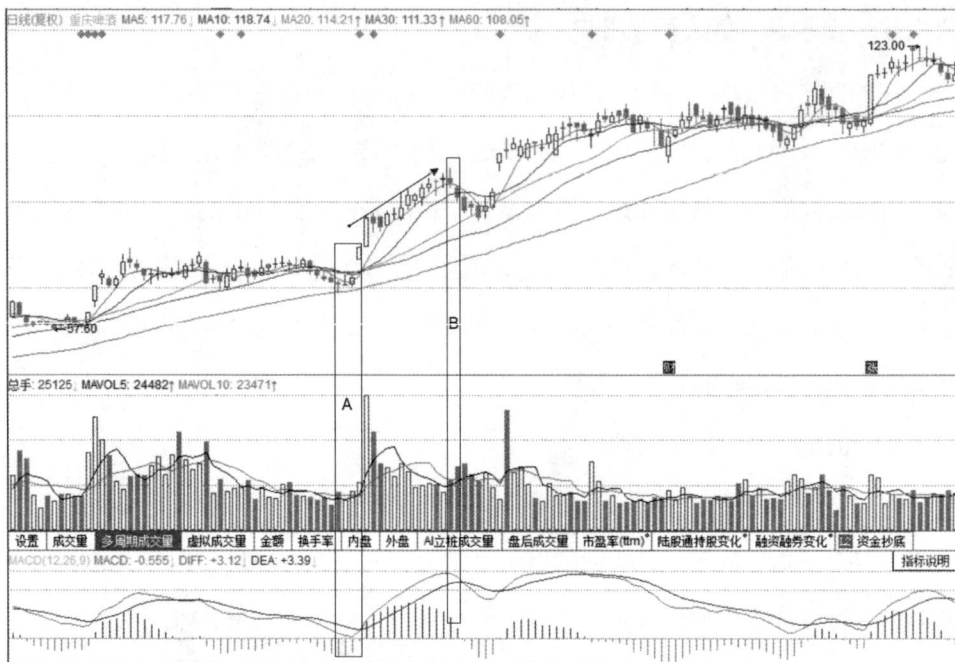

图2-21　重庆啤酒-日线图4

实战指南：

（1）判断卖股时机，与操盘的上一个持股判断环节紧紧相连，因为股价未形成卖点时，才能持股，所以判断卖股时机，就是在持股的持续观察中寻找到量价齐跌的突变，以及是否形成向下钓鱼形态。

（2）在根据钓鱼战法判断卖出时机时，本书中所介绍的卖股时机，均是标准的股价基本由底部的涨幅达到翻倍水平时的转弱情况。这一点应灵活应对，因为股票总股本大小有区别，基金抱团的重仓股，其上涨趋势会持续多年，经常表现为多年上涨趋势的阶段性涨跌，如贵州茅台；而小盘股则更注重短期的持续快速涨跌，经常被游资操作，稳定性差；中盘股往往稳定性强度适中，更适合投资者操作。所以在实战期间，一定要以灵活的眼光来看待股价上涨趋势波段的整体涨幅。

（3）一旦投资者操盘的是大盘股，更注重股票的价值投资时，在日线图形成卖点时，可通过周线图和月线图的观察来判断大趋势，以确认日线图卖点是否为长周期的阶段性卖点。

第 3 章

技术指标: 识别钓鱼形态的重要依据

技术指标, 是通过其表现形态来判断钓鱼形态的依据, 如向上钓鱼线与向下钓鱼线, 都要通过K线来判断, 包括其后的震荡走强或震荡走弱, 以及辅助判断向上钓鱼形态为强势上攻的指标: BOLL、MACD、均线等, 以及确认买卖时机的量价形态。这些基础的知识了解越深, 运用钓鱼战法时就会越顺利, 判断行情时则越准确。

3.1 K线：确认钓鱼形态的图形指标

3.1.1 阴线与阳线

阴线与阳线是K线图上K线的两种表现形式，属于看盘的K线基础，因为看盘时如果无法一眼看明白阴线和阳线，就根本无法明白股价的短期涨跌，更无法看懂行情，所以必须在操盘前明白阴线和阳线所代表的真正实战意义。

具体形态和要求：

（1）阴线，为绿色的K线，是指收盘价低于开盘价时的情况，代表股价短期下跌。如图3-1所示，恩华药业（002262）B区域绿色的K线为阴线，代表股价当日下跌。

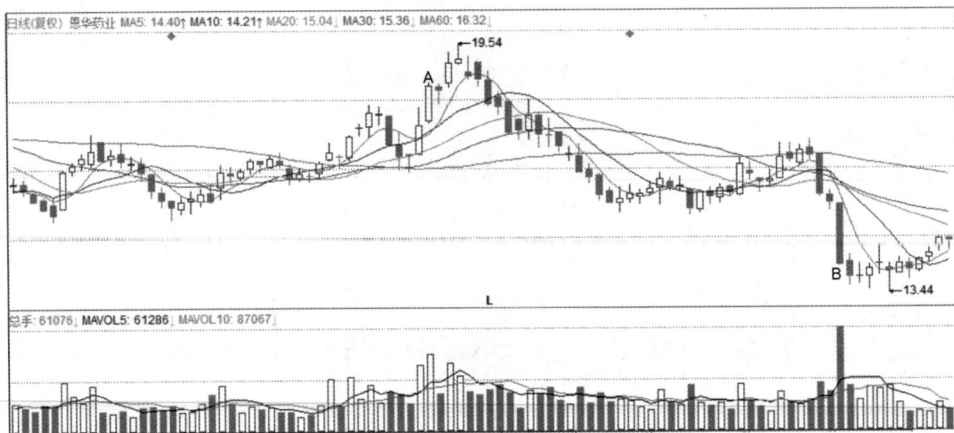

图3-1　恩华药业-日线图

（2）阳线，为红色的K线，是指收盘价高于开盘价时的情况，代表股价短时的上涨。如图3-1中A区域为红色的阳线，代表股价的短线上涨。

实战指南：

（1）在识别阴线与阳线时，只要根据K线的颜色即可判断出来，但通常较长的阴线或阳线，才意味着短期股价涨跌的强烈，并且一定要结合成交量来确认。

（2）虽然常态下阴线代表下跌，阳线代表上涨，但实战期间不可仅仅凭借单根 K 线来确认，一定要结合前面的 K 线来判断趋势，因为阴线只代表这一根阴线的短期下跌，阳线只代表这一根阳线的短期上涨，还存在这一根阳线在上一根 K 线下方的下跌状态的阳线，和这一根阴线在上一根 K 线之上的上涨状态的阴线。

（3）在实战中，通常实体与影线较短小的阴线与阳线，代表股价的短期震荡涨跌和盘整，意义并不大。

3.1.2　K线实体与影线

阴线与阳线只能简单观察 K 线的涨跌，要想真正看懂一根 K 线，就必须明白 K 线的两个重要构成，那就是 K 线柱的实体，以及在实体上方或下方的影线，因为实体长短代表涨跌力度，而影线的出现及长短则代表股价的短期冲高或快速探底。

具体形态和要求：

（1）实体，是 K 线的主要组成部分，是指 K 线实体柱的部分，实体越长，代表涨跌的幅度越大，因为收盘价与开盘价差距较大。需要注意的是，阴线时实体最上方为开盘价，最下方为收盘线；阳线时实体最下方为开盘价，最上方为收盘价。

如图 3-2 所示，东风汽车（600006）A 区域、B 区域、C 区域的 K 线，阳线柱空心的部分和阴线实心的绿色部分为实体部分。C 区域阳线时，开盘价为实体最下方，收盘价为实体最上方，B 区域阴线时，开盘价为实体最上方，收盘价为实体最下方。

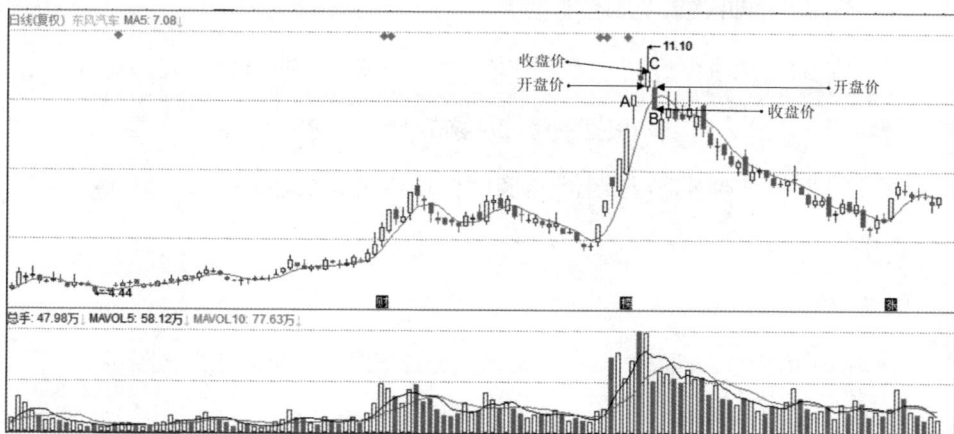

图3-2　东风汽车-日线图

（2）影线。在K线实体上方或下方出现的细线称为影线。实体上方的影线为上影线，代表股价的快速冲高回落，上影线越长时意味着股价快速大幅冲高回落较大，上影线最上方为最高价；实体下方的影线为下影线，下影线越长时意味着股价快速探底回升，下影线最下方为最低价。

如图3-2中A区域K线实体下方部分为下影线，意味着股价的快速探底回升，B区域阴线实体上方和C区域阳线实体上方部分为上影线，意味着股价快速冲高回落。

实战指南：

（1）实体代表K线的开盘与收盘之间的情况，所以，实体越长时说明股价短时涨跌的幅度越大，实体越长；反之，实体越短时，说明股价短期涨跌波动的幅度越小。

（2）在利用实体判断开盘价与收盘价时，必须注意一点，因为阳线时实体最上方为收盘价，实体最下方为开盘价；阴线时实体最上方为开盘价，实体最下方为收盘价。

（3）上影线越长，意味着股价短时冲高回落的幅度较大，越短时则为小幅冲高；下影线越长，意味着股价短时的快速探底，短时只能证明股价的小幅探底回升。而长上影线与长下影线，是判断钓鱼形态中钓鱼线的重要K线形态。

3.1.3 光头光脚K线

光头光脚K线是指K线无上影线和下影线的情况，只有K线实体部分，在实战中有着重要的意义，所以在根据钓鱼战法实战时，一定要引起注意，因为无论买卖股票或持股期间判断是否卖出或持股时，光头光脚K线的出现，都意味着上涨或下跌的高度坚决。

主要类别及具体形态：

光头光脚K线分为两种情况：一是光头光脚阳线，二是光头光脚阴线。

（1）光头光脚阴线。因为是阴线，所以意味着最高价为开盘价，最低价为收盘价，因此说明股价强烈下跌，尤其是阴线柱较长，或是为跌停阴线时，更能代表短时股价的强势下跌。

如图3-3所示，长春燃气（600333）B区域的阴线为实体上下均无影线的光头光脚阴线，实体最上方为最高价和收盘价，意味着股价当日较强的下跌。

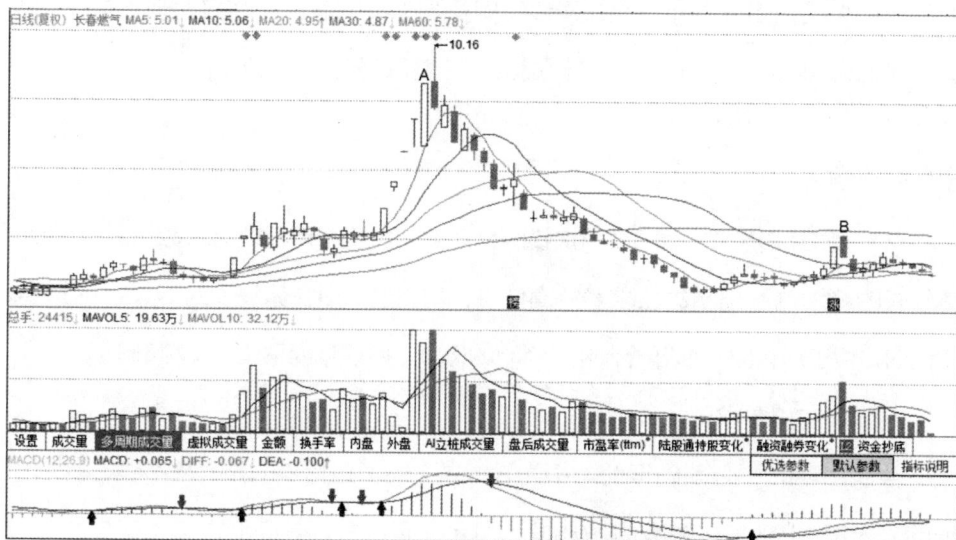

图3-3　长春燃气-日线图

（2）光头光脚阳线。因为是阳线，所以意味着开盘价即为最低价，收盘价为最高价，因此，说明股价上涨强烈，尤其是阳线柱较长，或是涨停阳线时，更能代表短时股价的强势上涨。

如图3-3中A区域的阳线为无影线的实体阳线，属于光头光脚阳线，实体最上方为收盘价和最高价，实体最下方为开盘价和最低价，意味着短时股价强势上涨。

实战指南：

（1）判断光头光脚K线时，必须确保实体上方与下方均无影线，哪怕观察时影线极短也不行，所以，必须是阴线时确保开盘价为最高价，收盘价为最低价；阳线时收盘价为最高价，开盘价为最低价。

（2）低位出现的光头光脚阳线为股价加速上涨的重要征兆，而高位出现的光头光脚阴线则为股价加速下跌的征兆，因此，在钓鱼战法实战时，即便是未出现钓鱼形态，只要其他指标符合攻击或杀跌形态，同时成交量支持上涨或下跌，同样是买卖股票的重要信号。

（3）光头光脚K线出现时，并不一定十分标准，或者只出现类似光头光脚阳线的光头阳线，即下方允许存在影线，同样是强势的表现；若只出现类似光头光脚阴线的光脚阴线，即上方允许存在影线，同样是弱势的表现。

3.1.4 孕线

孕线是K线形态中一种重要的K线组合形态，由至少两根K线组成，前一根为实体较长的K线，后一根或数根K线的高低点，均在这一根实体较长的K线高低点范围之内时，由于形状像一个挺着大肚子怀孕的母亲，所以称为孕线，又称母子线。

具体形态和要求：

孕线出现时，必须确保前一根为较长的K线，包括K线实体及影线，其后出现的多为短小的K线，多数时为一根，但允许有数根，其高低点必须确保在前一根较长K线的高低点范围之内，即高点不可高于长K线最高点，低点又不能低于K线最低点。

如图3-4所示，世纪星源（000005）A区域，先是出现一根略长的阳线，其后的小阳线的高低点低均在最左侧阳线的高低点范围内，为孕线。

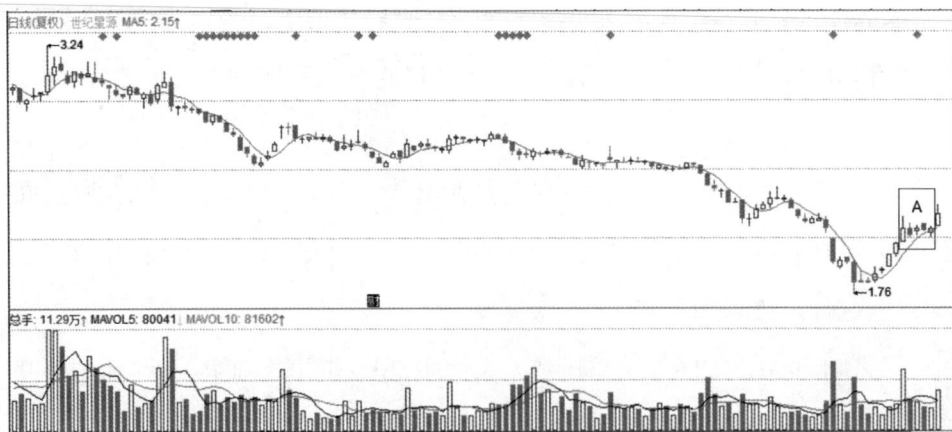

图3-4　世纪星源-日线图

实战指南：

（1）孕线在实战中有着重要的作用，尤其是股价在震荡高点或持续上涨的高位区出现时，为高位孕线，是股价转跌的征兆，所以一定要学会有效识别出孕线形态。

（2）孕线通常由一长一短两根K线组成，但允许较短K线为数根，一般不会超过三根，但确认为孕线时，必须确保短K线的高低点均在长K线的高低点范围内。

（3）在根据钓鱼战法实战期间，一旦在股价持续上涨的高位出现高位孕线时，只要量价为明显下跌时的量价齐跌，就要果断卖出股票，而不要非等到向下钓鱼形态出现时再卖股。

3.1.5　锤子线

锤子线，是指K线的实体极小，没有上影线或上影线极短，而下影线极长，至少是实体的两倍以上，因为其形态像一把竖立的锤子，所以称为锤子线。如果一只股票在长期或短期的下跌走势中出现锤子线，往往是一种反转形态，这一点与向上钓鱼形态中的K线形态有着异曲同工的作用，也经常出现在向上钓鱼形态中。

具体形态和要求：

当股价出现短时或长期的下跌走势时，出现锤子线时，K线可为阳线或阴线，实体通常较短，无上影线或上影线极短，下影线会较长，必须至少是实体的两倍以上时，方可确认为锤子线。

如图3-5所示，万科A（000002）在震荡的低位区A区域，出现一根下影线极长远超过实体两倍以上且实体较短的阳线，为锤子线。

图3-5　万科A-日线图

实战指南：

（1）在确认锤子线时，主要观察K线实体部分必须较短小，且具有较长的下影线，而上影线则可有可无，即便有也必须极短。

（2）由于锤子线只是单根K线，如果利用锤子线判断趋势时，即便是短期或长期下跌中出现，也要在锤子线后出现突破锤子线高点的放量长阳线来确认。

（3）在判断向上钓鱼形态期间，也会经常出现锤子线，因为锤子线也是主力快速向下试盘的征兆，但不管锤子线是否出现，都必须根据钓鱼战法的买入要求来进行操作。

3.1.6　上吊线

上吊线在K线形态上，与锤子线的形态完全一样，同样是实体较短，无上影线或极短，下影线较长，至少在实体两倍以上。只是上吊线出现时，必须是出现在股价起码短期为上涨的高位区，方可确认。且由于上吊线出现后，股价往往出现快速下跌，所以上吊线的出现，往往意味着股价出现顶部反转。

具体形态和要求：

上吊线出现时，必须确保股价起码出现短期的明显上涨，是在高位区，K线形态上只要是实体较短，有无上影线均可，但下影线较长，超过实体两倍以上，阴线或阳线均可。

在利用上吊线判断顶部反转时，通常阴线状态的冲高上吊线，更具有顶部反转的意味，但根据上吊线交易股票时，必须在其后股价形成明显的量价齐跌时，尤其是次日股价在上吊线实体下方的低开低走无力冲高时的放量下跌，更能说明短线的弱势。

如图3-6所示，禾望电气（603063）在上涨的高位区A区域，出现了一根实体和上影线较短、下影线超过实体两倍以上的阳线，为上吊线，其后股价出现了持续走弱。

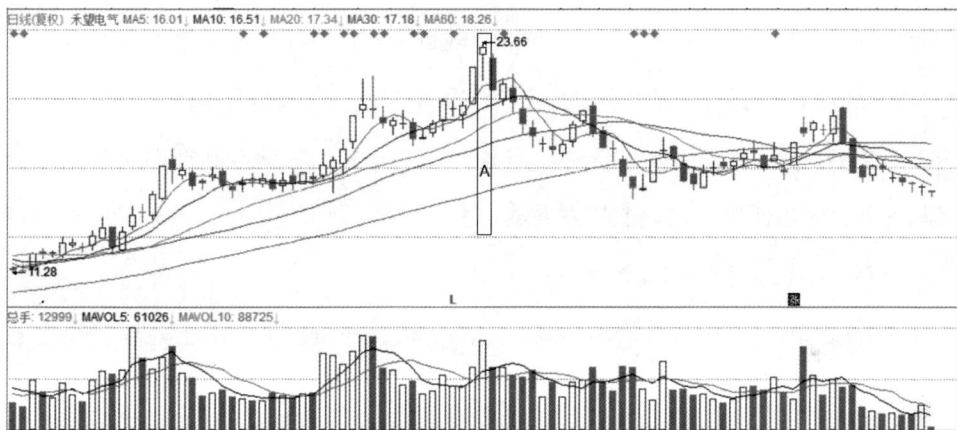

图3-6　禾望电气-日线图

实战指南：

（1）上吊线在判断时，形态上与锤子线完全一样，实体较小，有无上影线均可，下影线较长。区分上吊线与锤子线的方法是：上吊线是出现在上涨走势的高位区，而锤子线是出现在下跌走势的低位区。

（2）在实战的加速上涨中，股价遇顶回落时经常出现上吊线，但仅仅根据一根K线是很难准确判断趋势反转的，因为只有放量下跌或巨量下跌的上吊线方可确认卖点，因此，卖点不明显的上吊线出现时，必须结合其后的量价形态来确认股价的弱势。

（3）在钓鱼战法中，一旦上吊线出现，则要提防其后的快速转弱，不可过于等待向下钓鱼形态后再卖出股票，只要上吊线后出现明显的量价齐跌，即可确认为卖股时机。

3.2　布林线：判断钓鱼攻击形态的辅助指标一

3.2.1　上轨、中轨、下轨

上轨、中轨、下轨是布林线指标的主要构成，也是使用布林线指标的基础，因此必须充分认识这三条轨道，因为虽然判断起来，只要根据三条轨道的位置，即可轻松判断出位于上交的为上轨，下方的为下轨，中间的为中轨，但必须明白这三条轨道是永远不会相互交叉的。所以，运用布林线三轨判断行情时不存在金叉与死叉，而是通过三条轨道的方向或形态。

上轨、中轨、下轨的实战意义：

（1）上轨。上轨为股价常态运行中的上限，一旦股价突破上轨后，往往上轨会构成压力，但当股价持续突破上轨后，上轨又会对股价构成支撑，形成明显的加速上涨走势，这时股价是处于上轨上或上轨附近上行的。

如图3-7所示，云煤能源（600792）C区域震荡中K线突破上轨后，上轨压力显现，K线其后跌回上轨下方；D区域K线持续突破上轨后，上轨形成支撑，股价持续上涨。

（2）中轨。中轨为布林线指标的生命线，即股价明显趋势时的重要支撑与压力位，一旦股价持续在中轨上方运行时，表明当前的趋势偏强；一旦股价持续在中轨下方运行时，表明当前的趋势偏弱。

如图3-7中B区域K线在持续于中轨上运行期间，一旦跌破中轨即构成支撑，很快回到中轨之上运行；E区域股价弱势时，始终在中轨下运行，中轨压力很大，K线向上时未突破中轨即转为下行。

图3-7　云煤能源-日线图（大智慧）

（3）下轨。下轨为股价常态运行中的下限，一旦股价跌破下轨后，往往下轨就会构成支撑，但当股价持续跌破下轨后，下轨又会对股价构成压力，形成明显的弱势下跌。

如图3-7中A区域股价在弱势震荡中，一旦跌破下轨，下轨即构成支撑，股价很快回到下轨上方运行。

实战指南：

（1）由于布林线三轨不会出现交叉，所以判断布林线的三条轨道时，位于上方的为上轨，下方的为下轨，中间的为中轨，确认时十分简单。

（2）布林线在不同的软件上显示的位置不一样，以同花顺为主的炒股软件，布林线显示在下方技术指标区域，但在以大智慧为主的炒股软件上，布林线显示在K线周围。

（3）布林线英文简称为BOLL，上轨的英文简称为UP，中轨的英文简称为MB，下轨的英文简称为DN，三轨形成的通道又称价格通道，或布林线通道，上轨与下轨之间为波带的宽窄。

3.2.2　开口与收口

开口就是布林线上轨与下轨所形成的波带，在原本较窄的状态下，出现上轨向上、下轨向下明显变宽的扩张形态，说明行情短期波动的幅度开始加大。收口则与开口完全相反，是指布林线波带在相对张开较大的情况下，出现了上轨向下、下轨向上波带变窄的向内收缩状态，说明一段明显的上涨或下跌行情开始出现趋势渐缓的情况。

具体形态和行情：

（1）开口，分为向上开口与向下开口。向上开口时，上轨与下轨向外扩张时，中轨平行或略上行，意味着行情的上涨加剧；向下开口时，上轨与下轨向内收缩时，中轨下行，意味着弱势的持续加剧。

如图3-8所示，钱江生化（600796）A区域出现上轨向上扩张、下轨向下扩张、中轨上行，为向上开口，意味着行情的上涨加剧；B区域出现上轨向上扩张、下轨向下扩张、中轨下行，为向下开口，意味着行情的弱势加剧。

图3-8　钱江生化-日线图（大智慧）

（2）收口，分为向上收口与向下收口。向上收口时，上轨与下轨向内收缩时，中轨下行，意味着跌势渐缓；向下收口时，上轨与下轨向内收缩时，中轨上行，意味着涨势渐缓。

如图3-9所示，悦达投资（600805）在下跌行情中的A区域，出现上轨与中轨向下、下轨向上时，为向上收口，意味着跌势渐缓；B区域出现上轨下行、中轨与下轨上行，为向下收口，意味着涨势渐缓。

图3-9 悦达投资-日线图（大智慧）

实战指南：

（1）开口与收口是两种不同的布林线形态，是行情开始缓慢向上或缓慢向下的一种表现。所以开口与收口出现时，上轨与下轨无论是向内收缩的收口，还是向外扩张的开口，幅度均不会过大，否则就会形成喇叭口。

（2）利用开口判断行情时，主要观察中轨的方向来区分，只有中轨上行的向上开口才是上涨走势，中轨向下的向下开口为下跌走势。

（3）利用收口判断行情时，同样是根据中轨的方向来确认之前行情的渐缓，但却是相反的，因为上轨上行或平行的向下收口是上涨行情的渐缓，上轨下行的向上收口是下跌行情的渐缓。

3.2.3　喇叭口

喇叭口从形态上看，是开口与收口的一种明显放大版，也就是向上开口向外扩张十分明显时，或是收口明显向内紧缩时，因为形成了一个喇叭形状，所以叫作喇叭口。喇叭口是布林线指标所独有的一种股价在大幅上涨与大幅下跌时的形态，是短线捕捉牛股的一种形态。

喇叭口分类与行情：

（1）开口形喇叭口。当布林通道在极窄状态下，突然出现上轨极度向上、下轨极度向下的扩张，中轨上行时，为开口形喇叭口。一经出现，只要满足放量上涨要求，即意味着一轮快速上涨行情的到来，是买入股票的最佳时机。

如图3-10所示，宁波海运（600798）在A区域出现了波带在较窄状态的上轨突然极度向上、下轨极度向下、中轨上行，为开口形喇叭口，量价齐升明显，意味着行情短时的快速转强。

图3-10 宁波海运-日线图（大智慧）

（2）收口形喇叭。当布林线开口扩张较大时，突然出现上轨快速转平行或下行、下轨加速上行、中轨上行时，为收口形喇叭口，意味着短期快速下跌行情的到来。

如图3-10中B区域喇叭口向外扩张到无法继续扩张时，转为上轨向下、中轨上行、下轨快速上行，为收口形喇叭口，意味着一轮快速下跌行情的到来。

（3）紧口形喇叭口。当股价在持续下跌的走势中，一旦布林通道在张开较大的情况下，突然出现上轨下行明显渐缓、下轨向上，即便中轨依然向下，只要是布林线波段明显出现向内紧缩时，即为紧口形喇叭口。一经出现，即意味着一轮下跌行情出现明显的渐缓，其后一旦形成量价齐升，就会形成反弹买点。

如图3-11所示，中路股份（600818）在持续下跌中，于A区域和B区域均出现上轨快速下行、中轨下行、下轨快速上行的紧口形喇叭口，意味着一轮快速下跌的渐缓。

图3-11　中路股份-日线图（大智慧）

实战指南：

（1）开口形喇叭口是股价大幅上涨时的布林线形态，判断时主要是上轨向上、下轨极度向外扩张时，中轨至少为平行略上行或明显上行时，方可确认形态，在钓鱼战法的布林线辅助判断时，只要发现，同时放量上涨明显，就应果断买入股票。

（2）收口形喇叭口是股价大幅下跌时的布林线形态，判断时主要通过开口在向外扩张到无法继续扩张时，上轨出现平行或下行，下轨加速上行、上轨上行时，只要观察喇叭口出现明显向内的紧缩即可。在实战中，收口形喇叭口多数会出现短线的迟缓表现，即形态形成时股价短线已跌去较多，所以，应结合向下钓鱼形态形成初期时的量价组合表现来确认最佳卖点。

（3）紧口形喇叭口主要出现在长期下跌的走势中，所以，只是一种选股时的布林线形态，并不意味着反弹或反转行情的到来，所以可在选股阶段进行辅助参考的判断。

3.2.4 波带宽窄与方向

波段宽窄与方向，是布林线指标判断行情与趋势的关键，属于布林线指标的具体使用方法。因为布林线为价格通道，其通道的宽窄变化代表行情的变化，同时布林通道的运行方向，又直接说明股价的运行方向。

波带宽窄、方向与具体行情：

（1）波带与行情。波带就是上轨与下轨所形成的布林通道，较宽时意味着行情的震荡波动较大，说明市场资金参与较高，股性活跃；较窄时意味着行情的震荡波动较小，说明市场资金参与较低，股价处于整理阶段。

如图3-12所示，华北制药（600812）A区域波带在较宽状态下上行，意味着行情的持续上行，因为市场参与者众多，股性表现活跃；B区域波带较窄，表明市场资金参与较少，行情处于整理阶段。

图3-12 华北制药-日线图（大智慧）

（2）通道方向与行情。当布林通道方向明显向上时，为上涨走势，应积极参与行情；当布林通道方向明显向下时，为下跌走势，应空仓回避。

如图3-12中A区域在整个波带的通道是向上的，为上涨走势，B区域的通道是向下的，为下跌走势。

（3）判断行情时，应以波带宽窄与方向来综合判断具体的行情与走势，不可只依赖于一方面即做出判断。

如图3-12中A区域波带宽、通道上行，为明显的上涨行情，B区域波带较窄、通道下行，为下跌行情。

实战指南：

（1）虽然波带宽窄与方向，都能从某一方面得出具体的股价行情与走势，但在实战期间一定要综合两个方面来确认，并结合布林线形态变化及量价方面来最终确认是否可进行交易。

（2）在根据钓鱼战法进行实战交易时，布林线这种波带宽窄与具体的方向只是一种参考，所以也可以忽略这一点，只是在单独使用布林线判断行情时才具有较大的作用。

（3）无论是单独或辅助使用布林线波带宽窄与方向来判断行情，都只是对股价趋势变化的一种判断，如布林线波带在长期较窄状态的水平小幅震荡形态，虽然能够作为一条选股标准，但不会构成交易机会。

3.2.5　压力与支撑的判断

在实战行情中，布林线属于趋向类指标，它不仅能够准确判断出股价的趋势及变化，同时在判断股价的压力与支撑时，也是十分准确的。这一点虽然在钓鱼战法中用到得较少，但作为一种技术指标，一定要学会这种判断压力与支撑的方法。

判断压力与支撑的方法：

（1）压力的判断。判断压力时，主要是观察上轨，因为上轨在常态下都会对股价构成压力，一经突破，很快会回到上轨下方，大幅上涨行情除外。另外就是中轨，当股价在中轨下运行时，一旦突破中轨，除强势状态外，一般都会受到中轨的压力，围绕中轨震荡后才会克服压力实现真正的突破，否则会跌破中轨。

如图3-13所示，京新药业（002020）A区域震荡期间的4区域和5区域，一且K线突破上轨，很快回到上轨下运行，说明上行压力较大，但K线又在下轨下中轨上震荡，且多次试图突破上轨，直到B区域K线再次突破上轨后能够持续在上轨上运行，才是大幅上涨行情时的强势，即上轨的压力转为支撑。B区域股价在中轨下弱势运行中，1区域、2区域、3区域一旦突破中轨，即受到中轨的压力，很快回到中轨下运行，是弱势的表现；E区域则是K线突破上轨后受上轨压力作用，快速回到上轨下运行的情况。

图3-13　京新药业-日线图（大智慧）

（2）支撑的判断。支撑主要表现在中轨处，当股价在中轨上运行期间，一旦跌破中轨，尤其是首次跌破，中轨就会对股价构成支撑，很快回到中轨上运行。

同样，下轨对股价也会形成支撑，一旦股价在下轨上、中轨下运行期间跌破中轨，除极弱行情外，股价起码短期会在下轨的支撑下回到下轨上的位置运行。

如图3-14所示，山东威达（002026）当K线在中轨上持续运行期间，进入A区域，K线在1区域、2区域、3区域、4区域出现跌破中轨时，即得到中轨对股价的支撑，即刻回到中轨上运行的强势状态；B区域K线在中轨下、下轨上运行，一旦突破中轨，因为中轨的支撑不强，导致C区域K线跌破中轨后又相继在5区域和

6区域跌破下轨，但受到下轨的支撑，K线又快速回到下轨上；D区域则是股价快速回升时突破中轨后即获得中轨支撑，持续转强的征兆。

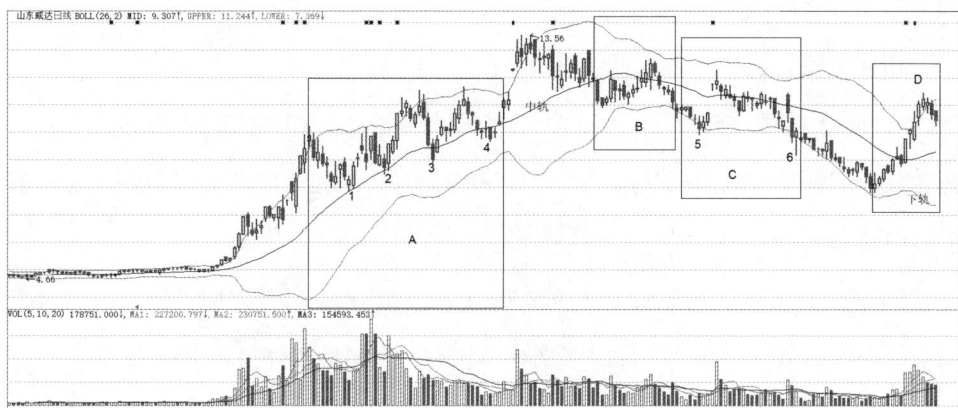

图3-14　山东威达-日线图（大智慧）

实战指南：

（1）根据布林线判断支撑与压力时，一定要注意，只有股价在上涨走势中出现下跌时，上轨或中轨才有可能对股价构成支撑，只有股价在下跌走势中出现上涨时，中轨或下轨才有可能对股价形成压力。

（2）根据布林线的三条轨道判断支撑与压力时，往往股价首次对上轨、中轨、下轨的跌破或突破，其支撑或压力才更为明显。多次突破或跌破的情况下，通常为震荡行情，而在震荡行情中，同样可以利用这种判断方法进行短线的高抛低吸操作。

（3）布林线三条轨道对股价的支撑与压力不是绝对的，也就是压力与支撑可以相互转换，当压力大于支撑时，支撑就会变为压力；当压力小于支撑时，压力又会变为支撑。

3.2.6　布林线攻击形态与助涨形态

在钓鱼战法中，布林线虽然是辅助判断，但也是极为重要的，因为只有钓鱼形态得到布林线或其他指标的辅助确认，才说明向上钓鱼形态造成趋势的转强，买入才会安全。因此，一定要学会通过布林线辅助判断时的两种主要形态：攻击形态和助涨形态。

布林线辅助判断的两种形态和要求：

（1）布林线攻击形态。当向上钓鱼形态形成后，布林线的攻击形态主要表现为开口形喇叭口或是三轨震荡上行中的向上开口，包括向上开口后变为开口形喇叭口的情况。

如图3-15所示，海欣食品（002702）A区域和B区域都是股价短期弱势转强时形成向上钓鱼形态期间的开口形喇叭口状态，为布林线强势攻击形态。

图3-15　海欣食品-日线图（大智慧）

（2）布林线助涨形态。当向上钓鱼形态形成后，布林线的助涨形态，主要表现为三轨震荡上行、向上开口，包括紧口后再形成向上开口的情况。

如图3-16所示，众信旅游（002707）中A区域形成向上钓鱼形态期间为三轨向上运行的布林线助涨形态。

图3-16　众信旅游-日线图（大智慧）

实战指南：

（1）布林线的攻击形态和助涨形态在应用时，主要是当形成向上钓鱼形态的股价向上攻击时，运用布林线来辅助判断这种股价向上运行的可靠性，但必须符合量价齐升的要求时，方可买入股票。

（2）布林线的攻击形态，主要表现为开口形喇叭口，尤其是股价持续突破中轨与上轨，或是涨停突破的强势开口形喇叭口，一经出现，即应果断根据量价要求，买入股票。

（3）布林线的助涨形态，主要表现在布林线的温和上涨状态，所以通常表现为三轨上行或震荡上行的状态，而这类股票大多数为一些股票流通盘略大的股票。

3.3　均线：判断钓鱼攻击形态的辅助指标二

3.3.1　短期均线、中长期均线

均线的全称为移动平均线，英文简称ＭＡ，是一定周期的收盘平均价。由于钓鱼战法主要应用日线图进行观察、判断与进行交易，所以，投资者在了解均线

这一辅助判断指标时，必须要先明显日线图上的短期均线、中长期均线，这样才能准确使用均线辅助判断出短期的行情变化。

日线图上的短、中、长期均线：

短期均线，在日线图上主要指5日均线和10日均线，中期均线主要指20日均线和30日均线，长期均线主要指60日均线。如果中长期波段操作时，可以再调出120日的长期均线进行观察，或是直接从周线图上观察趋势。

如图3-17所示，乐凯胶片（600135）中的5日均线和10日均线为短期均线，20日均线和30日均线为中期均线，60日均线为长期均线。

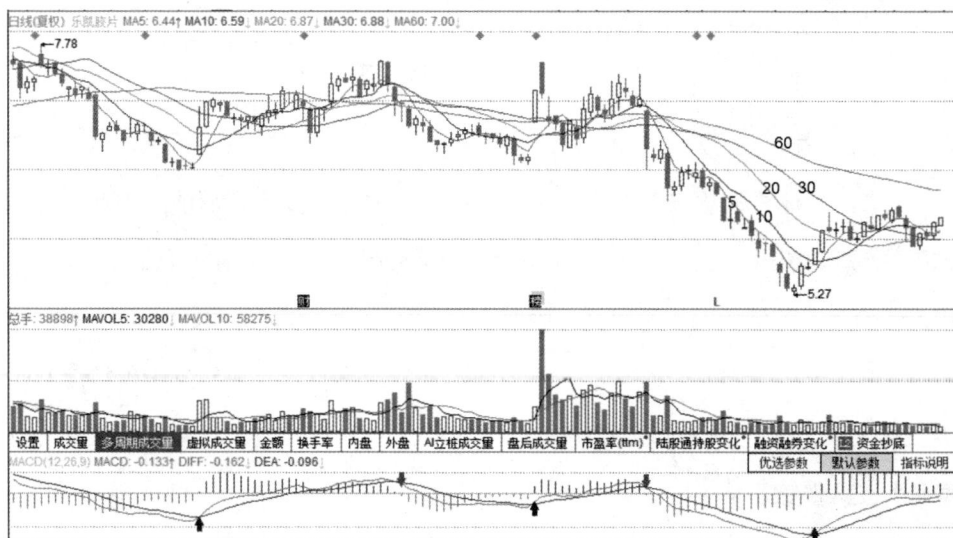

图3-17　乐凯胶片-日线图

实战指南：

（1）炒股软件中的均线，系统都会自动默认显示出5条均线，包括5日均线、10日均线、20日均线、30日均线、60日均线，这里讲的短、中、长期均线是指这5条均线的分类。

（2）本节内容所讲的短期或中长期均线，均是日线图上的中短长期均线的分类，与市场上所讲的短期或中长期均线略有不同。因为现实中，市场习惯于将

60日均线视为中期均线，120日均线与240日均线为长期均线，这一点略有不同，因为钓鱼战法主要是日线上的上涨波段操作，操作时间短，只属于中线或短线操作，所以只是根据日线趋势来区分均线的短中长趋势。

3.3.2　均线排列与趋势

在认识了日线图上的短中长期均线的情况后，必须充分了解三种均线排列的情况，因为均线的三种排列状态，直接反映股价运行的三种趋势，这样才能准确运用均线来判断股价的趋势，通过均线这一技术指标对钓鱼形态的辅助进行判断。

三种均线排列形态与趋势表现：

（1）均线多头排列与上涨趋势。均线多头排列，是指5日均线、10日均线、20日均线、30日均线、60日均线由上向下依次排列，线头向上发散运行，此期间说明股价为上涨趋势。

如图3-18所示，西部资源（600139）B区域，5日均线、10日均线、20日均线、30日均线、60日均线由上向下依次排列，线头向上发散，为均线多头排列的上涨趋势。

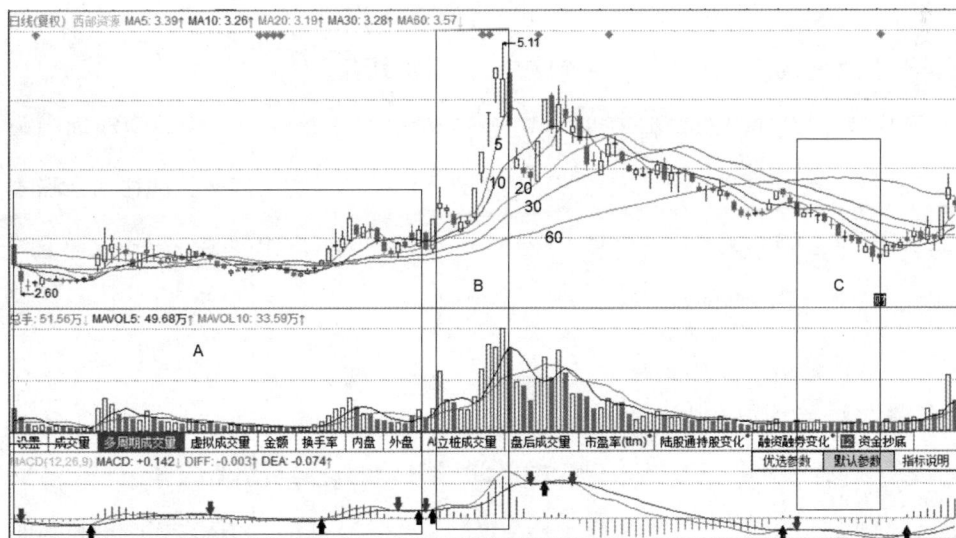

图3-18　西部资源-日线图

（2）均线空头排列与下跌趋势。均线空头排列，是指5日均线、10日均线、20日均线、30日均线、60日均线由下向上依次排列，线头向下发散运行，此期间说明股价为下跌趋势。

如图3-18中C区域为5日均线、10日均线、20日均线、30日均线、60日均线均由下向上依次排列，为线头向下发散的均线空头排列的下跌趋势。

（3）均线缠绕与震荡趋势。均线缠绕是指各均线相距较近，反复相互缠绕，为震荡趋势。如图3-18中A区域为各均线相距较近、反复缠绕的均线缠绕排列的震荡趋势。

实战指南：

（1）均线的三种排列形态，直接对应的是三种趋势：均线多头排列对应上涨趋势，均线空头排列对应下跌趋势，均线缠绕对应震荡趋势。因此，均线排列是判断股价趋势的主要方法。

（2）一定要注意均线缠绕所对应的震荡趋势，因为这种情况相对复杂一些，只有所有均线处于相距较近的反复缠绕时，才意味着当前的股价大趋势为震荡趋势，只有短期均线之间或短期均线与中期均线之间形成的缠绕，往往只是股价中短期的震荡调整，之后恢复之前的趋势运行的概率极大。因此，上涨趋势后出现的均线缠绕，是钓鱼战法中选股的一个重要时期。

（3）如果实战时只有短期均线出现缠绕，甚至是短期均线与中期均线缠绕，往往只是短中期股价表现为震荡趋势，上涨趋势首次出现时，往往为上涨中继，均线结束缠绕后多数会恢复上涨趋势，下跌趋势首次出现缠绕时多数为下跌中继，结束后多数会恢复下跌趋势。

3.3.3　趋势反转时的均线变化

趋势反转初期，都是从短期均线的变化开始的。但若想造成真正的趋势反转，这种均线的趋势反转时，必须是由短期均线的反向变化，逐步影响更长周期的均线，但由于股价趋势运行规律，通常投资者操作的中小盘股都有着牛短熊长的特征，涉及买卖点时的均线趋势反转，必须得到成交量的支持，才能在第一时间内把握好趋势反转初期的买卖时机，所以，买卖时机的趋势反转判断，才是钓鱼战法实战的关键。但由于趋势反转存在反转向上与反转向下两种情况，所以对应的买卖点时的均线变化也略有不同。

趋势反转时的均线具体变化：

（1）趋势反转向上时的均线变化。趋势反转向上时，除了短期均线必须出现明显的由下行转为上行外，还必须确保其他均线也处于平行略向上的状态，同时股价突破5日均线时量价齐升突变明显，才能构成趋势反转向上初期的买股时机。

如图3-19所示，金发科技（600143）在A区域形成向上钓鱼形态期间的趋势弱势反转向上时，均线由缠绕状态变为短期均线在长期均线上发散运行的多头排列，量价齐升明显持续，为符合买股要求的趋势反转向上时的均线变化。

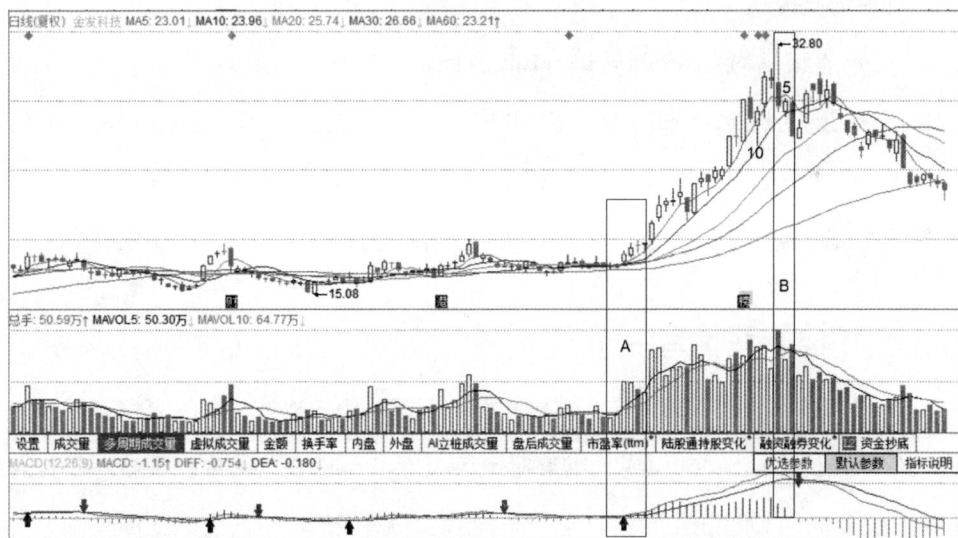

图3-19　金发科技-日线图

（2）趋势反转向下时的均线变化。趋势反转向下时，除了短期均线中的5日均线在向上远离其他均线后出现明显向下，同时股价也会阴线跌破5日均线，量价齐跌明显，才能构成趋势反转向下初期的卖股时机。

如图3-19中B区域，当向下钓鱼形态形成期间造成趋势反转向下时，出现K线相继跌破MA5和MA10，MA5快速下行，放量下跌明显，趋势由此反转向下，为卖股时机。

实战指南：

（1）趋势反转时，均线的变化，初期都无一例外地表现为短期均线的明显反向运行，如趋势反转向上初期是MA5明显向上运行时股价突破MA5，而趋势反转向下初期是MA5明显向下运行时股价跌破MA5。

（2）由于反映趋势变化时是相对迟缓于股价的，而钓鱼战法又是日线图波段操作，根据趋势反转操作时，若是等完全看清趋势反转时再操作，就错过了最佳的交易时机。所以，利用均线判断趋势反转时，买卖股票一定要在趋势反转初期进行，这就需要通过钓鱼形态和其他指标的辅助判断，同时根据量价突变来确认这种趋势反转。

（3）在根据均线趋势反转进行辅助判断钓鱼形态中的买卖时机时，由于是对趋势反转初期的判断，所以难免会出现判断失误，如卖股时机出现后，可能其后仍然会震荡走强，但除非是大牛股或是牛市中的热门股，一般不要轻易再买回来。同样，在均线趋势反转向上时，一旦买入后继续震荡走弱，应及时短线卖出。

3.3.4 均线的支撑与压力

均线和其他技术指标一样，同样在涨跌期间对股价构成一定的支撑与压力，因为每一条均线都是或长或短周期的收盘平均价，均会在均线周围聚集许多买入的筹码。因此，以理论上来讲，每一条均线都会对股价形成一定的支撑与压力，但事实上，这种均线对股价的支撑与压力作用，也是因为其周期的长短，有着一定的侧重。

均线对股价的压力与压力判断：

（1）均线压力的判断，主要反映在下跌趋势中均线向下时，当股价反弹到均线处时，一般股价反弹到MA5时，压力会相对小一些，只有反弹至MA10以上的均线，如MA20和MA30时。通常均线会构成一定的压力，如果反弹持续，压力就会变为支撑，股价会直接强势向上突破更长周期的均线，或略震荡回落后再次选择突破，若压力过大时，就会在压力之下，继续之前的弱势。

如图3-20所示，中青旅（600138）在A区域K线持续在MA60略上方小幅震荡时，MA60是向下的，压力较大，造成其后的弱势，且在其后B区域一反弹突破MA60即受到压力很快跌破MA60，C区域反弹时，明显接近K线的短期均线压力较小，很容易突破，但上方中长期均线压力大，未能突破即转为下跌，是中长期均线下行对股价压力较大的弱势行情。

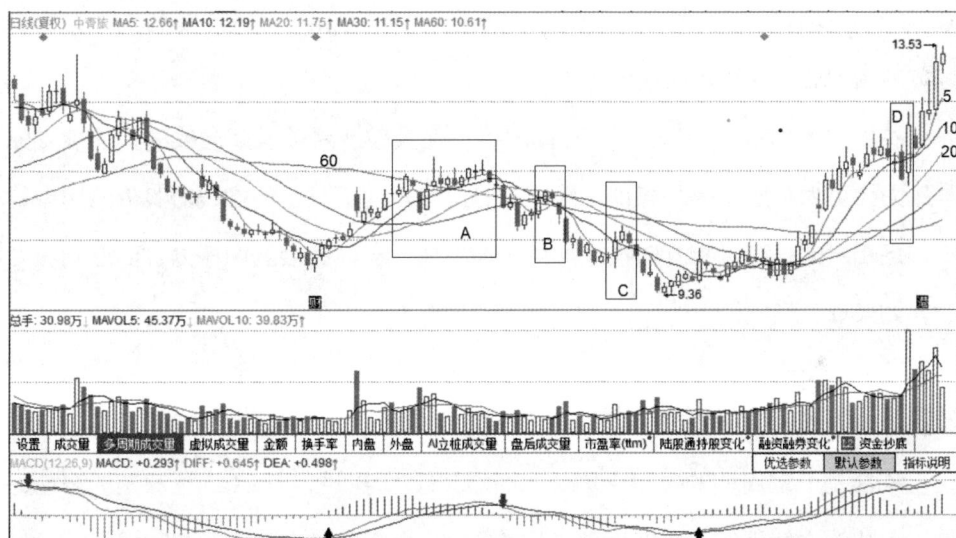

图3-20　中青旅-日线图

（2）均线支撑的判断，主要反映在均线上行的上涨趋势中，当股价下跌到均线处时，一般股价首次回调，短期均线会形成较强的支撑，股价会在MA5或MA10处得到支撑，震荡或跌破后即刻恢复突破均线的上涨；如果缓慢上涨中出现调整，即上涨趋势中的二次或三次下跌时，就会在跌破短期均线后继续下跌，在中期均线处受到支撑，继续上涨；若是支撑不住，则支撑会转为压力，股价继续下跌，寻找更长周期均线的支撑。

如图3-20中D区域的上涨趋势中，K线一向下接近上行的短期均线，即止跌回升，未改变短期均线的上行状态，说明短期均线对股价的支撑较强。

实战指南：

（1）均线对股价的压力与支撑，通常由最短周期均线开始，逐步向更长周期均线去寻找支撑或突破试探压力，这是一个逐步提升的关系。也正因如此，由于趋势形成存在惯性，所以，一轮明显的趋势形成后，首次跌破或突破短期均线时，往往短期均线的支撑与压力会更强烈。

（2）在根据均线判断对股价的压力与支撑时，瞬间跌破或瞬间突破某一均线时，往往难以判断出压力或支撑。在日线图上，只有持续三个交易日时股价突破后能够成功站上这一均线，或是跌破后能够持续在某一均线下运行时，方为有效突破后的支撑或有效跌破后的压力。

（3）根据均线判断压力与支撑时，往往突破或跌破长期均线时，这种支撑与压力会更为明显，因为长期均线处的筹码稳定性更高，但均线对股价的压力与支撑是相对的，可以相互转换。如果支撑不住，支撑就会变为压力，而遇到压力时，如果难以形成较大的压力，压力反而会转变为支撑。

3.3.5 均线与K线的关系

均线是一定周期的收盘平均价，而K线则是周期图上一个统计周期的波动，如钓鱼战法中使用的日线图上，一根K线为一个交易日内股价的波动情况，而一条平均线，如最短周期的MA5，则是5根K线的收盘平均价。因此，均线与K线的关系，就是观察当日股价与一定周期的均线之间强弱的比较，比较最直接的方法，就是根据K线与均线的位置进行判断。

均线与K线强弱的判断方法：

当K线在某一均线之上运行时，说明当前的股价强于这一周期的平均收盘价；当K线在某一均线之下运行时，说明当前的股价弱于这一均线；当某根均线贯穿K线时，说明当前的股价与这一周期的平均收盘价接近，为股价围绕这一周期均线进行的震荡整理。

如图3-21所示，浪莎股份（600137）A区域K线始终在MA5上方运行，说明当前的股价强于MA5，B区域K线多数在MA5下方运行，说明股价弱于MA5，在此期间C区域的MA10和MA5贯穿K线，说明当前的整理只是针对短期均线转强时的震荡。

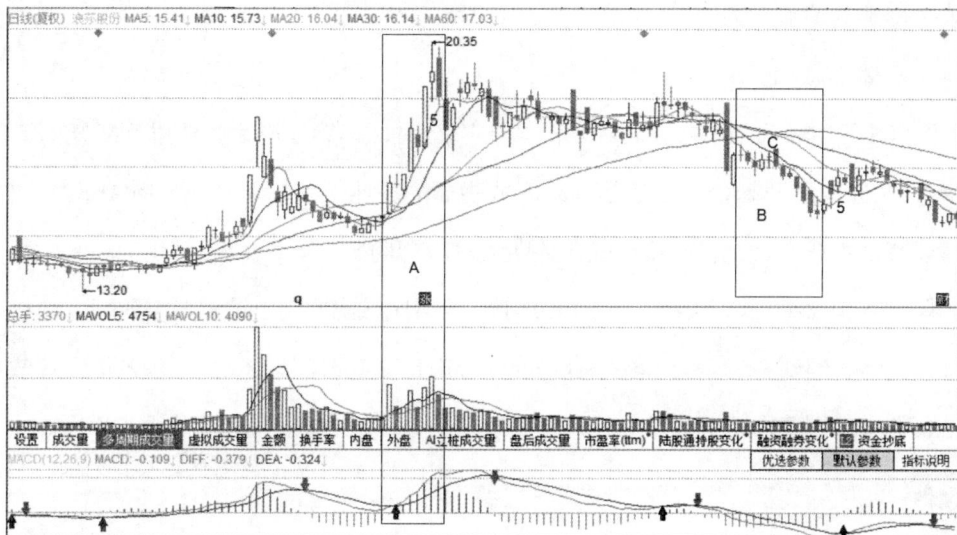

图3-21　浪莎股份-日线图

实战指南：

（1）均线与K线的关系，就是通过股价与这一周期均线的位置进行判断强弱，在判断时，通常以K线的收盘价为准与均线进行判断。

（2）无论K线与哪根均线进行比较，不能忽略了这根均线的短、中、长的周期，这样才能确认当前股价的趋势强弱程度，如K线在MA60下方时，说明日线图上的大趋势处于弱势，如果是在均线多头排列中，若K线只是短时跌破了短期均线，则必然只是短期调整。

（3）在通过K线与均线的位置进行强弱判断时，不能忽视当前的均线排列形态，因为均线排列形态能够直接反映出当前的趋势，只有在大趋势之下进行K线与均线位置的判断，才能更准确地把握好股价的短期趋势变化。

3.3.6 均线攻击形态与助涨形态

在钓鱼战法中，均线同样是重要的辅助判断指标，尤其是在向上钓鱼形态的买股阶段，利用均线辅助判断时，必须得到均线攻击与助涨形态的确认，方可确认向上钓鱼形态为向上的攻击信号。因此，在了解均线时，必须明白均线的这种攻击形态与助涨形态。

具体形态和要求：

（1）均线攻击形态。均线形成攻击形态时，必然是均线多头排列初期时，MA5明显向上翘起，引领其他均线形成明显的多头上涨趋势，或是MA5向上快速与其他均线交叉，各均线形成多头向上发散初期。

如图3-22所示，长春一东（600148）在A区域出现向上钓鱼形态期间，均线依然弱势，但到了B区域，均线表现为MA5向上与多条均线金叉后引领各均线发散上行的多头排列，而C区域为5线向上发散的多头排列初期，均为均线攻击形态。

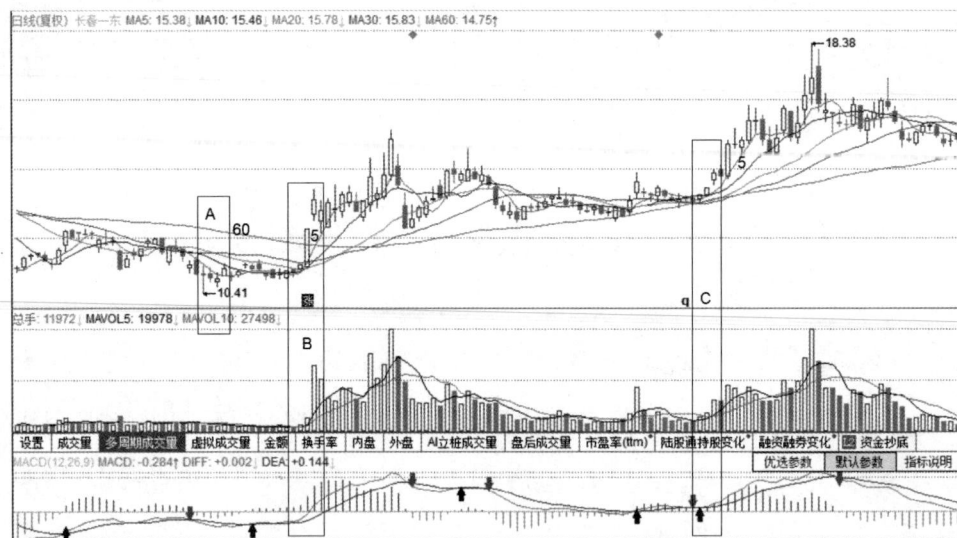

图3-22　长春一东-日线图

（2）均线助涨形态。当均线表现为助涨形态时，只要确保中长期均线上行，短期均线转为平行或略上行时即可。如图3-23所示，华升股份（600156）

在A区域形成向上钓鱼形态期间，表现为MA5下行后转上行的恢复多头排列的均线助涨形态。

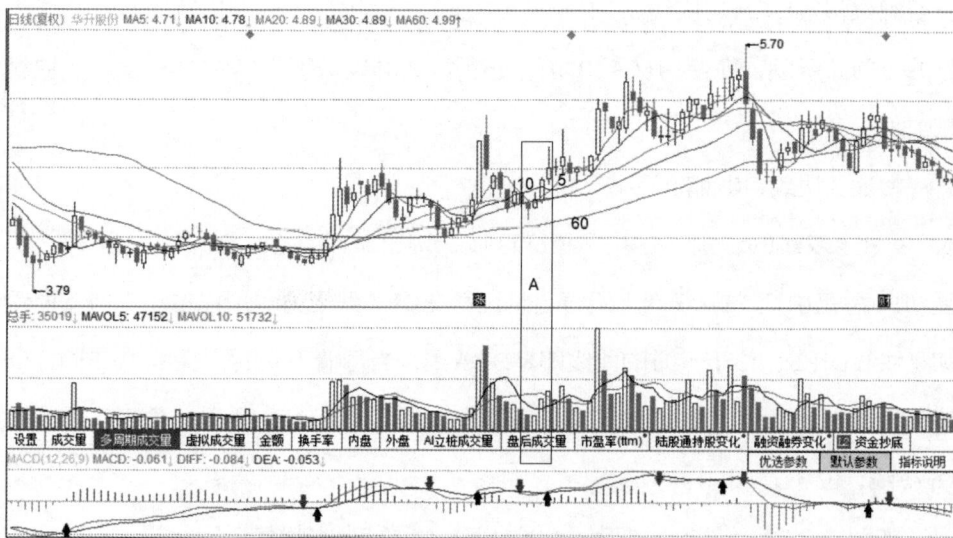

图3-23　华升股份-日线图

实战指南：

（1）均线攻击形态与助涨形态，是向上钓鱼形态形成期间，利用均线辅助判断向上攻击信号可靠性的一种辅助判断，均线攻击形态越是明显时，越能说明股价短期向上的强势。

（2）一旦向上钓鱼形态形成，均线也达到攻击形态或助涨形态后，只有量价满足向上钓鱼形态的要求时，方可买入股票。否则，就应继续保持观望。因此，实战时一定要明白钓鱼战法的几个买股步骤。

3.4　MACD：判断钓鱼攻击形态的辅助指标三

3.4.1　慢线、快线、0轴

慢线就是DEA线，其走势更多揭示股价的长期走势，反应相对迟缓；快线就是DIFF线，其走势更多反映股价短期的快速变化，反应相对快；0轴则是红柱与绿柱之间的水平线，是多空力量的一条分界线。根据MACD判断行情时，主要观察慢线DEA与快线DIFF的双线在运行过程中与0轴的位置，以及双线运行的方向。所以，在使用MACD前，必须能够准确识别出MACD中慢线、快线和0轴。

慢线、快线、0轴的识别：

（1）双线的识别。在技术指标区域，调出MACD后，当行情上涨时，快线DIFF总是引领DEA线向上运行，是运行在DEA线上方，所以位于上方的曲线即是快线DIFF，位于下方的曲线即是DEA线；当行情下跌时，快线DIFF同样处于领先状态，是位于DEA线下方，引领DEA线向下运行，所以，位于下方的为DIFF线，位于上方的为DEA线。

如图3-24所示，华创阳安（600155）A区域上涨趋势期间，技术指标显示为MACD时，上方的为DIFF线，下方的为DEA线；B区域弱势下跌时，MACD区域中上方的为DEA线，下方的为DIFF线。

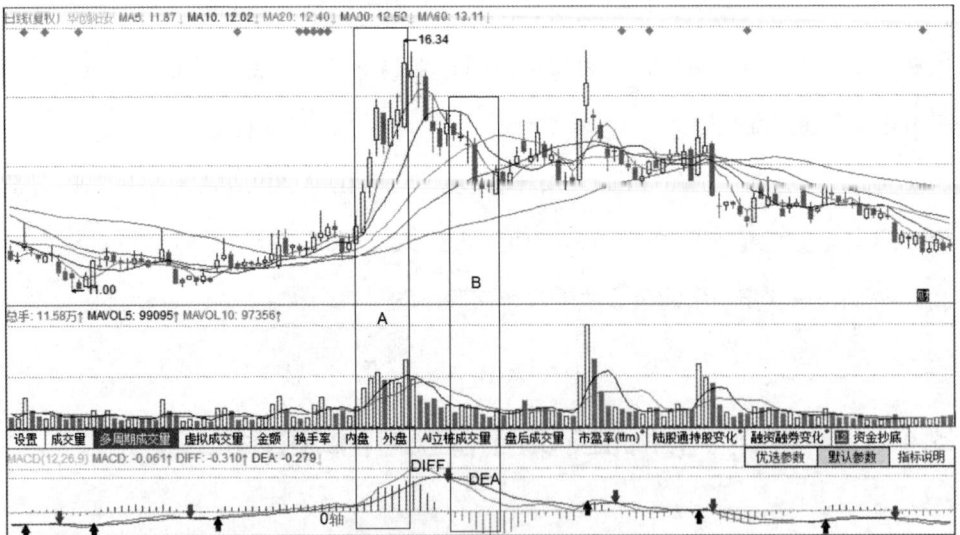

图3-24　华创阳安—日线图

（2）0轴的识别。只要观察技术指标显示区域上方的红柱与下方的绿柱，之间的水平线就是0轴，显示为一条水平虚线。如图3-24中MACD显示区域，红柱与绿柱之间的水平线为0轴。

实战指南：

（1）实战中只要经常观察K线图上的MACD指标，很容易分辨出快线DIFF和慢线DEA，而尽量不要通过曲线的颜色来区分，因为在不同的炒股软件上，MACD双线的颜色显示是不一样的。

（2）在判断0轴时，通过红柱与绿柱之间的水平线来确认，而不是通过技术指标显示区域的中分线，这一点要格外注意。因为刚刚认识MACD的投资者，很容易将这两条线混为一谈，认为0轴即是多空分界线，必然是显示区域的中分线，这一点是错误的。

3.4.2　红柱与绿柱

红柱就是红色的细线，绿柱就是绿色的细线，只要在技术指标显示区域调出MACD，很容易就会发现，因为红柱与绿柱基本上位于MACD双线附近。在使用MACD时，由于红柱和绿柱全称为量能柱，所以代表的是多空力度强弱的变化，在判断行情时起着辅助判断的作用。

红柱与绿柱在实战中的具体意义：

（1）红柱。位于指标显示区上方，为红色竖立的细线，越长代表多方动能越强，越短代表多方动能越弱，过短时为小红柱，代表多空力量处于相对均衡状态，意味着盘整。

如图3-25所示，航天机电（600151）下方的MACD显示区域，上方红色竖立的直线为红柱，B区域红柱持续变长，行情持续上涨。

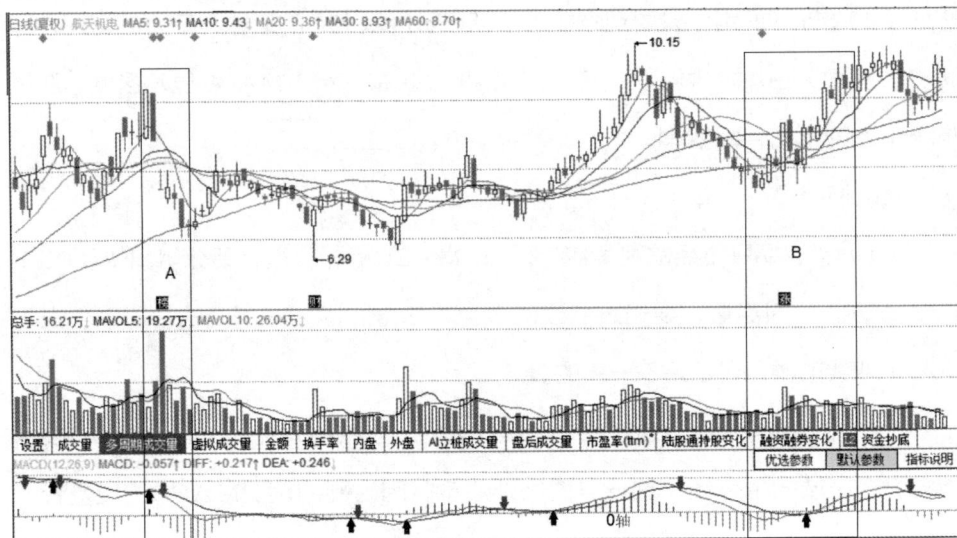

图3-25 航天机电-日线图

（2）绿柱。位于下方，显示为绿色的竖立的细线，越长代表空方动能越强，越短代表空方动能越弱，过短时为小绿柱，代表多空力量处于相对均衡状态，意味着盘整。如图3-25中MACD显示区域内，下方绿色的竖线为绿柱，A区域持续变长时，行情持续下跌。

实战指南：

（1）在使用红柱判断行情时，持续变长的红柱才更能证明行情的持续上涨，持续变长的绿柱才意味着行情的持续快速下跌，过于短小的红柱或绿柱，则多为盘整的行情。

（2）红柱与绿柱在判断时很简单，只要通过颜色区分即可，市场上的炒股软件，除非一些特殊的软件，红柱均显示为红色，绿柱均显示为绿色。

（3）红柱和绿柱也会经常出现相互转换，当红柱快速变为绿柱时，尤其是绿柱较长时，则说明短期行情的快速转跌；当绿柱快速转为较长的红柱时，同时是弱势快速转强的征兆，但在判断行情时，不可单独使用红柱或绿柱，应主要以双线的方向与距离变化等来进行确认。

3.4.3 双线方向与聚离变化

在利用MACD判断行情时，双线的运行方向和聚离变化是最主要的方法，这种方法相对直观，使用起来相对简单，但一定要充分了解双线运行方向的细微变化，以及当DIFF线与DEA线发生运行方向不同变化时的具体情况，就很容易结合双线的聚离变化，通过双线的方向判断出行情。

双线方向、聚离变化与行情的具体演变：

（1）在上涨行情时，双线的运行方向是持续向上运行的，此时双线会快速或缓慢地向上远离，意味着上涨行情的加速，若其间只有DIFF线向下运行，与DEA线之间的距离不断缩短，即双线持续向一起聚合，则为短线调整行情，或是双线在聚离较近的情况下出现略向下行，同样为短时的调整行情，只要在0轴附近中止这种下行即可。

如图3-26所示，大龙地产（600159）A区域上涨行情中，双线明显持续向上远离运行；B区域双线向下运行时，是在聚合较近状态下的下行，且未跌破0轴，为上涨趋势的调整行情。

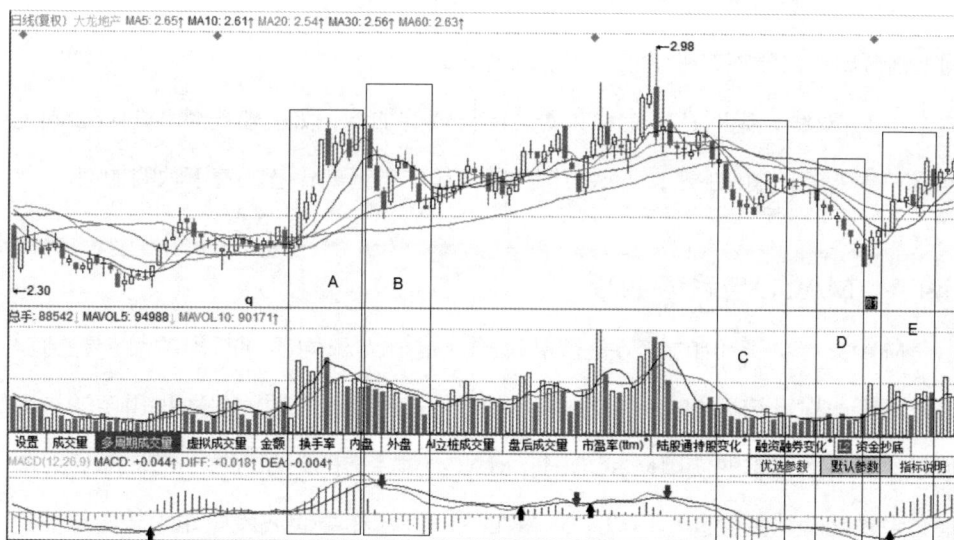

图3-26 大龙地产-日线图

（2）在下跌行情时，双线的运行方向是向下运行的，会快速或缓慢地向下远离，意味着下跌行情的或快或慢，若其间出现反弹时，则会出现DIFF线向上运行、DEA线依然下行，双线在不断聚合；或是双线在相距较近状态下的持续上行，双线略向上远离，只要不突破0轴，只能确认为反弹行情。

如图3-26中C区域为双线跌破0轴后的持续下行，且不断向下远离，D区域亦然，均为弱势持续变弱的表现；D区域至E区域为双线聚合状态，意味着下跌的渐缓；E区域出现双线聚合后向上远离时，因双线尚未突破0轴，为止跌回升的反弹行情。

实战指南：

（1）在利用双线方向和聚离变化判断行情时，应结合在一起综合判断，不可单一地只是利用一个方面来确认，以免得到错误的判断结果。

（2）双线聚合时，通常意味着之前走势的趋缓，如上涨行情时意味着上涨的趋缓，此时多数出现DIFF线向下与向上的DEA线一起聚合，或是双线在相距较近状态的向下运行，只要能够在0轴附近止跌回升，就依然为上涨行情；若是下跌行情时，意味着下跌的趋缓，无论是DIFF线在与DEA聚合金叉后出现双双向上略分离，只要不突破0轴，均为反弹行情。

（3）双线分离时，通常意味着之前行情的加剧，如上涨行情中的双线向上远离，意味着上涨的加速；下跌行情中的双线向下远离，意味着下跌的加速。

3.4.4　MACD与趋势

MACD判断股价的趋势是很准确的，这一点和均线判断出的股价趋势虽然方法不一样，结果却相同。在助涨判断向上钓鱼形态时，是一种重要的辅助判断，而且如果单独使用MACD时，MACD对趋势的判断同样十分有效，尤其是对中长期趋势的判断，所以，MACD这一指标在中线波段操作中起着重要的作用。

MACD判断趋势的方法：

（1）上涨趋势。就是MACD多头趋势，是指当MACD双线在0轴以下向上运行时，一旦向上突破0轴后，双线能够持续在0轴上方向上运行，为上涨趋势，应积极参与行情。

如图3-27所示，天坛生物（600161）A区域，MACD双线突破0轴后持续震荡上行，为MACD多头上涨趋势。

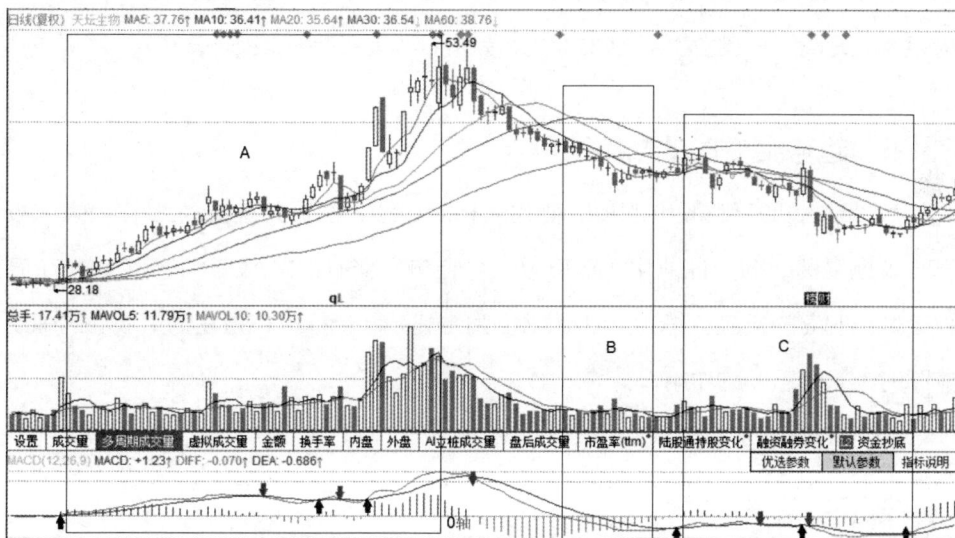

图3-27　天坛生物-日线图

（2）下跌趋势。就是MACD空头趋势，是指MACD双线在0轴上方运行时，当出现向下运行时，一旦跌破0轴后持续向下运行或震荡运行，即表明当前为空头主宰的下跌趋势，应远离操作。如图3-27中B区域的MACD双线跌破0轴后持续下行，为MACD空头下跌趋势。

（3）震荡趋势。就是当MACD双线在相距较近、几近黏合的状态下，呈水平小幅震荡时，即表明当前为震荡趋势，这往往是钓鱼战法中选股时的标准，应空仓做好准备。如图3-27中C区域MACD双线在相距较近状态下呈水平小幅震荡，为震荡趋势。

实战指南：

（1）利用MACD判断趋势时，关键是观察MACD双线的运行方向和0轴的位置，因此，准确地判断出0轴是判断趋势的关键因素。

（2）MACD的上涨趋势，在钓鱼战法中是向上钓鱼形态期间的一种助涨表现，MACD震荡趋势则是选股时一个重要的标准，但MACD空头下跌趋势，则是必须远离的一种形态。

（3）在利用MACD判断趋势时，需要注意的是，不能发生MACD与股价走势相反的背离，一旦发生MACD背离，就应换作其他指标来确认趋势。

3.4.5　趋势突变时的MACD形态

虽然MACD反映股价的短时变化时相对迟缓，但这只是MACD在极强或极弱与长期震荡时的一种钝化失真反应，当趋势突变时，MACD中的快线DIFF同样会做出明显的反应，无论是以MACD为主要判断指标，还是在钓鱼战法的辅助判断时都起着重要的作用。

趋势突变时的MACD变化：

（1）趋势由弱转强的突变。当趋势突然由弱转强时，DIFF线若是与DEA线处于长期弱势震荡状态，DIFF线会表现为突然翘头向上远离DEA线，为DIFF线突然向上翘起形态；若是DIFF线在DEA线的下方低位区运行时，表现为突然以较大角度向上运行，快速与DEA线聚合而形成金叉，为DIFF线大角度金叉。

如图3-28所示，武汉控股（600168）A区域出现向上钓鱼形态的趋势转强时，MACD表现为DIFF线突然向上翘起的形态，是趋势由弱转强突变时的MACD征兆。

（2）趋势由强转弱的突变。当趋势突然由强转弱时，DIFF线位处于指标区间的高位区，若与下方的DEA线相距较远时，表现为大角度快速下行，与DEA线形成死叉，为DIFF线大角度死叉；若是双线此时位于高位区时相距较近，不管DIFF线是位于DEA线上方还是下方，均会形成DIFF线快速向下发散远离DEA线，为双线向下发散。

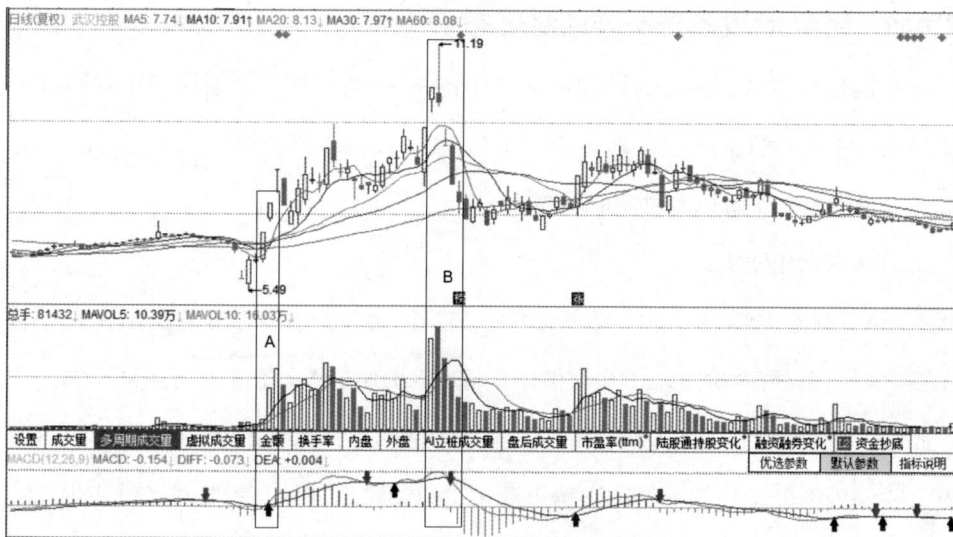

图3-28　武汉控股-日线图

如图3-28中B区域出现向下钓鱼形态形成趋势转弱时，MACD表现为高位死叉后双线向下发散形态，是趋势由强转弱突变时的MACD征兆。

实战指南：

（1）当趋势出现突变时，往往越是强烈的趋势突变，MACD中DIFF线的突然变化会更为明显，双线形成的形态才更为可信，但如果是趋势突变不够强烈时，往往MACD的形态变化也会呈现不明显，这时就需要通过其他指标来确认趋势是否发生突变。

（2）趋势由强势转弱的突变强烈时，大多发生在强势上涨时，此时的MACD双线位于指标区域的顶部高位区，DIFF表现为双线向下发散、DIFF线大角度死叉两种形态。

（3）趋势由弱势转强的突变，大多发生在弱势震荡或下跌行情中，此时的MACD双线位于指标区域的底部低位区，这时只要形成DIFF线大角度上行即可确认，但双线震荡时的位置可忽略，只要出现DIFF线突然向上翘起，即可确认趋势已突然变强。

3.4.6　MACD攻击形态与助涨形态

在钓鱼战法中，MACD攻击形态与助涨形态的判断，主要应用于买股时形成向上钓鱼形态时，MACD攻击形态与助涨形态是辅助判断时一个重要的技术指标，一定要充分了解这两种不同的形态。

具体形态和要求：

（1）MACD攻击形态。攻击形态就是股价快速上涨时强烈的MACD形态，主要表现为震荡行情中DIFF线突然向上翘起和DIFF线大角度上行两种形态。在买股时的辅助判断中，只要形成其中任意一种形态，即可确认为MACD攻击形态，说明股价处于趋势突变的强势上涨中，只要符合其他买股要求，就应优先买入这类形态的股票。

如图3-29所示，光电股份（600184）A区域出现向上钓鱼形态后的B区域趋势快速转强时，MACD表现为DIFF线突然向上翘起，为MACD攻击形态。

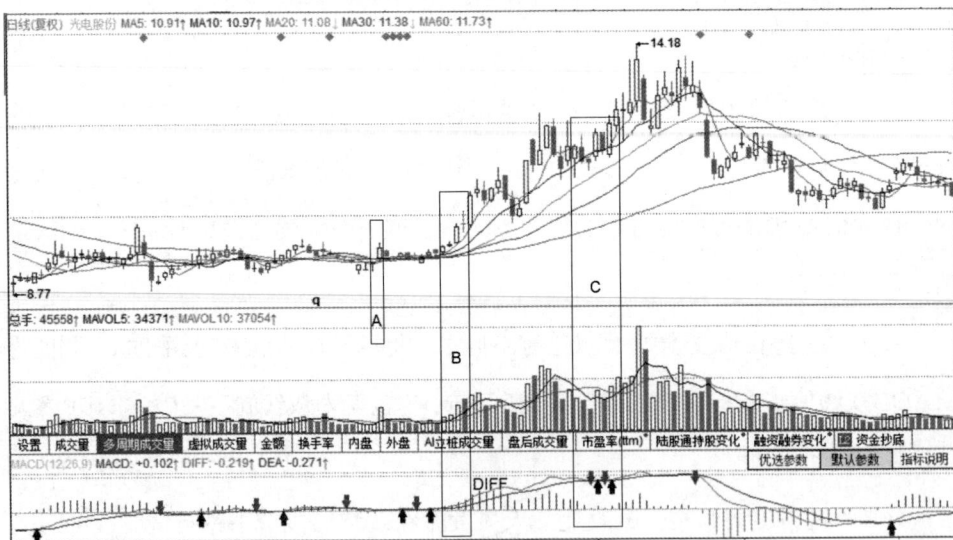

图3-29　光电股份-日线图

（2）MACD助涨形态。助涨形态是指MACD的强势状态，即MACD多头趋势的上涨趋势。只要向上钓鱼形态形成，MACD表现为上涨趋势，即说明符合助涨要求，只要满足其他买股要求后，即可买入股票。

如图3-29中C区域形成向上钓鱼形态期间，MACD双线表现为0轴上方由震荡转为向上远离的多头形态，为MACD助涨形态，量价齐升明显，应买入股票。

实战指南：

（1）根据MACD辅助判断向上钓鱼形态的强势时，攻击形态出现后，说明此类向上钓鱼形态期间的股价持续或强势上涨的意愿极强，是短期股价快速上涨的征兆，此时只要符合其他要求，买入时一定要坚决。

（2）根据MACD辅助判断向上钓鱼形态的强势时，助涨形态的出现，说明在此期间股价处于上涨趋势，虽然可能表现不如攻击形态强烈，但依然是强势状态，同样可以在满足其他条件时买入股票。

（3）在通过MACD辅助判断时，助涨形态出现时，若是出现DIFF线大角度上行时的向上角度不大时，只是DIFF线呈上行，或是双线均为在0轴下的低位区上行，只能说明当前为弱势反弹行情，则向上钓鱼形态的强势特征在极大程度上只是虚假的上涨。

3.5 成交量：确认钓鱼形态买卖时机的量能指标

3.5.1 阳量与阴量

阳量与阴量是成交量在除分时图外的其他周期K线图上的主要表现形态，判断起来很简单，只要通过成交量柱的颜色即可区分，红色的成交量柱为阳量，绿色的成交量柱为阴量。

阳量与阴量的实战意义：

（1）阳量的实战意义。阳量代表交易时间内所有的成交交易中，买入成交的量大于卖出成交的量，说明这只股票短时是以买入为主，意味着股价的上涨，但只有较大量状态下持续阳量的出现，才更说明股价为强势上涨状态。

如图3-30所示，国中水务（600187）A区域中间成交量为红色的阳量柱，持续放量明显，造成股价的快速上涨。

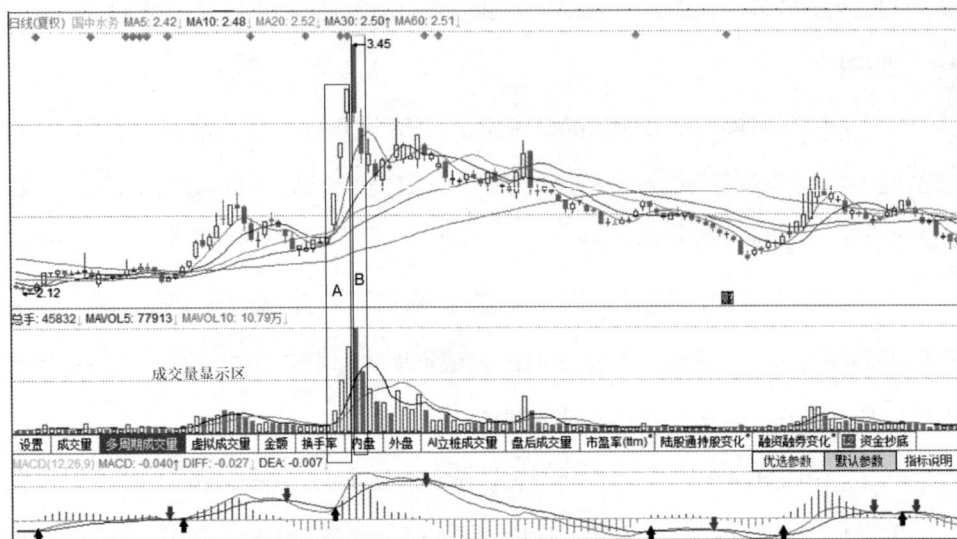

图3-30　国中水务-日线图

（2）阴量的实战意义。阴量代表交易时间内所有的成交交易中，买入成交的量是小于卖出成交的量，说明这只股票短时以卖出为主，意味着股价的下跌，但只有较大的状态下持续阴量的出现，才更能说明股价为强势下跌状态。

如图3-30中B区域的成交量为绿色阴量，在明显放大后持续保持大量水平，股价表现为快速下跌。

实战指南：

（1）成交量在分时图上被称为分时量，同样有着阴量与阳量之分，但只有以同花顺为主的炒股软件的分时图上，阴量和阳量才能准确地区分出来，若是以大智慧为主的炒股软件中，分时量柱没有颜色之分，使用时可以通过调整分时图VOL显示，就能够表现为粗量柱的形式，这样即可表现为红色阳量和绿色阴量。

（2）在实战中，投资者切不可见到阳量即认为全是买入量，见到阴量即认为全是卖出量，因为在交易中，有买有卖才会成交，阴量与阳量的区分，只不过是通过买入的数量与卖出的数量对比得出的结果来显示阳量或阴量的。

（3）固然成交量的颜色能够判断出当前这只股票在市场上的供需买卖情况，但事实上，尤其是在明显的涨跌行情中，由于主力资金的大笔买入或卖出较明显和集中，所以，阴量时主力大笔买入也是股价即将上涨的表现，阳量时主力大笔卖出也是股价即将下跌的征兆。

3.5.2　平量柱、放量柱、缩量柱

在了解成交量时，一定要明白成交量柱的三种表现：平量柱、放量柱和缩量柱，因为股价的涨跌，量柱的变化在其中起着很大的作用，比如常态下阴量放大意味着下跌的持续，而阳量放大意味着上涨的持续，平量柱的出现，又说明当前基本维持之前的走势。

平量柱、放量柱、缩量柱的具体形态：

（1）平量柱，是指当前的量柱长短，和之前的量柱保持相近的状态，无论阳量或阴量均可。如图3-31所示，兖州煤业（600188）A区域为阴量平量柱，B区域为阳量平量柱。

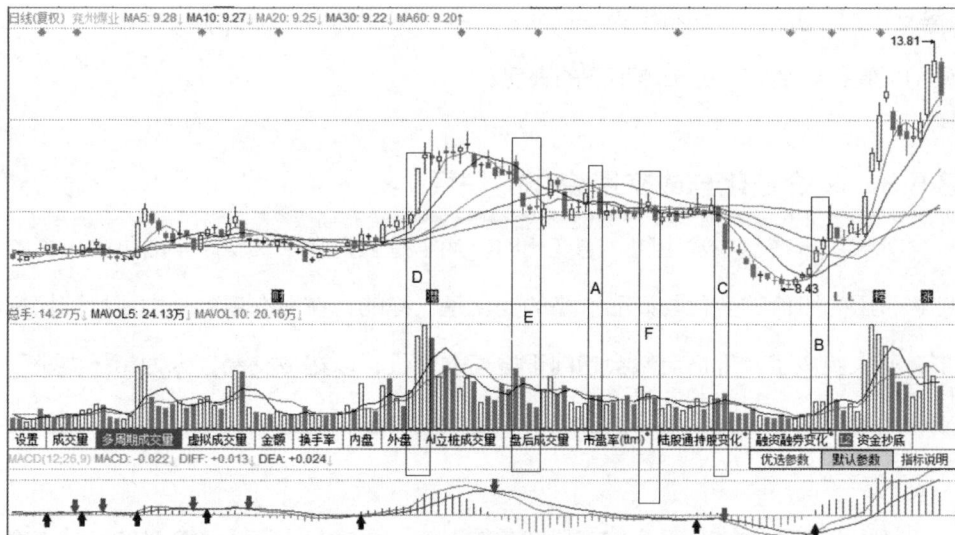

图3-31　兖州煤业-日线图

（2）放量柱，是指当前的量柱长短，和之前的量柱长短比较，明显要长于或高于之前的量柱，即为放量柱，阴量时为放量阴量柱，阳量时为放量阳量柱。如图3-31中D区域为阳量放量柱，C区域为阴量放量柱。

（3）缩量柱，是指当前的量柱长短，和之前的量柱长短比较，明显要短于或低于之前的量柱，即为缩量柱，阴量时为阴量缩量柱，阳量时为阳量缩量柱。如图3-31中E区域为持续阴量缩量柱，F区域为阳量缩量柱后转为阴量缩量柱。

实战指南：

（1）如果在某一时间内，成交量保持相对较短的状态时，为小阴量柱或小阳量柱，不管量柱之间是否存在一定水平的差异，均为低量水平。

（2）在判断平量柱、放量柱或缩量柱时，只要通过肉眼观察即可，无须通过当前成交量的具体水平来比对大小，因为成交量的变化只有过于明显时，才会真正对当前的行情起到趋势上的干扰和改变，过于细小的变化，基本上不会产生较大的影响。

（3）在低量水平下，只有明显的放量柱出现，才会短时改变当前的行情；在大量水平下，只要同等水平的阴量柱，就能够改变当前的强势，而明显的阴量缩量柱才是短线调整即将结束的征兆；但在弱势反弹中，阳量缩量柱的出现，则说明反弹行将结束，是量能不济的表现。

3.5.3 股价变化与成交量变化的关系

如果股价在盘中发生明显的变化时，通常是因为盘中买卖股票时供需失衡的结果，因为股价的变化与商品价格的变化是一样的，在没有受到外力干扰的情况下，买入变多了，价格自然会趋向于更高的价位，以达成交易，因为市场供小于求；当卖出的多了，价格自然会趋向于更低的价位，以达成交易，因为市场供大于求。

因此，股价的变化受到成交量变化的影响，也就是市场人士常讲的，成交量总是先于价格先行。但在特殊的股票市场，由于交易制度的特殊限制，即涨跌停板的出现，加上主力资金的大笔短时集中参与，使得股价与成交量之间，出现了某些异常的变化，在操盘前，一定要明白这种各种量价关系的含义，这样才能及时根据量价变化判断出买卖时机。

量价关系的主要表现：

（1）常态下，阳量变大，股价也会上涨，即量增价涨；阴量变大，股价会快速下跌，即放量下跌；如果是上涨中，股价小幅下跌，而成交量却大幅阴量缩减，为缩量下跌，意味着短期下跌即将结束；如果是股价在上涨中，阳量大幅缩减，为缩量上涨，意味着市场热度减弱，股价即将下跌；如果股价持续下跌，成交量持续缩减，则是股票因不被市场看好，参与者少导致的量减，属于正常的量减价跌，后市依然会持续这种下跌。

如图3-32所示，泉阳泉（600189）A区域K线持续上涨，成交阳量明显持续放大，为明显的上涨趋势中的持续放量上涨；B区域K线震荡下行，成交量持续缩量，为缩量下跌，是调整即将结束的征兆；D区域为大幅缩量的低量水平，意味着震荡调整；E区域再次出现持续放量上涨，意味着短线变强。

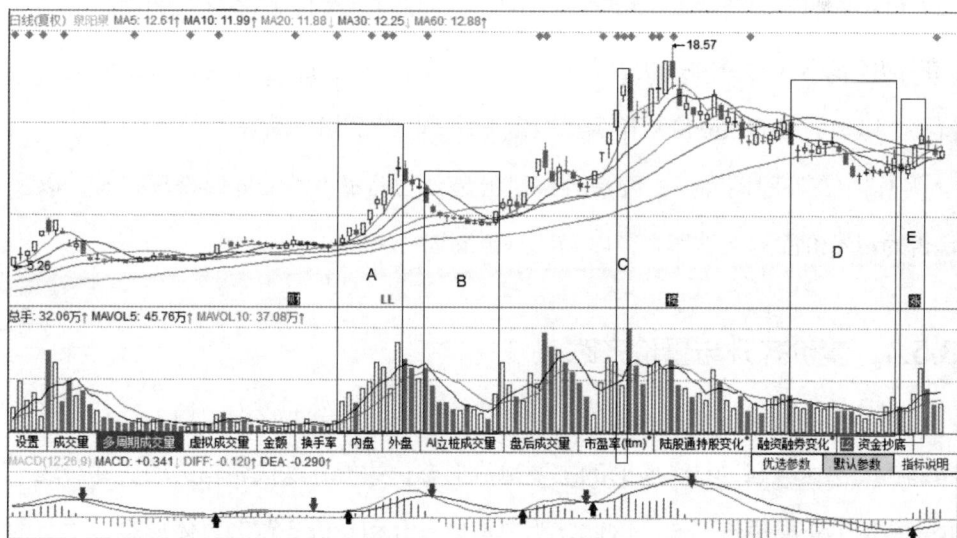

图3-32　泉阳泉-日线图

（2）在特殊情况下，股价因快速涨停，成交量缩减，为量减价涨，是因为涨停导致无法成交的量减，后市股价会继续上涨；股价因为快速跌停，成交量缩减，是因为跌停导致无法成交的量减，后市股价依然会继续下跌；如果股价震荡不涨，成交量却大幅增加，则属于一种异动，是主力资金强干预的结果，若是股价在高位区出现，多为主力在隐藏出货，后市股价会出现快速下跌，若是股价在低位区出现，则为主力在维持低价大举悄悄买入，后市快速上涨的概率极大。

如图3-32中C区域K线为涨停阳线，成交量为缩量状态，形成缩量上涨的量减价涨，属于特殊情况，意味着短线股价依然为强势状态。

实战指南：

（1）在各种量价关系中，主要包括两种情况：一是量价同向，即量大时价也在涨，或是量小时价也在变小；二是量价反向，即量小时价反而在涨，量大时价反而在跌，或是不变。量价同向属于正常状态，但量价反向则是一种量价背离，背离即妖，其后很快会恢复常态运行，这是量价在市场上运行的规律。

（2）虽然量价形态存在很多情况，但在钓鱼战法实战期间，主要是观察买卖时机出现时，量价突变时的表现，即向上钓鱼形态期间量价齐升的突变，以及向下钓鱼线出现时量价齐跌的突变。只是在卖出时机时，要留意放量滞涨的量增价平，以及弱势的量减价减和阴量放量下跌或持续阴量下跌等。

（3）在持股期间，主要是观察量价是否为缩量下跌的健康整理状态，以及是否为量增价涨的上涨形态，以确认是否继续持股。

3.5.4　量价齐升与量价齐跌

量价齐升与量价齐跌是两种明显的量价突变时的经典形态，量价齐升则意味着弱势的快速转强，是买股时的主要量价形态；量价齐跌代表趋势的快速转弱，是卖股时的主要量价形态。因此，明白量价齐升和量价齐跌的具体形态，更有助于准确把握好钓鱼战法的买卖时机。

量价齐升与量价齐跌的具体形态表现：

（1）量价齐升，是指成交阳量在明显变大的同时，股价在持续上涨，主要包括单根阳量与阳线的明显放量上涨，至少两根阳量与两根阳线的持续放量上涨，以及股价涨停情况下的缩量涨停，或大量状态的阳线阳量上涨。

如图3-33所示，中牧股份（600195）A区域、B区域为成交量明显放大的放量上涨，C区域为成交阳量保持在较高水平的量价齐升。

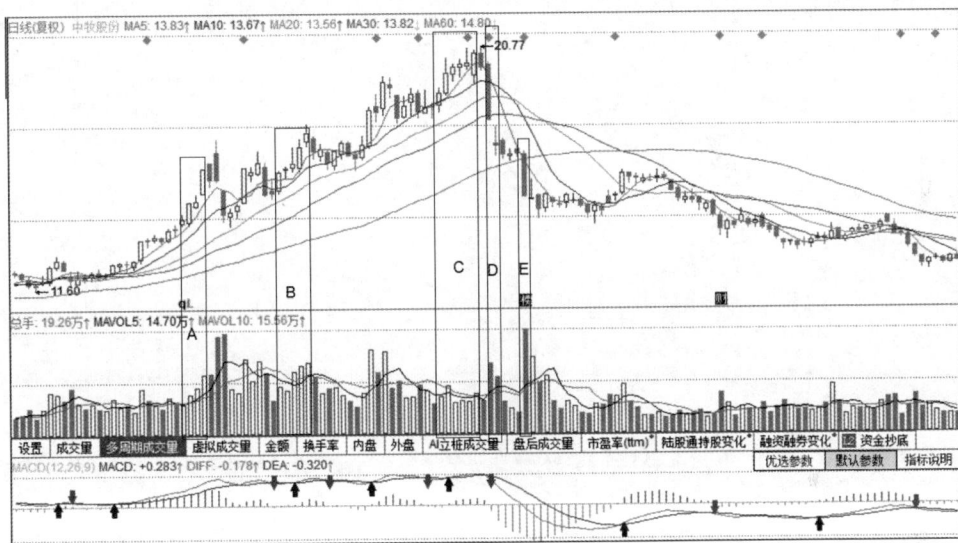

图3-33　中牧股份-日线图

（2）量价齐跌，是指成交量阴量放大状态的阴线下跌，主要包括单根阴线、阴量柱的明显放量下跌或巨量下跌，至少两根持续大量的阴量阴线的持续阴量下跌，或是大量状态的持续缩量下跌，以及股价快速跌停状态下的缩量跌停。

如图3-33中D区域为两根放量阴量柱的阴线下跌，为持续放量下跌，E区域则表现为单根极长的阴量柱阴线下跌，为巨量下跌，均为明显的量价齐跌。

实战指南：

（1）量价齐升是向上钓鱼形态期间的量价买点征兆，但必须价涨的同时，量增的突变足够大，或是能够持续增量时，才会造成股价趋势的快速由弱转强。

（2）量价齐跌是向下钓鱼形态期间的量价卖点征兆，但同样价平或价减时，成交阴量能够持续或突然变大时，才会破坏原有的上涨趋势，变为弱势。

（3）放量上涨和放量下跌是股价趋势突然反转时的两种量价形态，但只有这种情况持续出现时，才会真正破坏原有的趋势，即量价齐升突变持续成为股价趋势快速反转向上的节点；量价齐跌突变持续成为股价快速趋势反转向下的节点。如果趋势反转的速度较慢时，往往这种量价齐升和量价齐跌的突变力度会表现得不够明显。

第 4 章

选股实战: 选好股票是买到牛股的基础

在钓鱼战法中, 选股是操盘前最重要也是最耗费投资者时间和精力的一个环节, 因为所有选股环节的筛选, 都是基于其后最容易出现股价快速上涨前的蓄势准备。所以, 投资者在操盘前, 一定要认真学习选股技术。因为所有牛股几乎均出自选好的备用股中, 而买股时观察和分析的股票, 也均是对那些符合选股要求的目标股所进行的分析和判断。

4.1 选股策略

4.1.1 技术面弱势选股策略

技术面弱势，是钓鱼战法选股期间的一条技术面选股策略，这一点主要是从股价的趋势演变规律出发所制定的，因为股价的涨跌，同样会遵循涨久必跌、跌久必涨的运行规律，所以，当一只股票技术面呈较长时间的弱势震荡，必然后市转为强势的概率会高。而上涨趋势调整行情的出现，一旦恢复结束调整，后市股价会在上涨趋势的惯性作用下，再次恢复上涨趋势。因此，技术面弱势是强势出现前的必经之路，技术选股时一定要遵循技术面弱势的策略。

技术面弱势选股的具体策略：

当股价处于长期弱势震荡，或是短期弱势下跌时，都属于弱势，但在弱势选股策略下去选股时，一定不要选择那些刚刚处于下跌趋势的熊股，因为个股的熊势与大盘的熊市是一样的，不能在熊市初期操作，所以熊市选股没有任何实战意义。

如图4-1所示，金种子酒（600199）中的A区域，股价在形成高点后持续下跌，明显为下跌初期，不属于弱势选股要求，而后的B区域股价持续小幅震荡时，方可列入目标股持续观察。

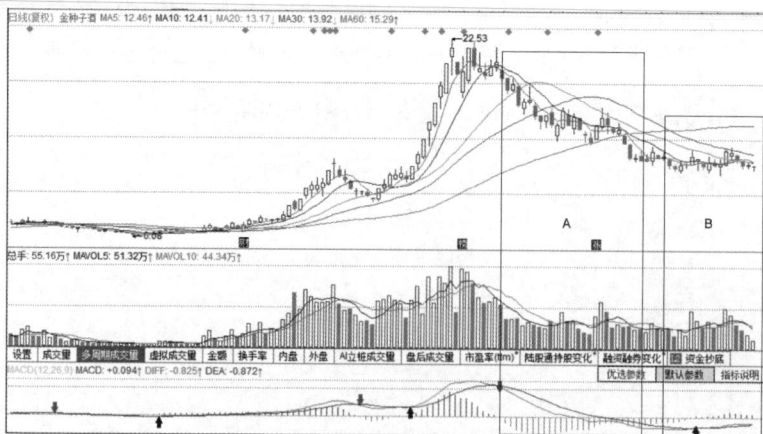

图4-1　金种子酒-日线图

实战指南：

（1）在弱势选股策略下选股时，一定要看清大的趋势，不能在个股下跌初期进行选股，因为个股的下跌趋势初期和大盘的熊市是一个道理，不适合短时操作，也就是个股尚未进入整理期，后市难以短时发动上涨。

（2）根据弱势选股策略选股前，一定要明白股价的三种趋势：上涨趋势、下跌趋势、震荡趋势，因为只有震荡趋势和上涨趋势的短期下跌调整，才是选股时的弱势形态。

4.1.2　基本面强势选股策略

基本面强势，是钓鱼战法选股期间一条重要的基本面选股策略，主要是针对那些经过技术面选股后，在进入基本面分析时，一定要选择那些基本面强的股票，因为股价短期出现上涨，根本的原因就是基本面的强势特征，而基本面强意味着业绩良好，业绩良好才更促使股价上涨。因此，基本面强势是一条重要的选股策略。

基本面强势选股的具体策略：

基本面强，是指这只股票的财务状况良好，通俗地来讲就是上市公司的年度、季度或半年等财务报告中处于盈利的状态，并且上市公司具有较强的持续盈利能力。因此，基本面强的判断是要观察股票的财务报告和个股资料内的某些与财务相关的数据，主要是个股是否处于短期盈利或长期盈利的状态，即可确认为基本面强，选股时一定要选择这类符合技术面要求的股票为目标股。

如图4-2所示，生物股份（600201）财务概况持续多年间，这家上市公司在净利润、基本每股收益、净资产收益率上都保持着持续稳定的盈利状态，只在2019年出现了一定幅度的下滑，属于基本面强的情况，选股时应以这类持续盈利的上市公司为优先选择对象。

生物股份 600201

科目\年度	2019	2018	2017	2016	2015	2014
成长能力指标						
净利润(元)	2.21亿	7.54亿	8.70亿	6.45亿	4.80亿	4.04亿
净利润同比增长率	-70.70%	-13.29%	34.99%	34.36%	18.65%	61.16%
扣率净利润(元)	2.15亿	7.33亿	8.64亿	6.36亿	4.77亿	4.02亿
扣率净利润同比增长率	-70.64%	-15.25%	35.91%	33.31%	18.70%	112.80%
营业总收入(元)	11.27亿	18.97亿	19.01亿	15.17亿	12.47亿	10.63亿
营业总收入同比增长率	-40.59%	-0.23%	25.31%	21.70%	17.27%	58.32%
每股指标						
基本每股收益(元)	0.2000	0.6700	0.7700	0.8000	0.8500	0.7200
每股净资产(元)	4.13	4.30	4.97	6.11	3.61	5.71
每股资本公积金(元)	0.78	1.12	1.73	2.03	0.09	1.04
每股未分配利润(元)	2.10	2.25	2.48	2.81	2.36	3.49
每股经营现金流(元)	0.36	0.36	0.99	1.23	0.86	2.05
盈利能力指标						
销售净利率	20.14%	39.52%	45.67%	42.37%	38.33%	37.83%
销售毛利率	62.32%	72.50%	79.37%	77.79%	77.03%	76.21%
净资产收益率	4.49%	15.56%	21.35%	24.92%	26.07%	28.00%
净资产收益率-摊薄	4.76%	15.00%	19.46%	17.19%	23.19%	24.76%

图4-2　生物股份-财务概况

实战指南：

（1）在判断一只股票的基本面强弱时，有长期基本面强与短期基本面强之分，这一点要注意，通常周期越长的基本面强的股票，越具有长期的投资价值，短期基本面突然变强的股票，股价短期则最容易出现大幅上涨。

（2）在基本面强势的选股策略下选股时，一定要注意一种现象，就是那些长期亏损或持续亏损，甚至股票代码中有S、ST、*S、*ST等字母的，属于基本面恶化的亏损警示。这类股票，基本上从技术选股时即可剔除，除非一些优质的行业龙头或细分行业龙头公司的股票才具有投资价值，方可仔细分析其基本面恶化的原因。

（3）根据基本面强势选股策略选股期间，如果上市公司在大幅亏损的情况下出现业绩增长时，一定要留意业绩是否已经转正，实现扭亏为盈，还有盈利的多少，因为短期基本面强时，这种业绩由亏损状态下形成的大幅预期，若不盈利或是盈利极少，只能说明公司盈利能力在提升，除非是龙头股，否则属于基本面一般。

4.2　技术面选股

4.2.1　长期弱势震荡整理

长期弱势震荡整理是牛股启涨前一种重要的技术整理形态，无论长期弱势震荡整理之前股价表现为一定上涨，还是大幅下跌，都是一种股价充分整理的技术形态，一旦整理结束前，经常出现向上钓鱼形态，所以是技术面选股时的一种重要技术表现形态。

判断长期弱势震荡整理的方法：

当股价处于长期弱势震荡期间，只要确保K线震荡期间保持在30根左右时即可，同时成交量表现为低量状态，但在具体判断时，可通过以下三个技术指标中的任意一种进行确认：

（1）MACD法。利用MACD判断长期弱势震荡整理形态时，主要是MACD形成双线相距较近、几近黏合状态的水平小幅震荡的MACD震荡趋势。

如图4-3所示，江泉实业（600212）A区域，MACD双线表现为相距较近、几近黏合状态的水平小幅震荡的震荡趋势，时间较长，符合长期弱势震荡整理的技术选股要求。

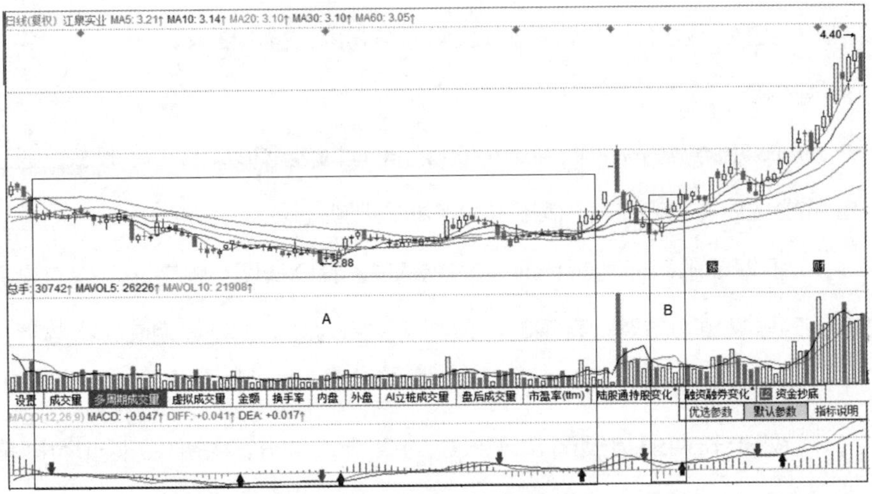

图4-3　江泉实业-日线图

（2）BOLL法。利用BOLL判断长期弱势震荡整理时，主要是通过波带在极窄状态下出现了水平小幅震荡。如图4-4所示，同样江泉实业这只股票，如果运用BOLL判断时，A区域明显为股价下跌后的波带较窄状态的水平小幅震荡，同样符合长期弱势震荡的选股要求。

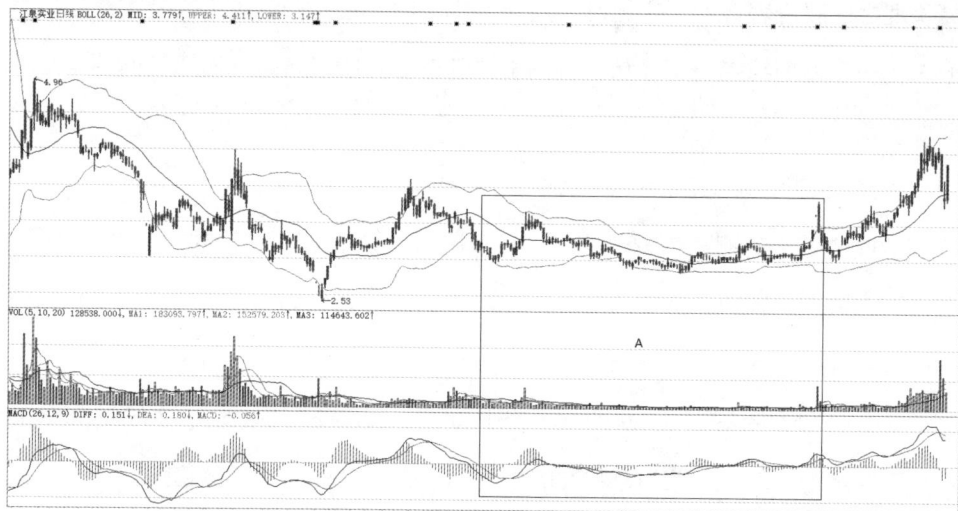

图4-4　江泉实业-日线图（大智慧）

（3）均线法。利用均线判断长期弱势震荡整理时，主要是通过所有均线处于较近状态、反复缠绕的均线缠绕排列。如图4-3中的A区域，均线表现为所有均线相距较近的反复缠绕，同样符合长期弱势震荡的技术要求。

实战指南：

（1）长期弱势震荡整理是股价在充分整理时经常形成的一种形态，通过均线、MACD或BOLL任何一个指标，均可准确判断出来。

（2）根据技术指标判断长期弱势震荡时，股价长期小幅震荡、成交量保持较低水平同样是更为重要和直观的一种判断，因为股价在整理期间，参与者少，所以市场热度低，成交量才保持低量。

（3）处于长期弱势震荡整理状态的股票，最容易在启涨时成为翻倍牛股，因此整理时间越长，通常超过半年（必须确保其间未出现长时停牌）的这类股票，一旦启动时，往往短时的强势特征十分明显，且短期持续上涨的能力十分强。

4.2.2　上涨趋势调整行情

上涨趋势调整行情，同样是选股时的一种重要技术形态，因为当趋势表现为上涨时，在趋势的惯性或延续性特征下，轻易不会改变这一上涨趋势，所以一旦出现调整，往往都是短期的。调整结束前，也会经常出现向上钓鱼形态，然后表现为继续上涨，因此是选股时一种重要的技术形态。

判断上涨趋势调整行情的方法：

首先是上涨趋势的判断，即均线多头排列或MACD双线突破0轴后的持续上行期间；其次是一旦股价出现明显下跌时，无论短期均线或DIFF线是否发生方向的向下改变，均为上涨趋势调整行情的开始，即可将这类股票列为目标股。

如图4-5所示，天齐锂业（002466）B区域表现为均线多头排列初期震荡上行的状态，MACD双线为突破0轴后缓慢上行的状态，为上涨趋势，所以，A区域出现调整时，即符合上涨趋势调整行情的选股要求。

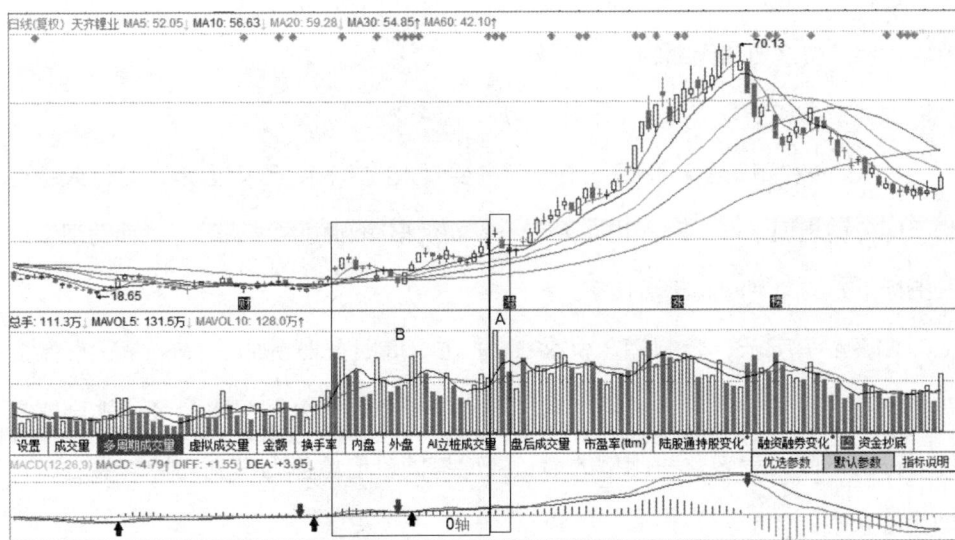

图4-5　天齐锂业-日线图

实战指南：

（1）从趋势反转的角度分析，当上涨趋势形成后首次出现调整时，往往其后再次恢复上涨的概率最高，尤其是前期上涨趋势形成后持续上涨的时间不长，短期涨幅不太大的情况，如首轮上涨的涨幅在50%左右时出现的调整，但必须确保日线图的上涨趋势。

（2）当上涨趋势调整行情出现时，若是调整的时间长，且股价下跌后震荡幅度较小时，会演变为长期弱势震荡的整理，这类股要多为长期牛股，经常出现在一些基金重仓的大白马股身上，如贵州茅台等价值投资的龙头股。

4.3 基本面选股

4.3.1 基本面选股的四大财务指标

基本面选股中判断基本面强弱时，虽然主要观察上市公司的业绩，但依然要通过其他三个主要反映上市公司盈利能力和业绩是否良好的财务指标进行综合判断，这样才能确认基本面的强弱。这四个指标包括净利润、基本每股收益、净资产收益率、资产负债比率等。

具体形态和要求：

（1）净利润。净利润是上市公司主要收入的金额，原则上是数值越大越理想，但公司规模不同，利润也有大有小。如观察净利润的波动时，可辅助观察这一指标下方的净利润同比增长率。

如图4-6所示，金徽酒（603919）在年度财务概况中，净利润一直保持在持续稳定增长的水平，只是净利润同比增长率因为公司投入资金、生产成本等方面的不同，导致这一比例的增长幅度不同，但总体为净利润持续稳定增长的良好状态。

金徽酒 603919

图4-6　金徽酒-个股资料-财务概况1

（2）基本每股收益，是公司每一股股份的收益，数值越大，说明公司的盈利能力越强，一般保持在年基本每股收益为0.5元左右时，即表明公司赚钱能力较强。

如图4-6中基本每股收益保持在每股0.6～0.8元的小幅增长，远大于0.5元，说明公司盈利能力较强、稳定。

（3）净资产收益率，是上市公司税后的利润除以净资产得到的百分比率，反映股东权益的收益水平多少，经常用于衡量上市公司在运用自有资本时的效率高低。原则上是这一指标的数值越高，越能说明公司投资所带来的收益越高。一家上市公司若是年净资产收益率始终保持在5%以上时，即表明这家公司利用自有资本赚钱的能力较强。

如图4-6中净资产收益率多年一直保持在10%～30%，起码可确认是一只绩优股。

（4）资产负债比率，是指上市公司在一定时期内，企业的流动性负债和长期固定性负债与企业总资产之间的比率，主要用于观察企业负债与资产的比重，反映企业负债的情况。这一指标比例越高，说明企业负债经营的状况越严重，一般年负债率低于75%时属于正常，当然这一比例越小，越能说明企业经营的资金压力越小。

如图4-7所示的资产负债比率，由2014年的近60%降低至2019年的20%略高，负债率明显大幅降低，说明公司经营中的现金压力和风险均较小。

金徽酒 603919

	2019	2018	2017	2016	2015	2014
每股净资产(元)						
每股资本公积金(元)	2.53	1.80	1.80	2.64	0.46	0.46
每股未分配利润(元)	2.62	2.38	1.99	2.02	2.00	1.45
每股经营现金流(元)	0.95	0.24	0.29	1.39	1.34	1.10
盈利能力指标						
销售净利率	16.56%	17.68%	18.98%	17.37%	14.02%	12.31%
销售毛利率	60.72%	62.30%	63.01%	61.33%	60.10%	57.15%
净资产收益率	11.84%	13.57%	14.58%	16.28%	24.09%	21.19%
净资产收益率-摊薄	10.65%	12.94%	13.84%	13.51%	21.58%	19.48%
运营能力指标						
营业周期(天)	446.36	395.48	313.35	256.17	228.30	227.16
存货周转率(次)	0.81	0.92	1.16	1.42	1.60	1.61
存货周转天数(天)	443.57	392.67	310.56	253.52	225.25	223.38
应收账款周转天数(天)	2.80	2.71	2.79	2.65	3.04	3.78
偿债能力指标						
流动比率	2.31	2.02	1.73	1.60	0.72	1.03
速动比率	0.90	0.46	0.77	0.80	0.37	0.47
保守速动比率	0.85	0.46	0.77	0.80	0.37	0.47
产权比率	0.25	0.35	0.28	0.38	1.41	1.43
资产负债比率	20.04%	25.99%	21.67%	27.31%	58.55%	58.91%

图4-7　金徽酒-个股资料-财务概况2

综合以上四点可得出，金徽酒这家公司为盈利稳定增长、经营能力强的企业，是一只绩优股，是基本面选股中的优选品种。

实战指南：

（1）在基本面选股期间，主要是对技术面符合要求的股票进行基本面的筛选，但关于净利润的判断，只要是正值就说明企业经营是赚钱的，但由于企业规模有大有小，且行业毛利率有大有小，数值越大，并不意味着越能赚钱，必须通过其他三个指标来综合判定。

（2）基本面选股时，基本每股收益是最能说明企业赚钱能力大小的财务指标，数值越大越理想，常年保持在0.5左右即可；净资产收益率保持正值即可，但能常年保持在至少5%左右时较理想；资产负债比率虽然常态下以低于75%为判断标准，但通常保持在30%～50%时为常态，越低越理想。

（3）观察长期基本面时，应以上市公司的财务概况中年度报告公布的数据为准，而观察短期基本面时，应以季度财务数据为准。但一定要通过持续多个周期的数据进行对比，则更为真实，因为受行情周期的影响，往往过于单一的数据只是企业经营中的短期波动。同时，长期基本面与短期基本面变化的结合，才能更准确地看出上市公司的基本面情况。

4.3.2　优选白马股、绩优股、行业龙头股

在基本面选股期间，由于白马股、绩优股属于业绩持续优良的上市公司，公司盈利能力相对明朗，而行业龙头股又属于某一行业的领军企业，具有较强的抗风险能力，所以盈利能力也是行业中最强的。因此，在基本面选股时，白马股、绩优股、行业龙头股均是优选的对象。

白马股、绩优股、行业龙头股的基本标准：

（1）白马股，是指上市公司的业绩长期绩优，投资收益的回报率高，具有较高投资价值的上市公司发行的股票。由于白马股业绩优良、预期明显，且在高成长下投资风险较低，所以在市场上成为投资者所青睐的对象。市场上衡量白马股时，一般通用的财务指标主要包括：基本每股收益、每股净资产、净资产收益率、净利润同比增长率、主营业务收入增长率和市盈率，但是投资者在判断白马股时，无须判断，只要根据软件上的提示即可得知。

如图4-8所示，为晶澳科技（002459），从炒股软件的财务分析中发现，这是一只白马股，自然是长期业绩稳定增长的上市公司。

图4-8 晶澳科技-个股资料-最新动态

（2）绩优股，是指业绩优良的上市公司发行的股票，衡量的标准是上市公司的每股税后利润和净资产收益率。一般来说，只要上市公司持续三年净资产收益率超过10%时，即为绩优股，但这一点在炒股软件上同样会显示，无须自行判断。

如图4-9所示，步长制药（603858）在财务分析中，明确给出了绩优股的判断，说明公司业绩多年持续稳定盈利，此时无须通过观察财务概况来判断。

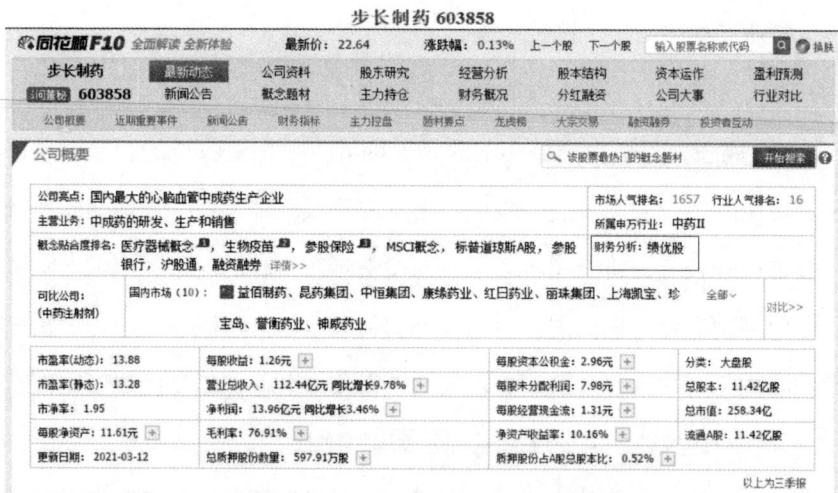

图4-9 步长制药-个股资料-最新动态

（3）行业龙头股，就是处于企业所在行业或细分行业领先位置的上市公司发行的股票。这一点市场上没有给出一定的标准，判断起来相对困难一些，但一般龙头股在所属行业中规模相对偏大，或是在细分行业中掌握的技术核心先进，盈利能力强。所以从股本数量和规模，以及基本每股收益上，只要处于行业或细分行业前列的，通常为前三名的上市公司，基本上可确认为行业龙头股。

因为行业龙头股企业规模相对较大，所具有的行业核心技术领先且壁垒较高，所以在行业内的盈利能力强、所占市场份额高，所以，行业板块一旦启动，最容易成为领涨股。

如图4-10所示为晶澳科技（002459），虽然公司在三级行业的每股收益排名中只排在11名，但在图4-8的公司亮点中明确指出这家公司属于国内光伏行业企业中产业链完整、结构布局协调的龙头企业之一，为细分行业龙头。

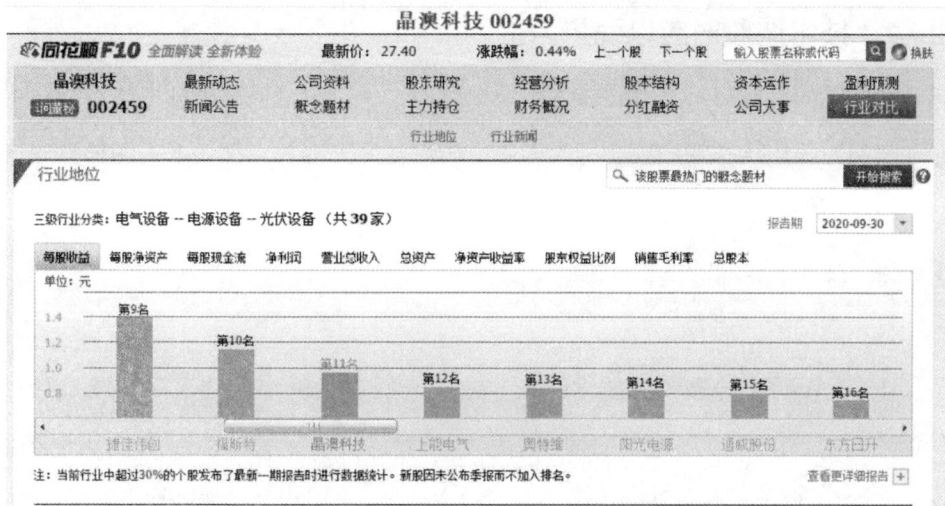

图4-10　晶澳科技-个股资料-行业对比

实战指南：

（1）在判断白马股和绩优股时相对简单，只要通过炒股软件上的财务分析就能够看出来。由于白马股和绩优股的业绩存在常年优良的特征，所以，这两个标准经常出现重叠，即一只股票既是白马股，又是绩优股。

（2）在判断行业龙头股时，不是市场上经常讲的龙头股，因为市场上确认龙头股时是以板块启涨时的领涨股来确认的，而本书所讲的龙头股是行业或细分行业处于领先地位的上市公司，这类股在行业板块上涨时，最容易成为领涨股。

（3）因为上市公司所处行业中的上市公司数量有所差别，而有些行业中细分领域较多，各细分行业景气度较高，如医药行业或白酒行业聚集的优质公司较多。所以确认行业龙头股时，对这类行业可适当放宽判断标准，只要在行业内的某一细分领域处于领先地位，企业规模较大即可，若是三级行业中处于前十名以内的细分领域领先地位的，即可确认为行业龙头。

4.4　实战要点

4.4.1　技术选股时应以弱势为主

选股期间，投资者在通过技术指标选股时，一定要坚持选择那些技术指标的形态表现为弱势状态的股票，因为当股价转强变为上涨前，都表现为弱势整理状态，启动前最容易在弱势整理的末端出现向上钓鱼线的主力向下试盘。因此，技术弱势是技术选股时的主要标准。

技术弱势的要点：

（1）长期弱势震荡的技术特征。主要表现在股价在大幅下跌，或是经过一定幅度的上涨后，所呈现的技术指标处于震荡状态类的股票，判断时可通过MACD震荡趋势或均线缠绕排列的震荡趋势，或是以BOLL的波段窄幅震荡为主，同时结合K线窄幅震荡时的低量水平来确认。

如图4-11所示，中国中免（601888）在A区域表现为股价经过小幅上涨后，于A区域小幅调整后即形成K线与MACD的震荡趋势，为长期弱势震荡的表现，符合选股技术要求。

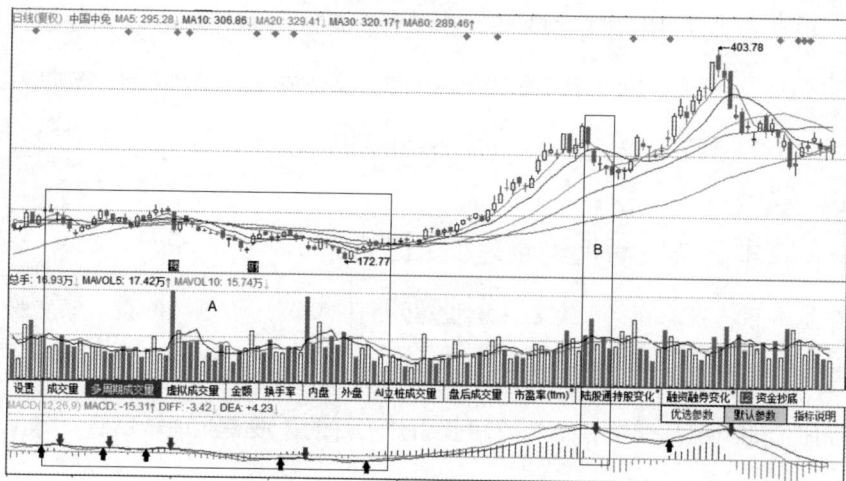

图4-11　中国中免-日线图

（2）短期弱势的技术特征。主要是上涨趋势形成后出现的股价短线调整，判断的主要技术依据为均线，必须确保均线多头排列未被破坏，只是出现股价或短期均线的下跌调整，如均线多头排列下的短期均线下跌或缠绕状态。如图4-11中在明显上涨趋势中，进入B区域股价下跌时，中长期均线依然上行，只有短期均线出现小幅下跌与震荡，符合技术面短期弱势的选股要求。

实战指南：

（1）在根据技术指标弱势选择时包括两种情况：一是股价的弱势整理；二是技术指标的弱势整理。

（2）股价及技术指标的长期弱势同样包括两种情况：一是股价大幅下跌后形成的长期弱势震荡整理；二是股价在经过一定幅度的上涨后，于高位区或略有回调后形成的长期弱势形态。两种弱势形态出现时的表现形式，即技术特征与K线形态和成交量状况相同，但是长期弱势前的情况略有不同。

（3）通常经过一定上涨后形成的长期弱势震荡类的股票，多为白马绩优股，是在以时间换取上涨的空间，多为长期价值投资的股票；而大幅下跌后表现为长期弱势震荡整理的股票，为股价运行规律下的技术弱势整理，选股后判断向上钓鱼线时一定要认真，以确保强势。

（4）对于股价和技术短期弱势的股票，前期的形态是一样的，就是确保上涨趋势的成立，唯一的区别在于短期调整的幅度，因为在上涨趋势短期调整期间，有可能演变为长期弱势震荡，所以，短期弱势的判断不能改变之前的上涨趋势。

4.4.2　基本面选股时拒绝绩差股和ST股

在基本面选股期间，一定要注意股票的两种情况：一是目标股为绩差股，二是股票为ST类股。因为这两类股票，都意味着上市公司的业绩处于长期的弱势状态，而股价的上涨归根结底是与公司业绩分不开的，没有业绩做后盾，其上涨是难以持续的。

判断绩差股和ST类股票的要求：

（1）绩差股的判断。需要通过基本面中的财务分析来确认，基本上炒股软件中会有绩差股的提示，但一般来说，只要是净利润一直较低，年每股收益常年保持在几分、甚至是为负值，净资产收益率常年只有不足5%、甚至是表现为亏损时，即便财务分析未提示为绩差股，也应归于绩差股行列。

如图4-12所示的福日电子（600203），其财务报表显示，每股收益为-0.13，业绩差，且财务分析中已明确为绩差股，这类股票非特殊情况下应即刻放弃继续观察和操作。

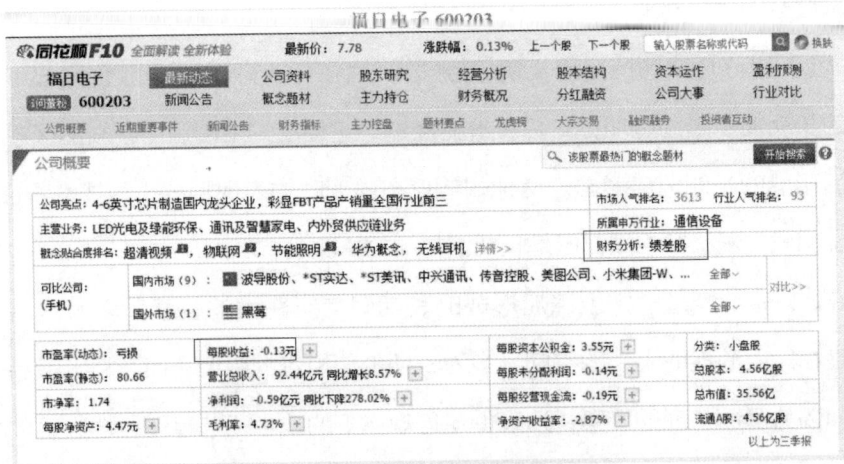

图4-12　福日电子-个股资料-最新动态

（2）ST类股的判断。ST类股，就是在代码前存在 ST、*ST、SST、S*ST、S等标识的股票，是上市公司对业绩亏损及具体情况或股改尚未完成的上市公司所进行的一种警示投资者的标识，因为ST类股存在退市风险或极大的不确定因素，所以在选股时应予以规避。

如图4-13所示的*ST升达（002259），在选股期间只要看到股票代码前冠有*ST标识时，即应果断放弃。

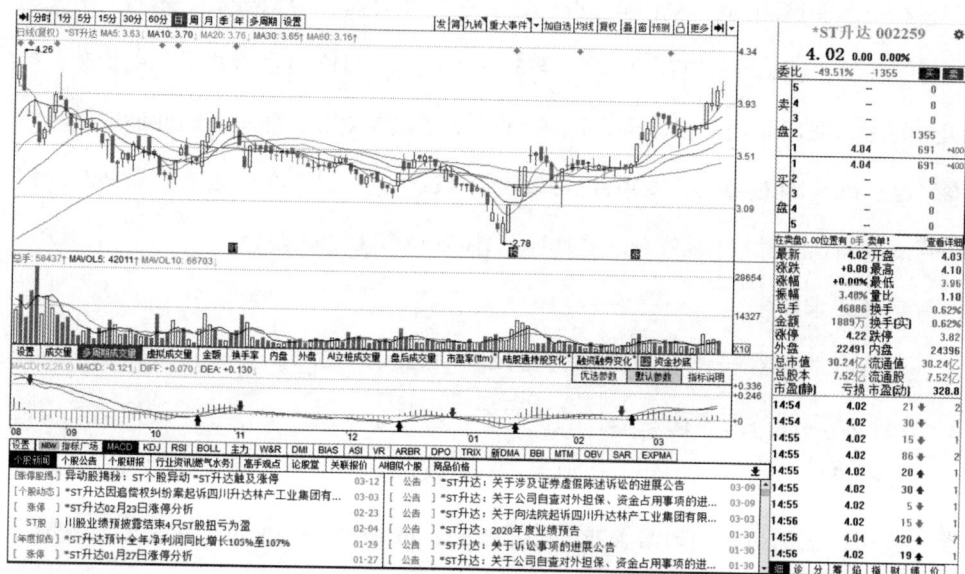

图4-13　*ST升达-日线图

实战指南：

（1）选股期间判断绩差股时，应观察选股时四个主要财务指标中的前三个，即净利润、基本每股收益、净资产收益率，因为财务分析中或没有提示为绩差股。

（2）对于ST类股票的判断，无须进行基本面观察，只要在技术选股时发现股票代码前冠有 ST、*ST、SST、S*ST、S等标识，即可放弃。但一定要区分出股票代码前的具体字母，因为科创板或创业板股票，为了区分新股或企业是否为盈利状态时，也有会冠以特定字母，所以判断时应看清楚，是否属于ST类股。

（3）在选股期间判断ST类股时，由于当前退市制度进行了改革，加入了面值退市的规定，所以，市场上那些持续低于1元面值的股票，同样需要规避，因为若是股票面值持续在30个交易日内，收盘在1元以下，同样面临着退市的风险。所以在选股时，对于面值在5元以下的低价股也应尽量回避。

4.4.3　优选长期基本面强、短期基本面弱的股票

在基本面选股时，一定要优选那些长期基本面强、短期基本面弱的上市公司发行的股票，因为长期基本面强，意味着这家公司的长期业绩处于优良状态，持续盈利能力强，而短期基本面弱时，说明公司可能会由于行业周期性造成了基本面略差，或是因为某些突发事件导致的业绩略差，一旦周期性过去，企业会很快回到持续增长的优良状态，公司股价即会恢复持续上涨状态。

具体要求：

首先，股票在技术面上必须符合技术面选股的要求；其次，当企业年度长期的财务状况保持持续稳定增长的状况下，在某个年度的季度或半年报财务报告中，业绩突然出现了一定下滑；最后，分析这种短期业绩下滑的原因，并不是因为行业前景恶化造成的政策等方面的不支持，而是由于行业周期性变化，或是厂房搬迁、设备更新等客观因素或突发事件造成的短期业绩下滑时，才能确保短期基本面的弱势只是一次性或短期的下滑，才符合要求。在较多的目标股中，这类股票则为优选对象。

如图4-14所示，珠江啤酒（002461）在年度财务概况中，多年来，公司净利润一直表现为持续稳定增长，为长期基本面强，但在图4-15的单一季度概况中，明显看出，2020年第一季度的业绩要大幅弱上年度的第四季度，且低于上年第一季度的同期收入，这时即应观察公司2020年的一季报内容，发现报告中明确指出净利润大幅下滑主要是受2020年春节前爆发的新冠疫情，属于不可抗力因素造成的，由此可以确认，公司短期业绩下滑并不是盈利能力的下降所致，属于长期基本面强、短期基本面弱的优选股票。

珠江啤酒 002461

图4-14 珠江啤酒-个股资料-财务概况（年度）

珠江啤酒 002461

图4-15 珠江啤酒-个股资料-财务概况（单季度）

实战指南：

（1）长期基本面良好的上市公司，大多数为蓝筹股或绩优股，或是白马股，所以蓝筹股、白马股、绩优股，基本上是判断一只股票是否为长期基本面强的标准。

（2）判断短期基本面弱时，首先应观察季度或半年度的财务情况，只要低于之前的水平，或是出现短期亏损时，必须对造成短期业绩下滑或亏损的原因进行分析，只要不是因为公司生产经营能力的大幅削弱造成的，即为选股对象。

（3）长期基本面强、短期基本面弱的股票，是通过年度财务概况和短期财务概况综合分析基本面的一种方法，因为白马股或绩优股，只有在不是因为本身的经营所造成的盈利能力大幅下降的情况下出现变坏时，方可确认为短时的业绩波段，而业绩在长期强势确定性下短期可控性的弱势状态下时，股价更容易出现较大的波动性，为价值投资的最佳介入时机，此类股票的操作可以超越钓鱼战法，即只要技术面出现转强时，不管是否形成向上钓鱼形态，均是买入的最佳时机。

4.4.4 选股后留意解禁预告

在根据选股标准进行完技术面和基本面的选股后，还要观察这只股票的近期公告提示，因为在近期公告提示中有一类公告的出现，或许会影响其后发动上涨时的涨幅，那就是解禁公告，因为股价经过弱势震荡后，主力虽然已经建完仓或也已经完成洗盘，但其后是否能如期向上拉升，解禁公告会影响主力的强势拉升，再强的主力，在面对即将到来的解禁股出现时，即便拉升也会受其影响，因为一拉升即会迎来这些解禁低价股的大举抛售，就会影响市场资金对股票的态度，严重时会造成原本极好的上涨走势，开始不久即出现"夭折"。

因此，必须留意近期是否会有解禁股解禁，因为若是解禁股为机构增发获得的，则这些参与增发的主力机构会在解禁前营造慢慢拉升的氛围，解禁期一到，即通过短期快速拉升，然后逢高出货。所以，解禁公告的出现，不仅影响股价是否会涨，还会影响涨幅，选股后一定要留意观察。

观察近期解禁公告的要求：

一是解禁公告必须在选股完成后的最近1个月内，是否有解禁股出现解禁，因为时间过远是不会影响当前的股价运行的；二是对解禁公告中的解禁对象进行分析，若是股权激励的解禁股时为小非，一般对股价的影响有限，但主力多数不会选择在这一时期为他人抬轿，若是机构增发股解禁时，则要观察这家参与增发的机构所持有的公司股份数量，以确认该主力的实力大小；公司大股东的解禁股为大非，因为数量相对较大且集中，会影响其后股价的拉升。

如图4-16所示的三维工程（002469），在2021年4月左右选股期间，发现这只股票符合技术面与基本面的要求时，却提示公司在2021年6月23日存在之前定向增发机构配售股份的4 356.43万股的解禁提示，就要时刻留意这一解禁时间到来前后股价的动向，因为机构解禁属于主力解禁，解禁期一到，多数会面临机构的抛售，股价也经常会在解禁前后出现一波快速上涨，一定要根据技术走势抓住这一时机。

图4-16 三维工程-个股资料-最新动态

实战指南：

（1）解禁公告，在同花顺软件中，会显示在单击"个股资料"后的"最新动态"中的近期简报中的"最新解禁"栏，如存在近期解禁的情况就会显示，无则不会显示。若想全面了解，可单击"股本结构"中的"解禁时间表"，各项解禁的时间和数量会详细显示。

（2）观察解禁公告时，一般1个月以内的解禁公告，可能会对选股后的目标股有影响，因为时间过长时，短期根本不存在解禁股可能上市抛售的压力。

（3）如果对解禁股对股价的影响了解得不够深刻时，可再进行详细了解，选择可操作性的目标股时，尽量回避那些近期存在解禁压力的股票来操作即可。

4.4.5 选股期间始终保持空仓

在选股期间，投资者应始终保持空仓状态，因为如果你在此期间操作了其他股票，那么此时的选股就失去了意义，因为在选股后对目标股的判断和分析中，虽然无法确认股价转强的具体时间，但可能是选好股后几日即出现了向上钓鱼形态，或是一两个月才出现，但是若时间短，再强势的向上钓鱼形态出现，你都没有资金买入，所以必须保持空仓。

钓鱼战法期间的空仓期：

在根据钓鱼战法实战期间，对仓位的要求是：除非是操作期间持股，绝大部分的时间内都必须保持空仓状态，尤其是选股期间，仓位必须是空的。即未持有任何股票，哪怕是其间有短线强势股时也不应参与，因为你在选股，而钓鱼战法又是中小波段操作，没有充足的资金，难以实现波段获利。所以，在选股期间，一定要克服内心的贪婪，抵挡住市场的诱惑，以确保能够空仓。

如图4-17所示，会稽山（601579）在A区域和B区域符合弱势选股要求期间，要始终保持空仓状态，因为一旦出现向上钓鱼形态的买股要求时，确保能够及时买入。

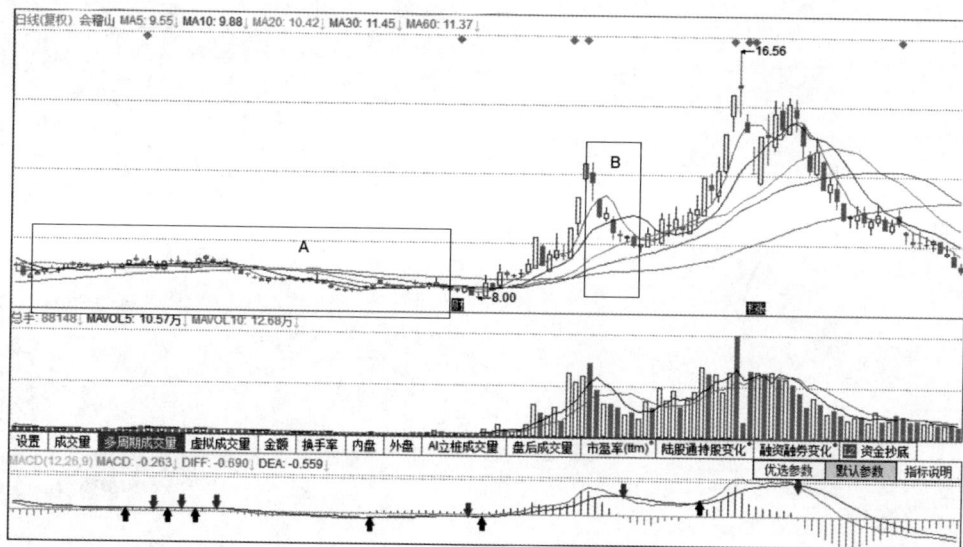

图4-17 会稽山-日线图

选股期间保持空仓的方法：

（1）选股期间，最好不要总是在交易时间内进行选股，因为在交易日内，无论大盘如何差，盘中总会存在强势股，选股难免会不时地去看一下行情，见到强势股时，就会受到其强势上涨的诱惑，容易引发短线操作的冲动和欲望。

（2）对于时间充裕的投资者，尽量选择在收盘后的时间来选股，而对于时间相对较少的投资者，可利用周六或周日的时间来选股，有意识地避开交易时间，就不容易被盘中的强势股所诱惑并做出冲动的交易，因为即便内心冲动，也是无法完成买入交易的，自然就保持空仓了。

（3）在选股阶段，要时刻从内心给自己一个指令暗示：我正在选股，一定要保持空仓。这样就会从思想上不断强化一个意识：在此期间的空仓，是为了选好股后的操作，能够获取更大的收益。

第 5 章

向上钓鱼形态: 主力向下试盘的
买股时机

向上钓鱼形态是重要的买股形态, 但一定要明白, 向上钓
鱼形态不只是一种形态, 不只是包括向上钓鱼线和K线的震荡
走强, 还包括向上钓鱼形态成立其间或其后, 对买股时机的判
断, 包括其他指标的攻击或助涨形态确认股价强势, 以及盘口
状态确认短期强势, 量价形态确认最终的买股时机等, 但同时
还要在买股前学会建仓、加仓和补仓的科学仓位管理方法, 为
日后获利打下牢固的基础。

5.1 买股要求

5.1.1 在选股基础上判断向上钓鱼形态

在实战买股时，一定要确保是在选股的基础上，通过对目标股的持续观察，来判断出是否形成强势的向上钓鱼形态，再来买股操作。因为选股环节是从向上钓鱼形态最容易出现前的股价形态出发，是股价最容易形成趋势转强的时期。

若是省掉这一环节，直接发现某一股票或别人推荐了某些股票后再来判断，不是不能够分析和判断，而是在短时间内极易出现丢三落四，难以确保钓鱼形态的强势。

判断向上钓鱼形态时的目标股要求：

判断向上钓鱼形态是买股的第一步，必须确保目标股是在选股后得到的，这一点不仅是技术面弱势的要求，同时还要符合基本面强势的要求，达到这两个要求的股票，才是符合判断向上钓鱼形态买股时机的目标股，再通过持续观察，直到出现向上钓鱼形态时再来操作。

如图5-1所示，浙江医药（600216）在B区域表现为技术面长期弱势震荡整理，图5-2又发现这是一只绩优股，这时方可继续观察和判断A区域出现的是否是向上钓鱼形态前的向上钓鱼线，以确认向上钓鱼形态。

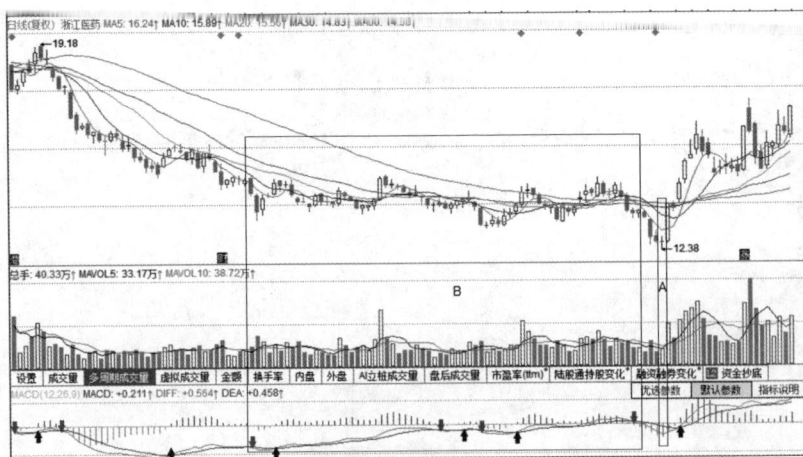

图5-1　浙江医药-日线图

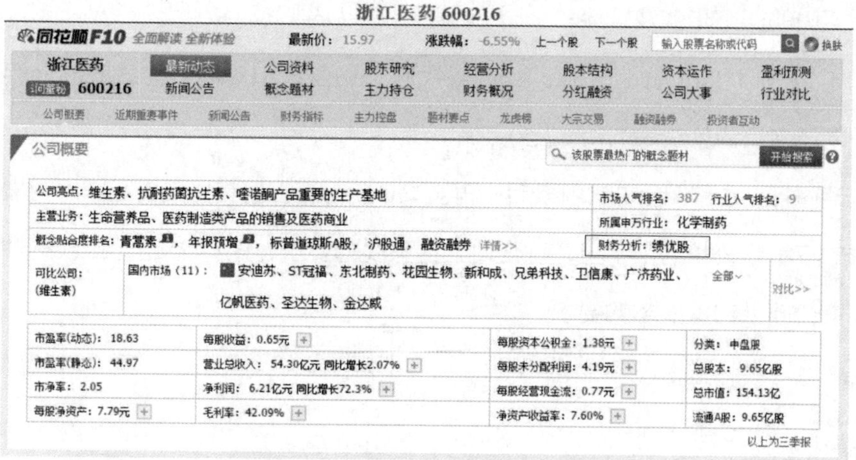

图5-2　浙江医药-个股资料-财务概况

实战指南：

（1）买股前判断钓鱼形态时，很多投资者都喜欢在股价弱势时出现一根长下影线K线来确认，只要其后强势，即可波段买入，其实这种做法过于强调技术分析的股价外在表现，而忽略对股票质地好坏的基本面分析，是不全面的，也是片面的认识。

（2）在钓鱼战法实战期间，基本面+技术面的选股，是买股前必要的准备，准备越充足，却容易看清目标股的强势，无论其后是否会按照钓鱼形态操作，只要转强特征明显，都是波段操作的良好时机，所以，一定要养成选股后再判断买股时机的习惯。

5.1.2　符合买股的四个步骤

在买股实战期间，一定要按照买股时的四个步骤来逐一进行观察和判断，因为买股的这四个步骤是根据钓鱼形态是否形成和是否出现的向上钓鱼形态为股价强势上攻的形态，以及量价是否满足弱势转强的特征总结而成的，必须严格按照四个步骤的顺序进行判断，否则一旦打乱了这一顺序，则很容易造成日后判断时出现捡了西瓜丢了芝麻的情况。

买股的四个步骤及顺序：

（1）判断向上钓鱼形态，包括寻找向上钓鱼线和对向上钓鱼线的分析与判断，以及向上钓鱼线后的K线强势判断。

通过图5-1和图5-2的观察后，再观察图5-3浙江医药中的A区域为明显符合要求的下影线较长的十字星，符合向上钓鱼线的要求，B区域又出现K线的持续弱势，符合向上钓鱼形态的要求。

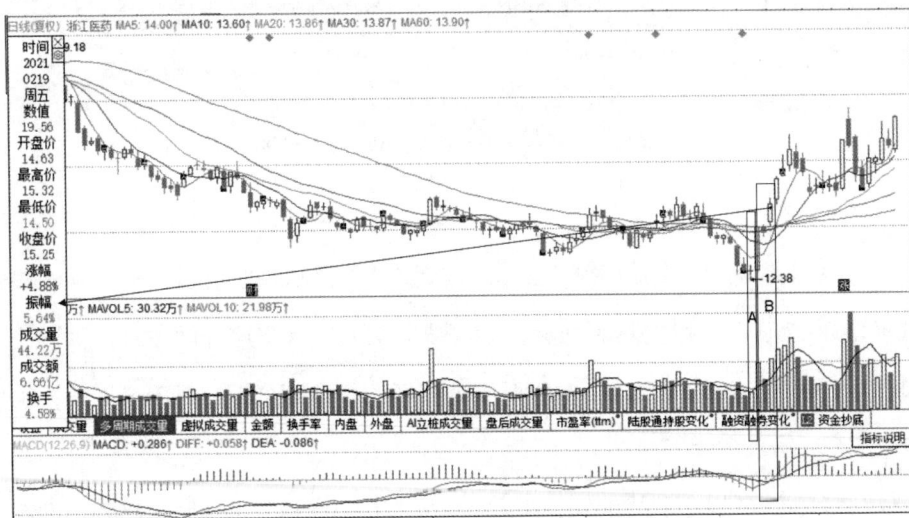

图5-3　浙江医药-日线图

（2）其他指标的辅助判断，主要是通过其他指标在向上钓鱼形态期间的强势攻击或助涨形态来确认向上钓鱼形态与其他技术指标的强势共振，以确认向上钓鱼形态的强势攻击有效。

如图5-3中的A区域、B区域形成向上钓鱼形态期间，MACD表现为0轴附近的金叉后双线向上发散，均线表现为MA5快速上穿多条均线的金叉后呈多头排列初期，符合其他指标的助涨确认。

（3）对盘口强势的分析，包括日换手率的变大及主力资金以净流入为主，因为当股价强势上涨时，由于主力在不断通过买卖股票推升股价上涨，换手率自然会表现为稳步变大，而主力资金自然以净流入为主。

如图5-3中B区域右侧阳线当日，换手率为4.58%，阳量放大明显，主力净流入明显。

（4）当目标在完全满足前面三个步骤的要求时，就要观察量价的表现，因为只有在向上钓鱼形态期间，股价表现为强势上涨的同时，成交量也表现为量价齐升的明显状态时，方可证明买入资金较多，以确保买入后股价依然表现为强势，这时方可进行买股操作。

如图5-3中的B区域，在满足了前面三点要求后表现为两阳夹一阳的明显阳量持续放大，K线上涨，符合买股时的放量上涨特征，应果断买入股票。

实战指南：

（1）在买股时，不是单纯地形成向上钓鱼形态即可，而是必须满足向上钓鱼形态为强势的上攻形态时，方可买股，所以，必须通过其他指标的辅助确认、盘口强势特征的表现，以及量价齐升突变，确认后方可买股。

（2）钓鱼战法的买股时机，虽然向上钓鱼形态是最为关键的，但投资者在学习时一定要明白，它不只是一种技术形态，而是包括多个强势特征，这才是完整的向上钓鱼形态。所以学习阶段，投资者一定要明白这一点，学会向上钓鱼形态所包含的这四个判断行情的步骤，明白完整的向上钓鱼形态。

5.2　买股步骤一：确认向上钓鱼形态

5.2.1　第1步：捕捉向上钓鱼线

捕捉向上钓鱼线，是判断向上钓鱼形态时最为关键的一环，因为向上钓鱼线就像是钓鱼时的鱼漂和钓鱼线在水面的变化，只有鱼漂在向水面下吃水较深时，才说明有鱼咬钩了，随着垂钓者不断向上拉拽，上钩的鱼向下用力，鱼漂不断向上跳动，最后才能跳出水面，垂钓者才能将上钩的鱼拉出水面，鱼出水面的那一刻，就是买股的时机，向上钓鱼线成为判断鱼是否咬钩的关键，即主力是否是在通过明里向下压制股价、实则不断在暗里买股票的征兆。

向上钓鱼线的判断：

向上钓鱼线就是钓鱼时鱼漂与没入水下的鱼线，在日线图上，主要表现在K线的形状上，K线表现为一根或多根下影线较长、上影线或无或较短小、实体较短的阴线或阳线，或是一根锤子线。在持续下跌的弱势时一经出现，只要进行确认即可断定为向上钓鱼线。

如图5-4所示为中钢国际（000928）在长期弱势震荡中的A区域，出现了一根下影线较长、上影线极短，实体部分较短的锤子线，为向上钓鱼线，这时就要进一步观察，来确认是否为向上钓鱼形态。

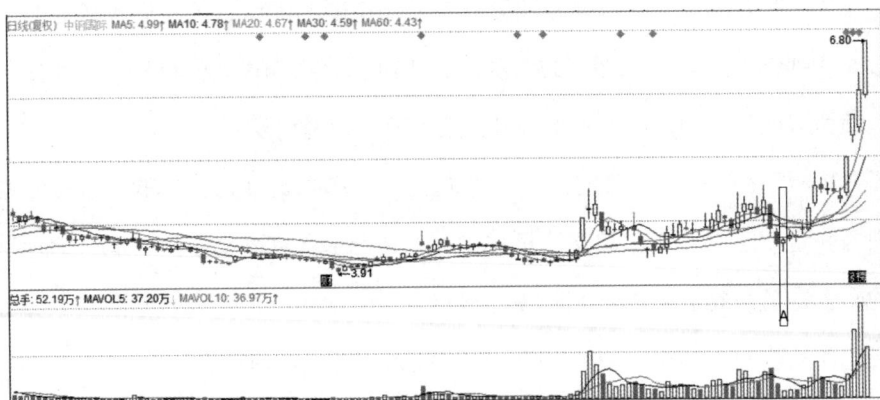

图5-4　中钢国际-日线图1

实战指南：

（1）向上钓鱼线是判断向上钓鱼形态是否成立的关键，在判断时必须在选股的基础上，对目标股进行持续观察才容易发现，因为选股要求是根据向上钓鱼形态出现前的股价趋势状态。

（2）向上钓鱼线是形成向上钓鱼形态的首要表现，实战中往往创出近期新低的向上钓鱼线，后市转强的概率会更高，但这并不是说，如果未出现向上钓鱼线，后市股价就不会转强，只是这种情况下就无法利用钓鱼形态来判断行情。

（3）判断向上钓鱼线只是确认向上钓鱼形态的第一步，必须通过其后对向上钓鱼线进行观察，以及进一步判断K线的强弱，才能最终确认向上钓鱼形态。

5.2.2　第2步：观察向上钓鱼线的长度

在明白向上钓鱼线的判断方法后，就是观察向上钓鱼线的长度，这一点在垂钓时属于对鱼漂的观察确认鱼线向水下吃水的情况，但在炒股时，只要观察向上钓鱼线的长度即可得出结果，因为越是向下深揽的向上钓鱼线，越能说明上钩的是大鱼。而作为股价的运行，主力启动一只股票前，越是看似短期向下快速压制股价，其后的涨幅则越是可期。因此，观察向上钓鱼线的长度，就成为判断股价其后是否强势的重要依据。

向上钓鱼线长度的具体要求：

向上钓鱼线的长度，主要是K线下影线的长度，原则上是下影线越长越理想，但至少下影线的长度要在实体部分的两倍以上时方可。

在图5-4中A区域出现向上钓鱼线后，就要观察这一向上钓鱼线的长度，如略放大后的图5-5中的A区域，仔细观察会发现，这根K线的下影线看似并不十分长，但达到实体的两倍长度要求，且上影线与实体部分均较短，所以符合向上钓鱼形态中向上钓鱼线的长度要求，这时即可再进一步观察其后的K线强势与否来确认向上钓鱼形态。

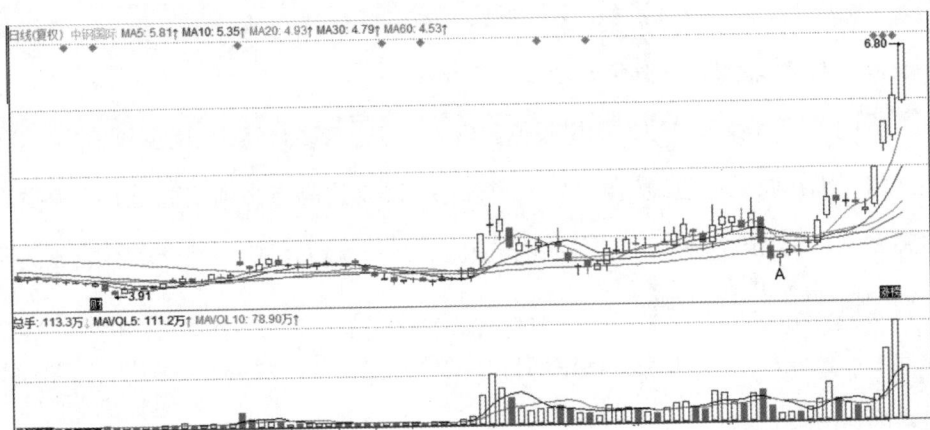

图5-5　中钢国际-日线图2

实战指南：

（1）在观察向上钓鱼线的长度时，原则上是K线的下影线越长越理想，但如果实体较长时则应引起注意，尤其是阴线时，所以，必须确保下影线长度保持在至少实体部分的两倍以上时方可确认，因为若是阴线实体过长，如果阴量也过大，则很难确保其后股价的快速回升，即钓鱼时若是上钩的鱼向下拉拽过大，则有可能出现脱钩的情况。

（2）在观察向上钓鱼线的长度时，如果这一根K线为锤子线时则相对理想，但若是多根下影线较长的K线时，也不能即刻确认为向上的钓鱼形态，这和垂钓时是一个道理，无论鱼漂如何跳动，证明鱼已上钩，只要不随着垂钓者向上拉拽，上钩的鱼被拖拽到水面，都无法证明已真正钓到了鱼，即主力已发动上涨。因此，向上钓鱼线成立后的K线强势是确认向上钓鱼形态成立的最后一环。

5.2.3　第3步：判断向上钓鱼线后的K线强势

在有效识别出向上钓鱼线后，接下来就是对向上钓鱼形态的最后确认，就像垂钓时一样，即便是你确认了鱼已经咬钩，还必须通过向水面不断拖拽，真正看到了上钩的鱼，才能确认，因为上钩的鱼不浮出水面，就意味着存在脱钩的可能，也就是主力在向下试盘后发现压力较大，股价依然会重回弱势震荡整理，这时就不能买入，因为买入后股价不会即刻启动。

向上钓鱼线后的K线强势要求：

当向上钓鱼线形成后，如果股价表现为强势，K线必然会出现明显的快速向上运行，即在向上钓鱼线出现的下一个交易日，K线高点必须超过向上钓鱼线的最高点，而收盘越是在向上钓鱼线时的高点之上，越为可信。但一定不能忽视另一种超强特征，即当日股价以快速涨停出现。并且，由于是弱势转强，因此，只要向上钓鱼线后的单根K线非涨停阳线，最好有至少2~3根K线表现为上涨阳线时，再确认向上钓鱼形态的成立。

如通过图5-4和图5-5确认了A区域向上钓鱼线后，即应观察向上钓鱼线出现后的K线强弱程度，如图5-6所示，A区域为符合要求的向上钓鱼线，其后B区域持续的4个交易日中，第二个交易日中的K线高收于A区域的K线高点，其后略震荡后，持续表现为阳线，且最右侧为一根明显的上涨阳线，所以，可确认A区域和B区域为向上钓鱼形态。这时就要及时通过其他指标的助涨确认、盘口信息、量价买点等要求来确认是否买入股票。

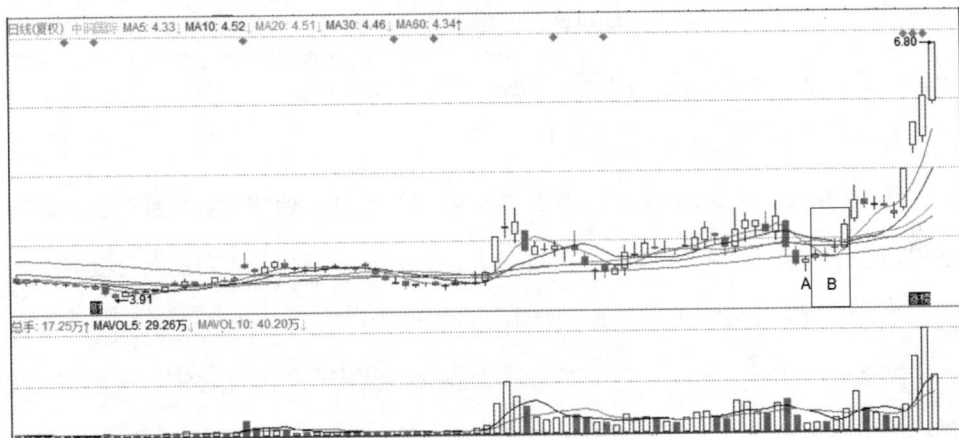

图5-6 中钢国际-日线图3

实战指南：

（1）向上钓鱼线后的K线强势判断，是确认向上钓鱼形态成立的最后一步，这一点与其他K线组合抄底时有所不同，实战时一定不要忽略，不要只看到一根甚至是多根具有长下影线的向上钓鱼线，即确认为向上钓鱼形态，因为股价在快速下杀后，不走出这个底，你永远不能确认它是不是黄金坑，有可能是陷阱。

（2）在判断向上钓鱼线形成后的强势时，除了涨停阳线出现为超强特征外，光头阳线同样是较强的特征，但判断时一定要结合成交量来确认。否则，就应至少在向上钓鱼线后有2～3根上涨阳线时，方可确认为向上钓鱼形态。

（3）确认向上钓鱼形态形成后，还不能即刻买股，必须得到其他指标的助涨确认，同时盘口信息符合要求，量价达到买点要求时，才能买入股票。这一点一定要谨记，所以，买股时千万不可过于急躁。

5.3 买股步骤二：其他指标的强势判断

5.3.1 其他技术指标攻击形态的确认

当目标股形成向上钓鱼形态后，接下来就是对股价强势特征的确认，确认的第一步就是其他指标的强势判断，因此，只有通过不同的指标也同时表现为强势特征时，才能说明向上钓鱼形态具备强势基因，因为无论强势还是弱势，至少两个指标的共振，才更能确认向上钓鱼形态的强势攻击。

其他技术指标的攻击形态：

（1）BOLL开口形喇叭口。开口形喇叭口是股价在短期大幅上涨时最明显的强势攻击形态，是指布林线波带在较窄状态下运行期间，上轨突然大角度极度向上扩张、下轨大角度极度向下扩张、中轨平行略上行时的形态。

如图5-7所示，浙商证券（601878）布林线波带在极窄状态下，突然在A区域出现上轨大角度向上行、下轨大角度下行、中轨上行的向外扩张，为开口形喇叭口，且其间向上钓鱼形态明显，符合BOLL攻击形态的助涨，同时放量上涨明显，主力资金流入明显，果断买入股票。

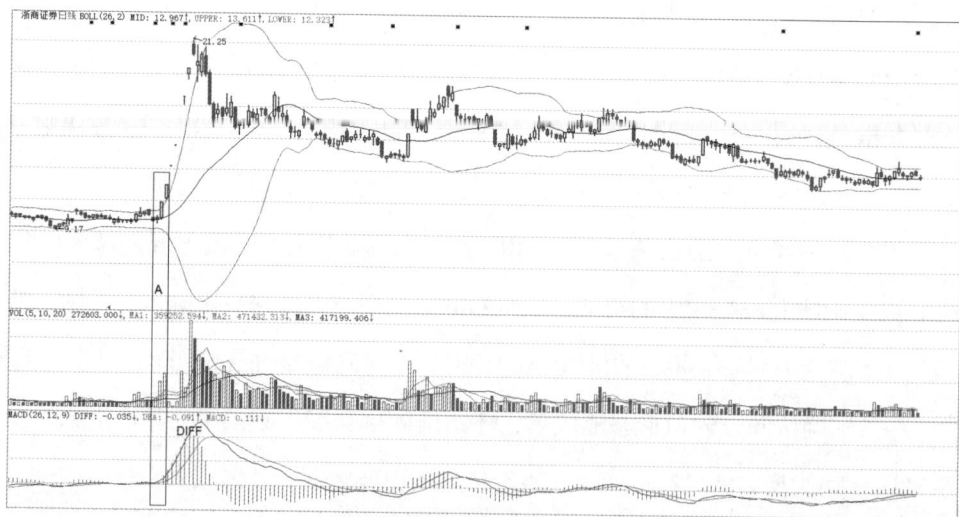

图5-7 浙商证券-日线图（大智慧）

（2）DIFF线突然向上翘起。这种形态是股价快速上涨时的MACD指标强势上攻的一种攻击形态，是MACD双线在相距较近水平小幅震荡期间，DIFF线突然向上翘起，快速上行，与下方DEA线的间距快速拉大的形态。要求DEA线呈略上行，或至少为平行状态。

如图5-8所示，A区域形成向上钓鱼形态期间，MACD出现双线黏合状态下的DIFF线突然向上翘起，为MACD攻击形态的助涨，量价齐升明显，主力净流入为主，应果断买入股票。

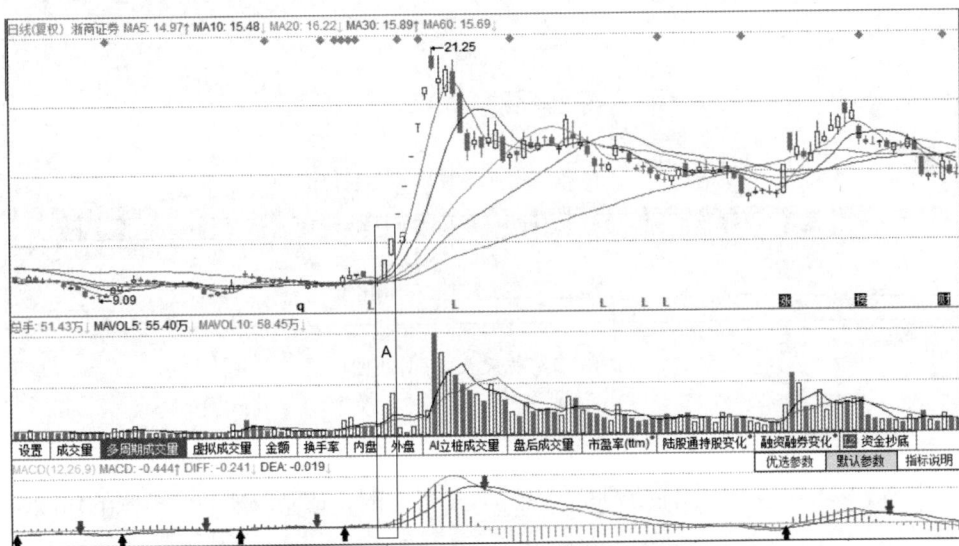

图5-8　浙商证券-日线图（同花顺）

（3）均线多头排列初期。包括两种形态：一是各均线在缠绕状态时转变为向上发散初期，MA5明显向上翘起，引领其他均线向上的形态；二是各均线在相距较近的状态下，当MA5震荡到各均线下方后，突然出现向上与多条均线金叉，跑到均线最上方，呈明显上行的多头发散形态。

如图5-8中A区域形成向上钓鱼形态期间，利用均线辅助判断时，明显为各均线缠绕状态下突然转为短期均线在长期均线上的发散上行，为均线多头排列初期形态，属于均线攻击形态的助涨，持续放量上涨明显，主力净流入明显；如图5-9所示，航天长峰（600855）中A区域形成向上钓鱼形态期间，表现为均线缠绕中MA5运行到各均线下方后，突然出现向上与多条均线金叉，跑到均线最上方后引领各均线形成向上发散的多头排列初期，持续放量上涨明显，主力净流入明显，也应果断买入股票。

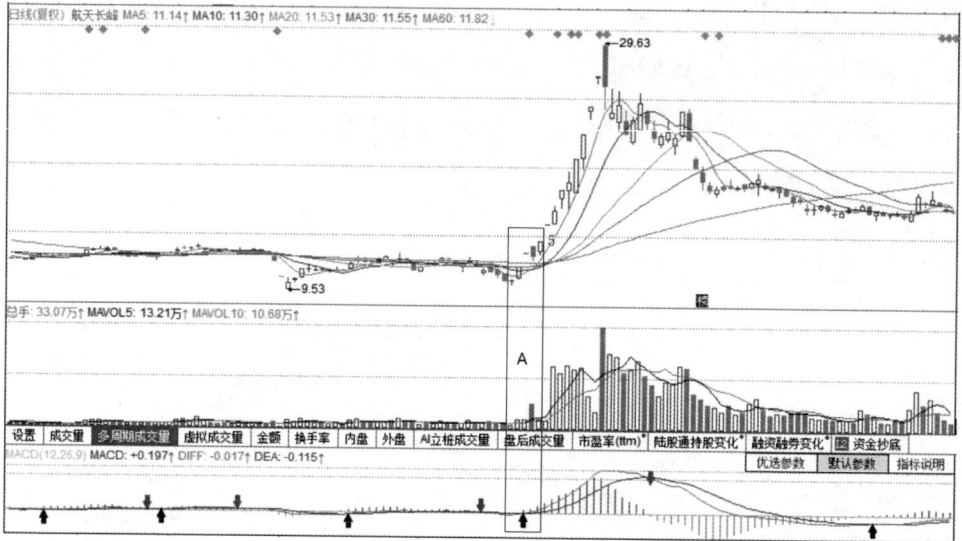

图5-9　航天长峰-日线图

实战指南：

（1）当利用BOLL辅助判断表现为攻击形态时，通常双轨向外扩张的角度越大时，则说明股价短期快速上涨的意愿越强烈，在此期间必须确保K线站在中轨之上，甚至是上轨之上。大多数情况下，股价会以涨停出现，所以属于最强势的攻击形态，即便是未形成向上钓鱼形态，只要盘口换手率变大、主力资金以净流入为主，量价齐升明显，配合分时图，可单独判断买股时机。

（2）在利用MACD辅助判断表现为攻击形态时，大多数时候以DIFF线突然向上翘起的形式出现，而出现DIFF线大角度金叉时，往往是长期弱势震荡期间股价呈现黄金坑时，此时即便未形成DIFF线大角度上行，只要低位金叉后双线向上发散明显，即可确认为攻击形态。

（3）在利用均线多头排列初期辅助判断为攻击形态时，无论是以哪种均线多头初期方式出现，都必须确保60日均线至少呈平行略上行状态，方可确认为攻击形态。

5.3.2　其他技术指标助涨形态的确认

在利用其他技术指标辅助确认向上钓鱼形态的强势时，如果短期行情未表现为强势攻击的火爆时，其他指标就会呈现一种助涨状态，这并不意味着其后的股价上涨就不明显了，只是说上涨的速度和短期强度不如攻击形态时强烈，所以，同样意味着持续上涨走势的开始，因此也是一种强势特征。

其他技术指标的助涨形态：

（1）MACD死叉不死。是指双线在0轴上运行期间，DIFF线突然转略下行，在即将与DEA线形成死叉前，未交叉即转为继续上行，所以是上涨趋势调整结束恢复上行的形态，为助涨表现。

如图5-10所示，妙可蓝多（600882）在A区域形成向上钓鱼形态期间，MACD双线在0轴上向上运行期间，当DIFF线向下运行时，在即将与DEA线形成死叉时未交叉即转为上行，为MACD死叉不死的助涨形态，同时持续量价齐升明显，主力以持续净流入为主，应买入股票。

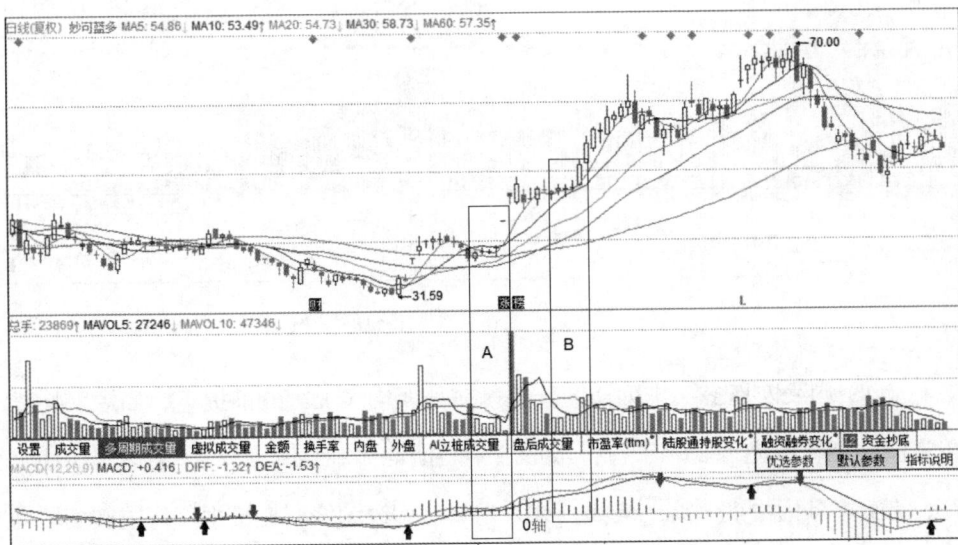

图5-10　妙可蓝多-日线图

（2）MACD多头上涨走势。是指双线处于0轴上方的明显向上运行状态，为MACD多头上涨的助涨形态。

如图5-10中B区域形成向上钓鱼形态期间，MACD表现为双线在0轴上的震荡上行，为多头助涨走势，同样持续量价齐升明显，主力以净流入为主，应买入股票。

（3）MACD双线在0轴附近金叉后双线向上发散。是指当上涨趋势调整行情出现后，一旦双线调整到0轴附近止跌回升时，强势时就会表现为MACD在0轴附近的金叉后，双线向上远离发散的状态。

如图5-11所示，宝信软件（600845）在上涨趋势调整行情结束时的A区域出现向上钓鱼形态期间，MACD表现为在0轴附近的金叉后双线向上发散的助涨形态，同时持续放量上涨明显，主力净流出明显，应买入股票。

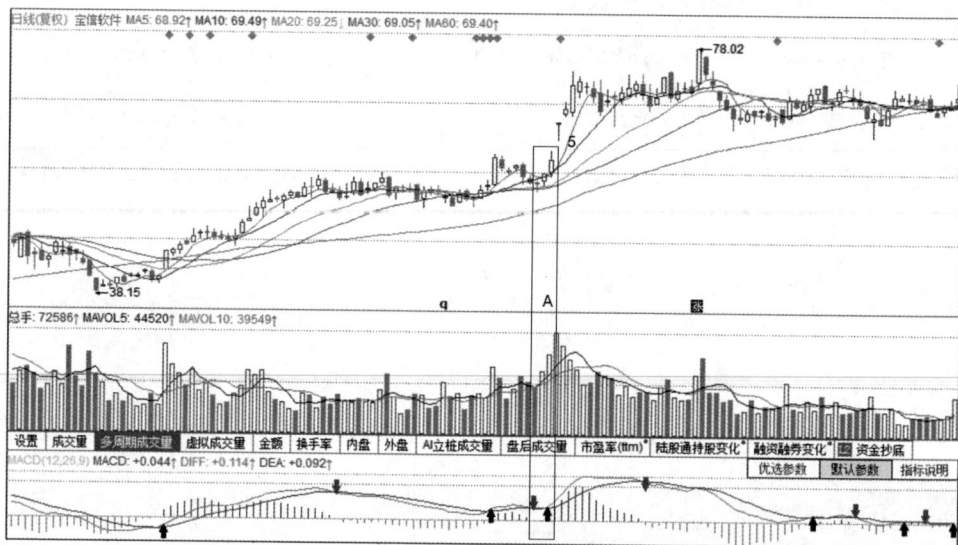

图5-11　宝信软件-日线图

（4）均线恢复多头排列初期。是指在长期均线上行的前提下，当短期均线或连同中期均线出现震荡下行，或形成中短期均线缠绕时，MA5突然转快速上行，上穿多条短中期缠绕的均线，或未与其他均线缠绕时直接由下行或震荡转为上行，恢复多头排列初期的形态。

如图5-11中A区域出现向上钓鱼形态期间，K线周围的均线只有MA5出现略下行转平行震荡，且快速转为上行到各均线之上的引领各均线发散上行的恢复多头排列初期，同时放量上涨明显，主力净流入为主，应买入股票。

实战指南：

（1）在利用其他技术指标辅助判断向上钓鱼形态的强势时，主要是MACD和均线所表现出的助涨形态，多数为上涨趋势短线调整行情结束时的辅助判断，所以在多数时候，均线或MACD均表现为恢复多头趋势的形态，即长期均线不改变上行状态下，短期均线由弱势转为上行的状态。

（2）在利用MACD辅助判断时，由于MACD具有短线反应迟缓的特征，所以多数时候会表现为MACD在0轴之上的DIFF线恢复上行状态，但若是短线调整时间略长，即双线向下调整到0轴附近止跌时，表现为金叉后双线向上发散。

（3）利用均线辅助判断时，MA60不能转为平行或向下，否则就说明趋势已经转为弱势，因此，通常幅度较大的调整时，短期均线和中期均线会形成缠绕，结束时表现为MA5上穿M10、M20或M30后明显向上发散，即MA5上行角度较大；但若是幅度较小的调整时，MA5只是表现为平行或下行，幅度较大时会涉及MA10的调整，但多数时候不会涉及MA30，甚至是MA60，因为一旦涉及这两条均线，说明上涨趋势存在反转的迹象，或是表明调整的时间与幅度均会变长或加大。

5.4　买股步骤三：盘口状态的强势判断

5.4.1　日换手率放大

日换手率，就是一只股票在一个交易日内，股票转手买卖的频率，是反映股票在一个交易日内强弱状态的重要指标。比如日换手率大时，说明当日的这只股票受市场资金关注度较高，股性活跃；若是日换手率小时，则说明当日的股票受市场资金的关注度低，股性不够活跃。因此，在向上钓鱼形态表现强势时，日换手率通常都会出现放大的迹象，说明这只股票受到市场较高的关注，处于强势状态。

买股时日换手率的要求：

由于换手率在计算时与股票的总股本相关，所以，一只股票的总股本数量与换手率的大小有着较强的相连关系，根据市场上股价强势时的换手率状态，总股本在10亿元左右的中盘股属于当前股市的中坚力量，也是操盘时主要的目标股，因此，以中盘股为准。当股价在弱势转强时，换手率在长期弱势转强时，一般会达到3%～7%的日换手率；当股价表现为上涨趋势调整行行情结束的强势时，日换手率则相对较高，会表现为5%～20%，甚至是略超过这一水平。

小盘股在强势初期，日换手率相对会更高一些，大盘股由于稳定性强，日换手率在强势初期反而表现不会过大，但必须表现为较之前明显的放大方可。

如图5-12所示，特变电工（600089）在A区域形成向上钓鱼形态期间，均线为恢复多头排列初期形态，右侧K线当日的换手率为3.89%，虽然盘口显示这是一只流通股为37.14亿股的大盘股，但符合日换手率放大要求，且主力持续净流入明显，持续放量上涨明显，应果断买入股票。

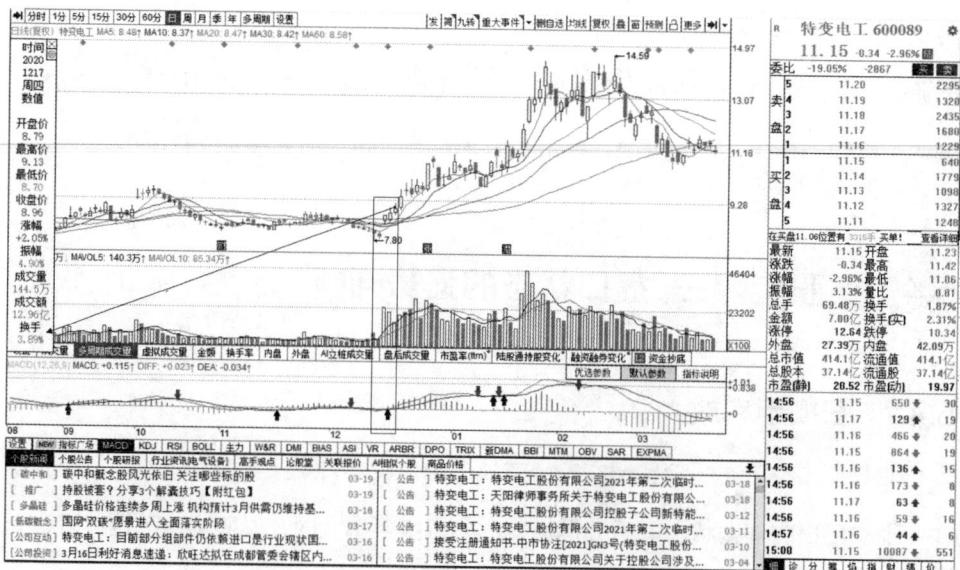

图5-12　特变电工-日线图

实战指南：

（1）在根据日换手率判断向上钓鱼形态期间的强势状态时，不可要求过于死板，因为股价转强初期，日换手率必然会出现较之前明显的放大，只要不是突然由1%达到20%的极速放大，均为健康状态。

（2）根据日换手率辅助判断时，由于长期弱势震荡走强时与上涨趋势调整行情结束走强时状态不一样，所以，在长期弱势震荡走强初期为启涨行情，日换手率一般不会出现激增时方为稳健，相对放大的程度较小；而上涨趋势调整行情结束后为恢复强势状态，原本市场关注高，所以，此时强势的日换手率反而会表现略大。

（3）利用日换手率判断行情时，不可孤立地只看换手率，而应结合当日主力净流入的资金大小，以及当日的成交量来综合确认强势是否健康。但对于次新股的判断，情况则差异较大，因为次新股流通股本极小，加上次新股受市场关注度高，所以次新股在常态下，日换手率往往会达到20%左右，强势时则更高，所以操作次新股时应格外注意。

5.4.2　主力资金净流入为主

主力资金净流入，是盘口主力资金动向的分析，炒股软件中均会自动统计出具体的数字，包括主力资金净流出的数据。但在钓鱼战法买股期间，即便在日换手率放大的情况下，必须主力资金是以净流入为主时，方为强势的特征。因此，主力资金净流入也是判断买股时机的重要盘口数据信息。

主力资金净流入的具体要求：

买股前的分析期间，由于不同情况的转强时状态有所差别，所以具体的主力资金净流入状态也会略有不同，长期弱势震荡走强时，主力净流入资金通常表现为突然增多的情况，仍然以中盘股为例，一般为数百万元至一千多万元；上涨调整行情结束转强时，一般主力资金净流入相对较多，表现为1 000万元至3 000万元，但不会过大。

小盘股由于流通股少，虽然股价不同，主力净流入资金一般也不会过多，与中盘股差不多；但对大盘股或中盘股中偏大的股票，主力资金净流入的数值会略大，保持在数千万元至1亿元。

如图5-13所示，双成药业（002693）在A区域形成向上钓鱼形态期间，均线多头排列初期明显，MACD双线突破0轴，符合助涨要求，且为只有4.03亿元流通股本的小盘股，当日换手率为3.5%，主力当日净流入达到1 642.3万元，符合主力净流入水平，同时持续放量上涨明显，应果断买入股票。

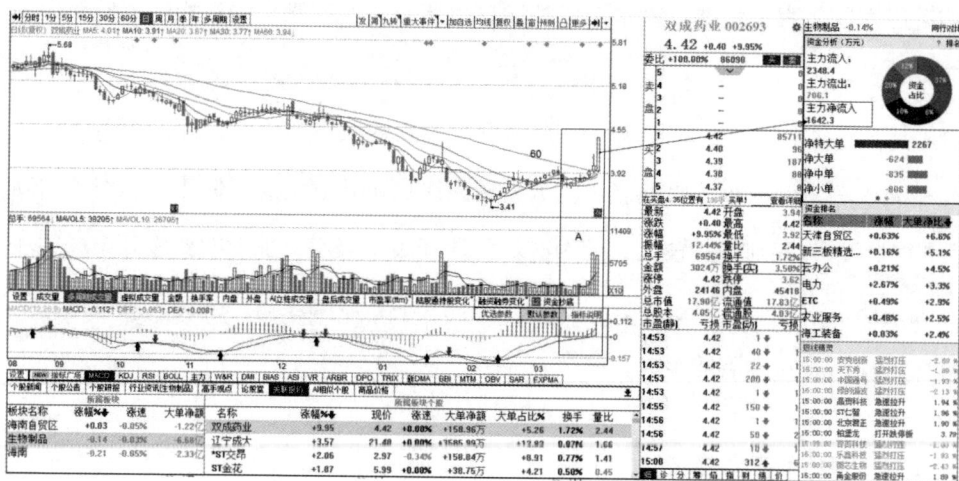

图5-13　双成药业-日线图

实战指南：

（1）根据主力资金净流入数量辅助判断强势向上钓鱼形态的股票时，主力资金净流入只是一个参考，因为股价高低不同，加上流通股本不同，且主力控盘时的程度不同，股价强势拉升时主力利用的资金量也会有所不同，加上主力要持续拉升一只股票时，所消耗的资金量较大。所以，净流入的资金量不是绝对的，主力可以通过高换手持续对倒向上推升股价，资金量可保持在适度数额内，以利于下一个交易日继续向上做强。因此，主力资金净流入状态才是判断的标准。

（2）关于主力资金的净流入与净流出量，在判断行情时也应以变化的眼光对待，因为当一只股票处于主力净流出状态时，若数额不大，如只有几百万元，但如果主力突然做多时，这种净流出状态就会快速缩小，最后演变为以净流入为主。

（3）在利用盘口主力净流入辅助判断向上钓鱼形态的强势特征时，不可孤立地看待，应结合日换手率，包括量的大小来确认是否为健康的强势。

5.5　买股步骤四：确认买股时机的量价买点

5.5.1　持续大量的放量上涨

持续大量的放量上涨，是大量状态的量价齐升形态，经常在股价底部启涨时出现，因为此时的股性不够活跃，股价突然由弱转强，多数情况下会以大量的方式实现以量破价，从而改变趋势，但如果只是单一的量柱放量，即便再大，后市若无以持续，必然导致回落，甚至再次变弱，所以，一旦在向上钓鱼形态出现后，只要表现为持续大量的放量上涨，就说明主力在持续推升股价，满足前面三个步骤的要求后，即可果断买入股票。

具体形态要求：

持续大量的放量上涨出现时，必须至少有两根阳线和两根阳量柱，阳线呈明显上涨状态，首根阳量柱较高，水平远远超过之前的量柱，或形成天量，而后一根阳量柱则表现为同样的放量，与前一根量柱水平相近或略低，但与之前的量柱比较依然为明显放量。

如图5-14所示，中牧股份（600195）A区域出现向上钓鱼形态期间，均线为恢复多头上涨初期的助涨形态，量价为持续大量状态的阳线上行，为持续大量的放量上涨，主力持续净流入明显，应果断买入股票。

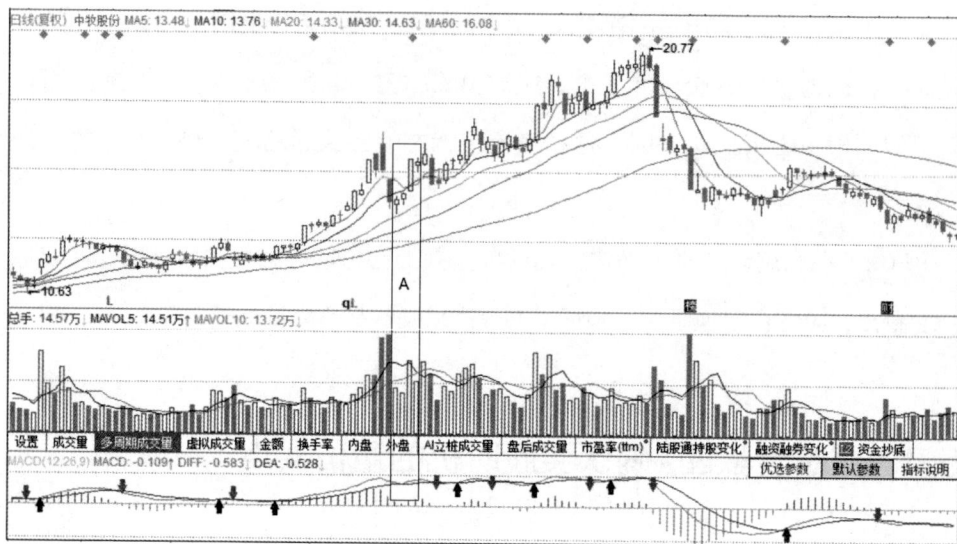

图5-14 中牧股份-日线图

实战指南：

（1）持续大量的放量上涨出现在向上钓鱼形态期间，甚至是出现在所有的长期弱势转强初期时，都是一种十分强势的量价买点，因为单根阳量的放大，即便是天量阳量，也并不一定意味着主力做多的强势，持续出现则可确认主力做多的持续性，所以是股价在长期弱势转强时一种经常见到的以量破价的强势特征。

（2）判断持续大量的放量上涨时，必须确保至少有两根阳线和阳量柱，阳线保持明显上涨，阳量柱持续表现为明显放量，首根阳量柱必须为明显放量，后一根阳量柱略高或略低均可，甚至看起来后一根阳量缩量明显，但只要与之前的低量水平比较放量明显即可。

5.5.2 明显持续放量上涨

明显持续放量上涨，同样是一种健康的量价齐升形态，只不过相较持续大量的放量状态而言，量柱放量的程度略小，但同样因为能够持续，所以也是向上钓鱼形态期间一种强势的量价买点，只要符合买股前三个步骤要求后，即可果断买入股票。

具体形态要求：

明显持续放量上涨出现时，必须至少有两根阳线和两根阳量柱，阳线呈明显上涨状态，首根阳量柱与之前的量柱水平比较，为明显放量，即量柱明显长，后一根阳量柱与前一根阳量柱保持相近水平，或是有两根以上阳量柱时，表现为阶梯式的持续量柱变长的放量。

如图5-15所示，大唐电信（600198）在A区域出现向上钓鱼形态期间，均线多头初期明显，K线在2区域和3区域持续跳空上涨时，成交量出现明显小幅上涨后的持续放量，为明显持续放量上涨，主力净流入特征明显，应果断在3区域涨停前买入股票。

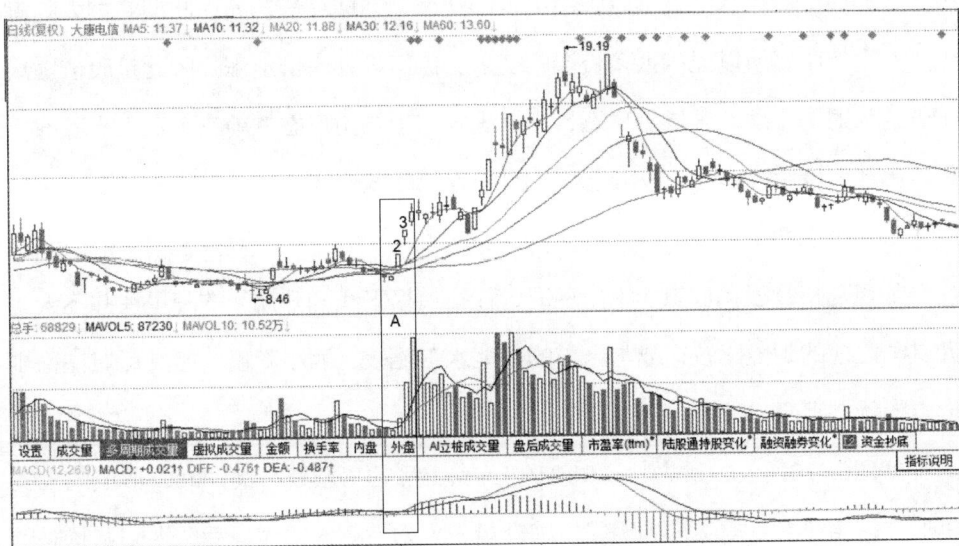

图5-15　大唐电信-日线图

实战指南：

（1）明显持续放量上涨是一种相对稳健的量价买点，因为趋势转强时需要量的放大，但过大说明跟风筹码过多，主力有可能见势不妙反手做空，继续震荡洗盘。而持续相对温和或明显的放量上涨，从另一个侧面说明，主力控盘的能力较强，所以是稳健的量价买点。

（2）明显放量上涨包括两种形态，常见的有两根阳线阳量柱的标准持续放量上涨，这时只要确认这两根量柱水平均明显高于之前的低量水平即可；若是阶梯式的温和放量时，则至少要有三根或以上的阳线与三根或以上的阳量柱，首根阳量柱或放大不太明显，但其后的量柱呈后一根高于前一根的状态，最后一根表现为明显放量即可。

5.5.3 缩量后持续温和放量上涨

缩量后持续温和放量上涨，是股价在上涨趋势调整行情结束时经常出现的一种量价强势特征，因为上涨趋势中的短线调整结束时，必然是盘中卖出的筹码变少了，而股价调整状态又难以吸引更多的买家，造成缩量，而在此期间主力的筹码又较为集中，所以无须太多资金的买入，即可推升股价上涨。因此是股价短线调整结束时的止跌回升量价形态，一旦满足向上钓鱼形态的前三个买股步骤时，只要出现缩量后持续温和放量上涨，即应买入股票。

具体形态要求：

缩量后持续温和放量上涨出现时，往往首根阳线回升期间的阳量柱并不大，尤其与之前的阴量比较，或与当前的量能水平比较，为小阳量，但其后量柱稳步放量的状态明显，股价上涨的力度更加明显。

如图5-16所示，伊力特（600197）在上涨趋势调整行情期间，形成向上钓鱼形态，均线恢复多头排列明显，成交量表现为持续大幅缩量后转为阳量状态的小幅温和放量，K线持续上涨，为缩量后持续温和放量上涨，主力持续净流入为主，应果断买入股票。

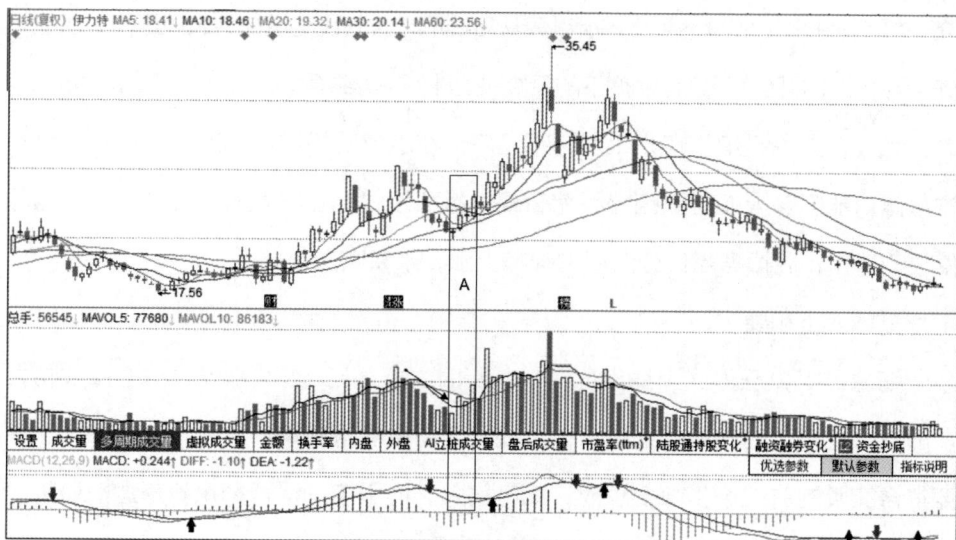

图5-16　伊力特-日线图

实战指南：

（1）缩量后持续温和放量上涨大多出现在上涨趋势调整行情结束时形成的向上钓鱼形态期间，尤其是首次上涨后出现的短期调整，可信度更高，但为了确保强势，必须通过向上钓鱼形态、其他指标恢复多头趋势的助涨，或BOLL攻击形态的要求时，盘口信息表现为强势时，方可买入。

（2）判断缩量后持续温和放量上涨的量价形态时，无论是首根阳量柱或是之前的阴量柱，必须表现为明显的大幅缩量状态，然而出现的阳量柱的持续幅度较小的放量即可，但若是放量明显时，允许后一根阳量柱与之前的放量柱保持在相近水平，甚至小幅缩量。

（3）若是在股价长期弱势震荡期间形成的向上钓鱼形态，出现低量水平的缩量后持续温和放量上涨时，必须确保这种温和放量上涨能够持续，否则就应缓一步再买入。

5.5.4　缩量或平量涨停式上涨

缩量或平量涨停式上涨，是股价由弱势转强时一种极强的量价形态，由于这种量价形态在日线图上放量不明显，所以只从日线形态看阳线与量柱的表现好像是量能不济，但事实上是因为涨跌停制度下的股价快速涨停，导致盘中难以买入成交的缩量。

因此，无论是缩量还是平量，都是股价在涨停前短期局部的集中放量，只不过整体量能不够大而已。因此，缩量或平量涨停式上涨出现时，类似于一种抢涨停板的操作，应根据当日分时图的强势上涨，果断买入股票。

具体形态和要求：

缩量或平量涨停式上涨出现时，判断时主要是通过K线涨停，成交量柱与之前的量柱比较，为阳量的缩量状态，或与之前量柱水平略小。在钓鱼战法中，只要符合买股的前三个步骤要求时，即可买入。但由于确认这种量价形态时股价已涨停，根本无法买入，因此，应提前确认买入时机，根据当日股价的高开状态或强势状态，在涨幅超过5％后依然为快速放量上涨时，即果断买入。

如图5-17所示，江泉实业（600212）在上涨趋势调整行情结束的A区域，形成了向上钓鱼形态，符合均线恢复多头趋势初期的助涨要求，且K线止跌回升时明显形成成交量缩减的K线涨停为缩量涨停式上涨，应果断根据A区域左侧当日对应的分时图上区间放量上涨的涨停波出现时，应果断买入。

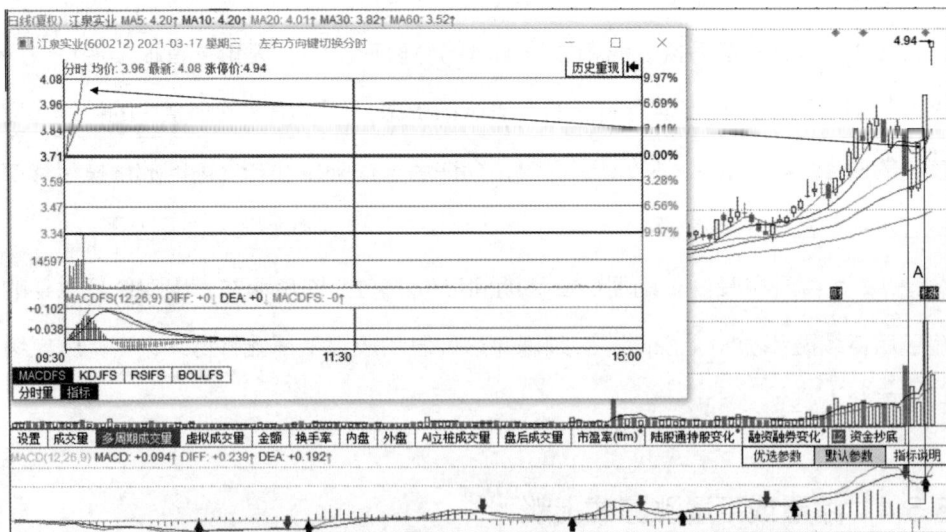

图5-17　江泉实业-日线图（叠加2021年3月17日分时图）

实战指南：

（1）缩量或平量涨停式上涨是日线图上一种股价短期最强势的量价形态，阳线K线在此期间往往都实体较短，这是当日股价高开造成的，收盘时K线均为光头阳线。

（2）在实战中，也经常出现缩量或平量涨停式上涨的极端表现，即成交量缩量或平量状态下，K线表现为一字涨停板或T形涨停板。只是对于投资者来说，一字涨停板时无法买入，而T形涨停板时，往往也只是股价盘中瞬间的开板封板，极难参与。

（3）一旦出现缩量或平量涨停式上涨时，在抢板买入时，可放低对盘口信息中主力净流入的要求，因为主力在操盘期间手法较多，或早盘故意以一定数量的资金卖出吓走跟风者，所以，在看似盘口为主力净流出数量不大的状态下，通常表现为数十万元甚至上百万元，但分时图上股价量价齐升明显，这并不表示主力在以卖出股票为主，而是为了在封板后，能够有充足的资金以涨停价吃掉那些短线持股不坚决的投资者手中的筹码。

5.6　买股时的仓位管理

5.6.1　建仓：初始买入须轻仓

根据钓鱼战法买股期间，一定要学习轻仓的管理方法，因为并不是每一次向上钓鱼形态形成后，股价都会即刻表现为极强状态，这时即可先轻仓买入，就像主力在以向上钓鱼线向上试盘一样，投资者的轻仓也是一种试盘行为，试探股价的强弱，一旦转明显走强时加仓，一旦走弱时果断止损出局。

轻仓的数量和轻仓的时机把握：

（1）轻仓的数量：一般为证券账户总资金的10%～20%。

（2）轻仓的时机把握：就是向上钓鱼形态形成后，股价走强的状态不够明显时，如放量略少，比如长期弱势震荡走强时，持续温和放量上涨的时间相对较长，甚至是出现小阴小阳线的小幅震荡，但趋势在缓慢转强，如均线多头或MACD突破0轴后小幅缓慢上行等，这时即可轻仓买入。

如图5-18所示，南山铝业（600219）在上涨趋势调整结束期间，A区域向上钓鱼形态形成期间，均线恢复多头趋势时略缓，MACD双线也是在0轴附近止跌出现缓慢地向上发散，但量价齐升状态明显，说明趋势在缓慢转强，买入时一定要将仓位控制在10%～20%的轻仓。

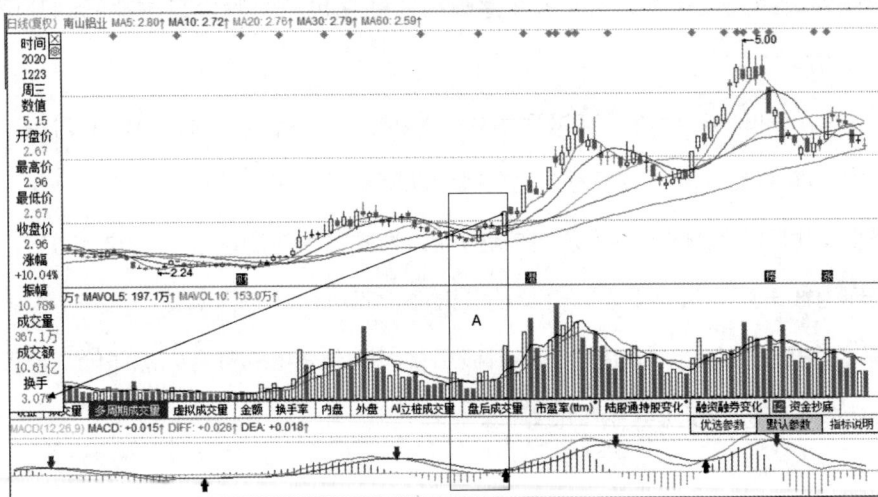

图5-18　南山铝业-日线图

实战指南：

（1）轻仓的资金比例，虽然投资者可根据自我的情况进行适度设定，但不可量过大，比如达到30%，因为操盘期间是不允许全仓的，重仓的标准不能超过总资金的2/3，而轻仓资金比例过高，对投资者心理的压力会大，容易引起错误操作，失去试盘的作用。

（2）轻仓的试盘，一是考量投资者对技术的把握，二是为了防止股价出现突然的加速上涨，因为长期弱势震荡走强时期的股票，也经常以试探回升后的缓慢上涨方式出现，来吓走那些持股不坚定者，一旦在震荡时看到向上压力不大时，即会发动加速上涨。所以轻仓是为了遇到这种情况时难以再参与进来。

（3）若是投资者观察到目标股的形态也有些勉强，甚至是辅助判断指标也未表现强势时，则一定不要去轻仓买入，这时的轻仓所包含的大多为赌博的成分。

5.6.2　加仓：突破时敢于重仓

加仓，在钓鱼战法买股后，同样是不容忽视的一种资金管理方式，因为钓鱼战法属于波段操作，而不是所有向上钓鱼形态后的强势股票，都会表现为极强状态，一旦股价在缓慢上涨中，突然表现为强势时，如突破关键位时，一定要敢于及时加仓，以加重投资，收获更多的利润。

加仓时机的判断：

（1）有效突破高点。主要表现为股价突破长期弱势震荡走强时的震荡高点，或是上涨调整结束后突破调整出现时的高点，突破这两个高点时，都会表现为量价齐升的强势，一旦突破就要敢于加仓买入，但最好不要超过持仓的2/3，因为2/3的资金量为重要标准。

如图5-19所示，鲁商发展（600223）在A区域形成向上钓鱼形态的买股时机时，因为转强缓慢，买入时应轻仓，到了B区域，K线强势突破前期C区域高点时量价齐升的涨停突破，可在当日快速封板前，或是次日开盘后依然保持强势时，及时加仓操作。

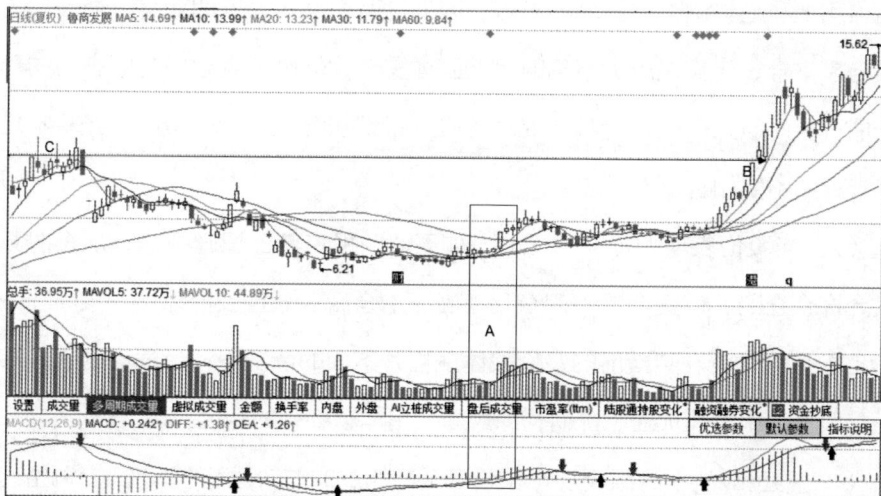

图5-19　鲁商发展-日线图

（2）强势加速上涨。主要表现在股价短时的明显强势，观察时以分时图为主，即股价在高开或平开的情况下，出现明显的区间放量上涨，一旦涨幅超过3%并依然为强势时，应果断加仓买入。

如图5-20即是图5-19中B区域当日的分时图，A区域股价表现为小幅高开后即出现大角度直线上行的涨停波，区间放量明显，强势加速上涨明显，应在涨幅超过3%并依然明显快速上行时，果断加仓买入。

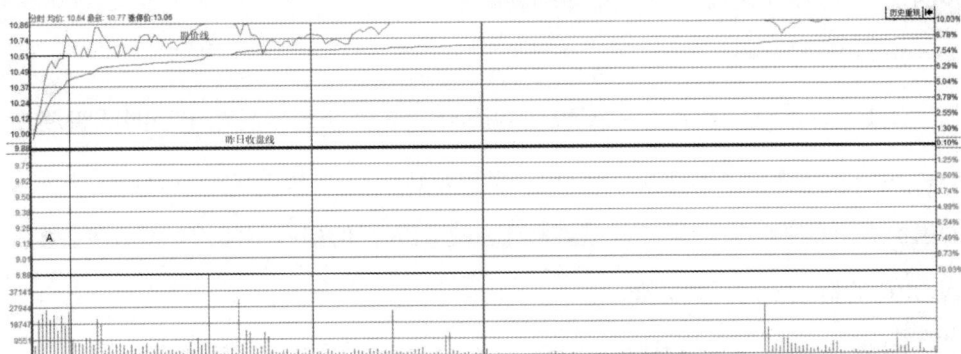

图5-20　鲁商发展-2020年7月3日分时图

实战指南：

（1）投资者在加仓时，一定要明白两种有效突破高点的情况：长期弱势震荡高点和上涨趋势调整前出现的高点。因为这两个高点为近期新高，突破后的股价强势最安全，而突破历史新高时虽然同样安全，但由于突破历史新高后的具体走势情况相对复杂一些，尤其是此时的股价累积涨幅已较大，所以，经验不足的投资者尽量不要加仓。

（2）当股价表现为加速上涨时，如果此时投资者已重仓操作，加仓时原则上是允许全仓的，但安全的短期获利是当日加仓后，一旦股价涨停，果断在涨停价卖出加仓的仓位。若当前的股价整体涨幅并不大的情况下，可适当延后，即其后一旦股价结束持续加速上涨时，即果断卖出加仓部分的仓位。

（3）钓鱼战法中的重仓规定在总资金量的2/3左右，投资者可适当调整这一比例，但不可过高。原则上是不允许首次强势买入时即全仓，即便是向上钓鱼形态的强势抢涨停板操作，只有在加仓时允许短时的全仓，因为此时是有低价的底仓做保障，不会形成亏损。

5.6.3　不补仓：跌破买入价后不补仓

补仓是许多投资者经常出现的一种操作，因为当买入一只股票后，股价跌破了买入股票的成本后，若是补仓，就会降低持股成本，一旦股价回升，很容易解套。所以，补仓的操作是解套时的一种操作方法。而在钓鱼战法中，由于操作的是上涨波段的获利，属于趋势交易下的右侧交易，所以不允许加仓，只允许在符合要求后的加仓操作。

补仓与加仓的区别及后果：

补仓是在股价低于买入成本价后，再买入一定数量的股票，以摊低持股成本的操作；而加仓则是在买入股票后，股价表现为加速上涨的强势特征时，再买入一定数量的股票，以增厚收益的方法。

因此，加仓与补仓虽然都是另行买入一定数量的股票，但补仓是在股票现价低于持股成本价后的买入操作，加仓则是在股票现价高于成本价的情况下，表现为加速上涨时买入操作，两者当时持股盈亏状况完全不同，因为补仓看起来是摊低了成本，实质上当前持股仍然是亏损状态，而加仓看似增高了持股成本，但实质上当前持股依然处于盈利状态。

加仓与补仓的结果也是完全不同的，因为补仓后成本加重，一旦股价再跌，必然加重亏损，而加仓的结果是股价快速上涨，必然增厚盈利，即便是股价其后转跌，也可果断卖出加仓股获取收益。

如图5-21所示，国电南自（600168）在A区域内最右侧阳线时根据向上钓鱼的买股要求买入股票后，其后B区域K线震荡走低时低于买入价时的买入行为，就是补仓，而若是在C区域股价跳空高开快速突破前期高点时的买入，则是加仓行为。可见，补仓时的买入时机是低于成本的下跌时，而加仓时的买入时机是高于成本加速上涨的强势明显时。

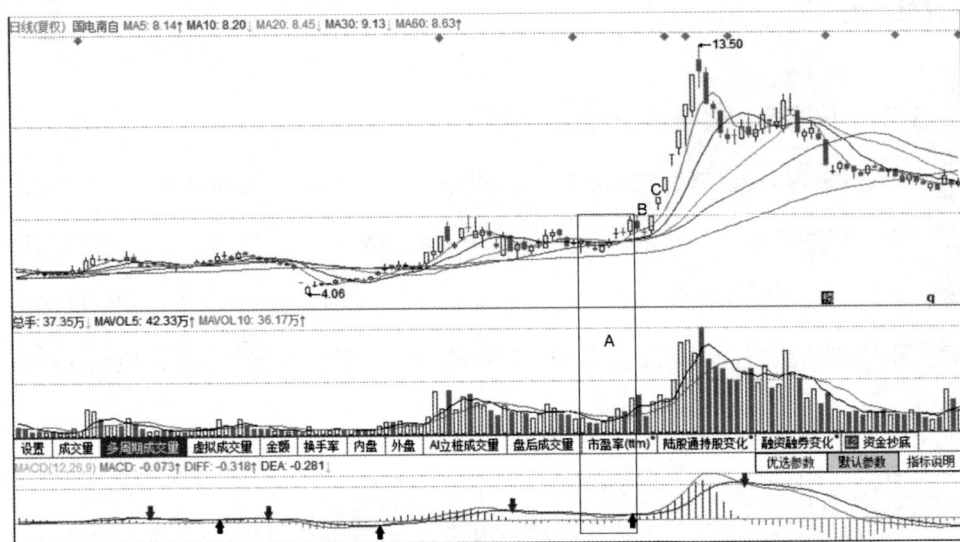

图5-21　国电南自-日线图

实战指南：

（1）加仓与补仓的共同点就是在持股期间，同样买入一定数量的相同股票，但出发点却完全不同，加仓的出发点是为了在几乎绝对安全的情况下，加重资金短时获得收益，而补仓的出发点却是为了摊低持股成本早日解套。

（2）在钓鱼战法实战期间，若是前期投资者买入时是轻仓操作，一旦出现股价跌破成本时，只要不跌破向上钓鱼线的低点，均可继续持股，但同样不允许补仓。

（3）补仓除了是一种解套时采用的方法，同时也是一种不好的操盘习惯，在钓鱼战法中一定要杜绝这一习惯，只要牢记及时止损的要求，哪怕判断趋势时操作失败，也不会出现补仓的情况，因为已经及时止损。

5.7　实战要点

5.7.1　向上钓鱼线出现不一定会形成向上钓鱼形态

　　投资者在买股期间判断向上钓鱼形态时，一定要明白一个道理，不是所有的向上钓鱼线出现后都会形成向上钓鱼形态，因为若是主力在以向上钓鱼线向下试盘时，如果向下的支撑不强，或者股价回升时的抛盘过重，其后很难出现强势特征，就无法形成趋势转强的向上钓鱼形态。

　　向上钓鱼线未形成向上钓鱼形态的具体情况：

　　当确认向上钓鱼线后，股价虽然出现走强，但强度较弱，虽然短时未跌破向上钓鱼线低点，但量价齐升不明显，或依然保持震荡期间的低量水平，即说明向上钓鱼形态未成立。但这并不一定就意味着失去了买入机会，因为股价若是表现为小幅震荡走强，一旦其后辅助判断指标形成攻击信号或上涨趋势的助涨信号，且满足盘口要求和量价买点要求时，同样可以买入股票，只不过是未形成强势的向上钓鱼形态。

　　如图5-22所示，恒瑞医药（600276）在A区域和B区域，如确认当前为上涨趋势调整行情，则均是先出现看似向上钓鱼线后，并未出现止跌回升，未形成向上钓鱼形态。造成的原因只要仔细观察不难发现，即便是以上涨趋势的调整行情来看，A区域MA5、MA10下行、MA20平行，B区域MA5、MA10、MA20下行，MA20与MA30形成死叉，也就是说，日线趋势已转为只有MA60上行的情况，即便是多头趋势不变，此次调整的时间也会较长或是幅度较大，为中期调整，而中期调整最易引发长期趋势的变化。

　　从上涨趋势调整行情的角度看，A区域形成向上钓鱼形态前，已是最高点回调后反复回升中第三个次高点形成持续走低时，趋势转下跌的征兆明显，只是考虑到恒瑞医药为医药龙头，才确认为中期调整的概率较大，但这并非可操作的理由。

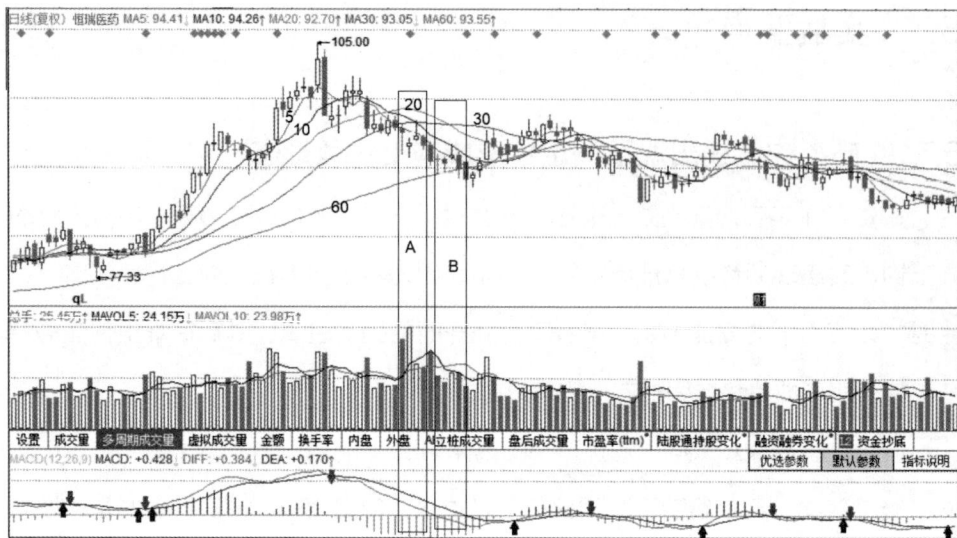

图5-22　恒瑞医药-日线图

实战指南：

（1）由于向上钓鱼线只是一根大幅下跌后快速回升的K线，或创出新低，或未创出新低，所以，实战期间不少喜欢抢反弹低点的投资者经常喜欢只根据向上钓鱼线来操作，但这种操作风险极高，初学钓鱼战法的朋友一定要杜绝这种行为。

（2）学习钓鱼战法期间一定要明白，向上钓鱼线只是向上钓鱼形态的一部分，而非全部，必须其后突破向上钓鱼线的K线高点后强势时，方可确认向上钓鱼形态，但未突破向上钓鱼线K线高点，往往意味着弱势，此时不可操作。

（3）若是向上钓鱼线后的K线突破向上钓鱼线的K线高点，但又震荡回落，且持续小幅震荡，即便其后跌破向上钓鱼线的低点，但回升时只要形成辅助判断指标的强势攻击形态或上涨趋势的助涨形态，盘口信息也符合要求，量价齐升明显，同样可以买入股票。这种情况经常出现在长期弱势震荡类股票转强时，若是在上涨趋势短期调整行情时，应谨慎操作，若是再跌破向上钓鱼线低点，则趋势转弱的概率会加大，即便不改变趋势，起码会加大调整的时间或幅度。

5.7.2　有效判断出向上钓鱼线后的主力洗盘状态

根据钓鱼战法买股实战期间，一定要学会判断出一种特殊的情况，就是向上钓鱼线后的主力洗盘，因为这种情况只是说明在向上钓鱼线后未即刻形成向上钓鱼形态，而是主力趁势再次进行洗盘，由于股价在发动上涨前，洗盘越充分，浮筹越少，越有利于后市的持续上涨，所以，这种情况也经常出现，只不过略延长了向上钓鱼形态形成的时间，属于略变形的向上钓鱼形态，其后只要符合其他指标的助涨要求、盘口要求和量价要求，均应买入股票。

识别向上钓鱼线后主力主力洗盘的表现及应对方法：

一旦钓鱼线形成后，不管是出现一根还是数根向上钓鱼线，一旦主力洗盘，股价会表现为持续在向上钓鱼线K线的高低点范围内小幅震荡，允许其间跌破向上钓鱼线的K线低点，但不可放量；或是在向上钓鱼线后，出现了阴线实体较长、放量不大的K线下行，然后才出现快速止跌回升，只要在回升时按照辅助指标的助涨判断要求、盘口要求、量价要求进行判断，符合要求后，即可买入股票。

如图5-23所示，南钢股份（600282）在A区域内左侧形成向上钓鱼线，出现了数根小阳、小阴线震荡，但均未跌破向上钓鱼线的低点，所以可以确认为主力洗盘；其后出现一根较长阳线的放量上涨后，再次小阴、小阳震荡，且远未跌破这一上涨阳线，只是围绕MA60在震荡，因此，同样可以确认是主力在洗盘，因此，A区域后的右侧阳线强势买股征兆明显时，应果断买入股票。

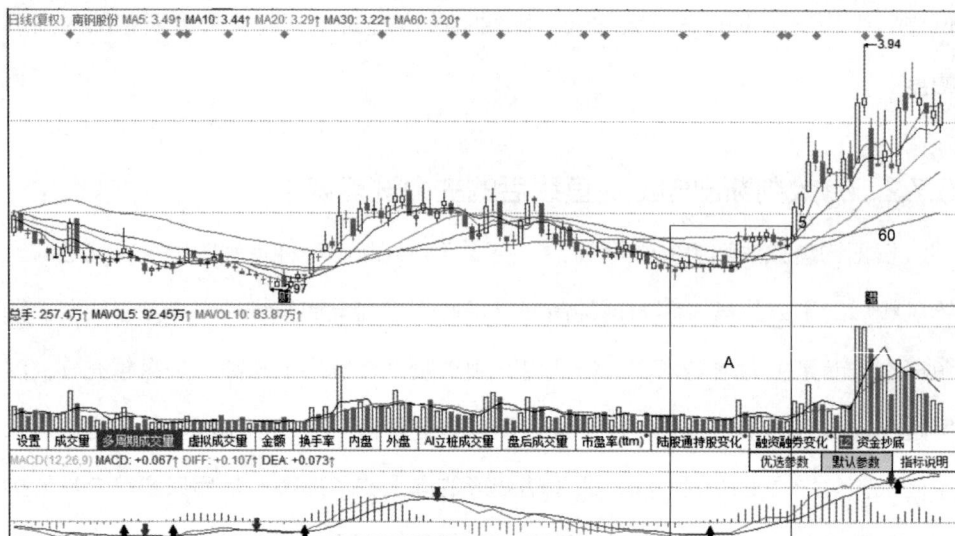

图5-23　南钢股份-日线图

实战指南：

（1）根据向上钓鱼形态判断股票时机时，向上钓鱼形态是主要的内容，而在向上钓鱼形态中，向上钓鱼线又是重中之重，但由于主力洗盘的方式不会千篇一律，否则很容易为散户识别，失去了洗盘的意义。因此，在向上钓鱼线出现后，主力也经常不会即刻发动上涨，而是通过继续洗盘，以让意志不坚定的投资者交出手中低廉的筹码。

（2）当向上钓鱼线形成后，一旦主力洗盘，主要表现为两种情况：一是快速洗盘，通常以一根或几根实体较长的阴线、量却小的方式出现；二是缓慢洗盘，以小阴小阳线的方式出现，只要未有效跌破向上钓鱼线的低点，即可确认是主力在洗盘。

（3）投资者一旦确认了向上钓鱼线后主力表现为继续洗盘时，并不意味着就可以买入股票，因为只有通过钓鱼战法中买股时机判断时的其他指标强势判断、盘口信息强势判断、量价强势判断后，才能构成买入时机。

5.7.3　留意多根向上钓鱼线出现的强势状态

根据钓鱼战法买股期间，判断向上钓鱼形态时，一定要留意一种特殊的情况，就是向上钓鱼线并非一根，而是多根，虽然出现这种情况并不多，但出现了也不要感到惊讶。因为习惯了通过一根向上钓鱼线来判断向上钓鱼形态后，突然出现多根时会很奇怪，但只要其后符合向上钓鱼形态的要求，以及买股步骤的其他要求时，就说明股价表现为强势，同样应买入股票。

多根向上钓鱼线的向上钓鱼形态：

多根向上钓鱼线出现时，一般表现为两根，极特殊情况下表现为三根，常态下这两根或三根向上钓鱼线出现时，均符合向上钓鱼线的要求，实体较短、下影线极长，但有时实体相对长，但只要其后表现为K线强势突破向上钓鱼线高点，即可确认为向上钓鱼形态，其后只要满足其他指标的强势确认、盘口强势特征、量价强势特征，即应买入股票。

如图5-24所示，上海家化（600315）在A区域形成向上钓鱼形态期间，反复出现多根下影线长、实体短的向上钓鱼线，其后B区域表现为量价齐升时，应买入。其后的C区域为一根平量的孕线，这时应持股，只要是股价未跌破B区域的长阳低点，仍然以持股为主。

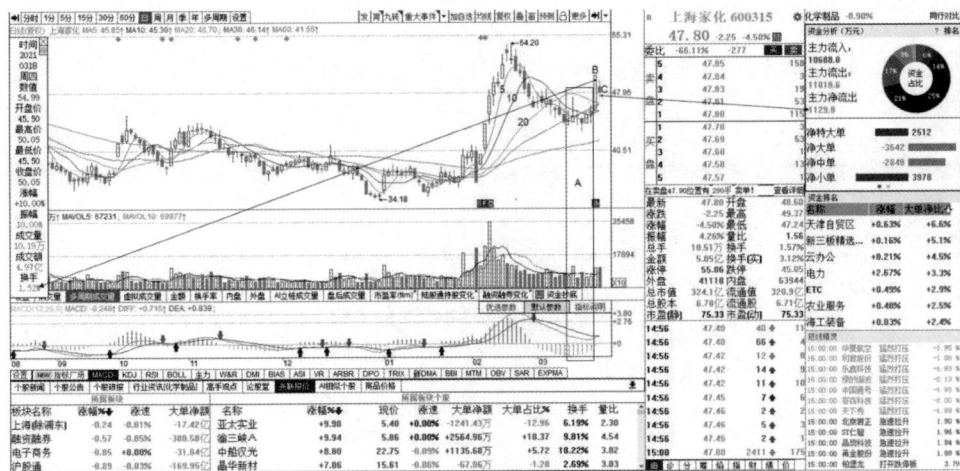

图5-24　上海家化-日线图

实战指南：

（1）多根向上钓鱼线的向上钓鱼形态，与单根钓鱼线的向上钓鱼形态一样，只不过是主力在向下试盘时，略感觉下方支撑好像不够强，上方散户抛压略重，才会反复快速探底试盘，但又不愿意继续向下，让投资者收集到过低的筹码，所以才会表现为多根向上钓鱼线。

（2）一旦出现多根向上钓鱼线时，只要严格按照向上钓鱼形态的判断，以及其他指标的强势确认、盘口强势要求和量价齐升要求一一确认，满足要求时即可放心买入股票，不符合时则要坚决放弃。

（3）当多根向上钓鱼线出现时，一定要注意多根向上钓鱼线，在K线形态上均表现为下影线较长，但实体有时相对较长或较短，均为符合要求的征兆。

第 6 章

持股判断: 捂住股才能赚到钱

在买入股票后, 不只是机械地持股就可以, 因为行情随时都在发生着既可预料又不可预见的变化, 所以, 只有通过观察, 确认所持股票保持较强或略强、甚至是健康的整理状态时, 方可持股不动, 否则即便你学习了在最低的启涨位置买入股票, 不会捂股, 也难以获得最大的预期收益。

6.1 持股原则

6.1.1 持续上涨时坚决持股

在根据钓鱼战法完成买股操作后，持股期间，一定把握三个原则，首要的是在股价持续上涨状态时坚决持股。这一点听起来简单，事实上在实战期间并不简单，因为持续上涨并不代表着时时上涨，除非是短线超强的股票，才会接连以涨停板上涨。而一旦出现短期波动，尤其是股价在大幅上涨后的持续上涨，必然会影响投资者的持股心理。所以，只有准确地判断出股价是持续上涨，方能安心持股。

判断持续上涨的标准：

即便是强势的持续上涨，只要是不发生短期涨停，总会在盘中出现一定的波动，所以，无论股价是以低开还是高开出现，只要收盘能够高收，且其间未形成明显放量下跌，日线图K线始终沿MA5附近保持K线不断抬高重心的状态，量价为齐升状态，或偶尔的缩量上涨，即为持续上涨。

如图6-1所示，西藏珠峰（600338）A区域向上钓鱼形态时买入股票，到C区域的B段走势中，量价齐升明显，K线始终保持在收盘于MA5之上的持续上行，为股价持续上涨状态，应始终保持持股。

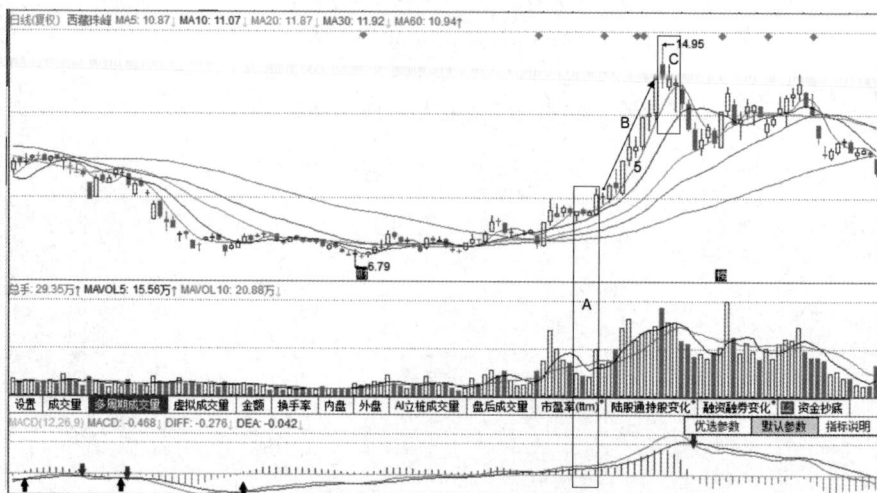

图6-1　西藏珠峰-日线图

实战指南：

（1）持续上涨是买入股票后一条重要的持股原则，但要想真正做到对这一原则的坚持，捂好股，就必须明白股价持续上涨时的表现，即判断持续上涨的标准。

（2）判断股价持续上涨状态时，主要是从股价是否保持日线图的上涨趋势为准，但对于波段操作者来说，虽然上涨趋势形成后是难以短期改变的，但当股价大幅上涨后出现的短线调整，成为趋势反转向下的概率会加大，所以，在操作时一定要引起注意。所有的较长趋势转变，在最初都是以短期趋势的强力破坏开始的。

（3）在判断股价是否保持持续上涨时，一旦短期上涨幅度较高，累积涨幅较大时，若量能放大到较高水平状态时，技术指标又运行到高位区，就要时刻提防是否出现向下钓鱼形态及卖股时机，持股时一定要谨慎。

6.1.2 震荡上涨时坚决持股

在根据向上钓鱼形态买入股票后，持股期间，除了要坚持持续上涨的持股原则，还要坚持续震荡上涨时坚定持股的原则，因为当股价表现为较缓慢的上涨时，同样是一种强势状态，持股依然能够获利，所以必须明显识别股价震荡上涨的方式和标准，才能判断出是否持股。

判断震荡上涨的标准：

股价震荡上涨时，K线表现为明显的锯齿式或台阶式上涨，这种上涨属于缓慢的上涨方式，观察时主要是通过两个方面：一是K线低点每次调整时均不会跌破上一次的低点，而高点却在不断刷新；二是量价为K线一上涨即放量、一下跌即明显缩量。

如图6-2所示，航天动力（600343）A区域在向上钓鱼形态时买入股票，在至E区域的B段持股期间，K线表现为小幅震荡上行，即每次震荡低点均高于上一次的低点，且对应C区域和D区域的量能明显缩量，为股价震荡上行状态，应保持持股。

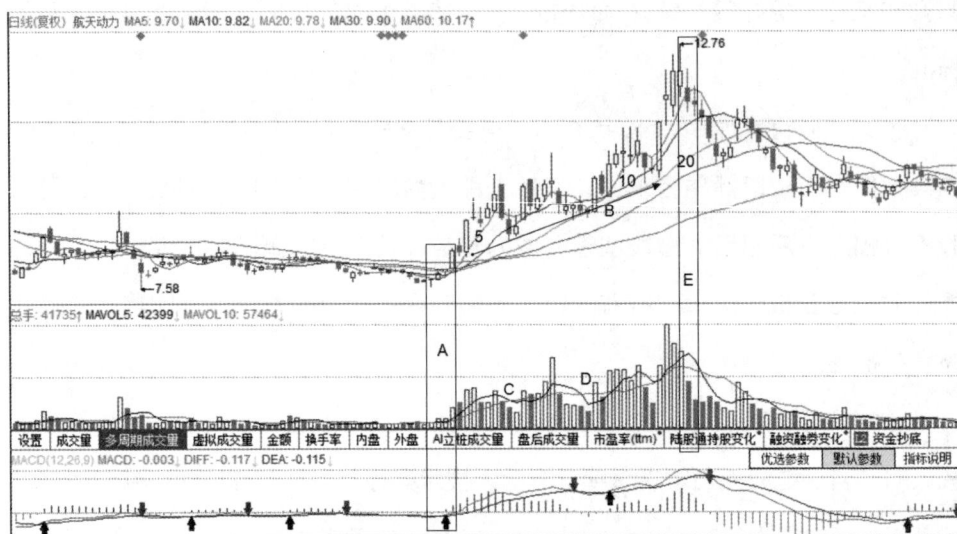

图6-2　航天动力-日线图

实战指南：

（1）震荡上涨是股价缓慢上涨的一种方式，在实战中经常出现，所以要想坚守这一持股原则，就要明白股价震荡上涨的判断标准，才能有效坚持这一持股原则。

（2）股价在震荡上涨期间，最明显的表现就是K线以低点不断抬高、高点不断刷新的方式出现，其次是当股价略震荡下行时，表现为明显缩量，一恢复上涨时，又表现为明显放量。

（3）在判断股价震荡上涨为健康的缓慢上涨的强势时，从均线也可以得到结果，因为股价在震荡上涨期间，不会影响长期均线的上行状态，只是短期均线出现短时下跌或趋缓，最多只会影响中期均线的方向震荡或下行，但前提是未形成大量状态的量价突变卖点或向下钓鱼形态的卖股征兆。

6.1.3　主力洗盘时坚决持股

在根据向上钓鱼形态买入股票后，持股期间，还要学会有效识别出当股价下跌时，是否是主力在洗盘，只要是判断出主力在洗盘，同样要坚决持股。因为主力只要在洗盘，就意味着股价依然存在上涨的动力，涨势未结束，自然要保持持股。

判断主力洗盘的标准：

股价在短期涨幅和累积涨幅均不过大的情况下，突然出现看似杀跌很强的放量大阴线大阴量洗盘，或是跳空高开后的空中加油洗盘，或毫无征兆的突然大幅低开的快速跌停式洗盘，不管前期的下跌多么凶猛，只要结束下跌时股价能够快速回升，且洗盘时未跌破重要的上涨启涨低点或支撑位，即可确认为主力在快速洗盘。

如图6-3所示，新农开发（600359）A区域以向上钓鱼形态买入后，持续涨停上涨后，B区域出现下跌，且左侧阴线影线较长，为大量阴量，但此时的涨幅并不太大，只是前期持续四个涨停，短期涨幅过猛，且B区域内右侧K线即延续上一根阴线下跌，在低开后即止跌回升，所以，可确认是主力在快速洗盘，应持股，直到C区域高位震荡时方可中止持股。

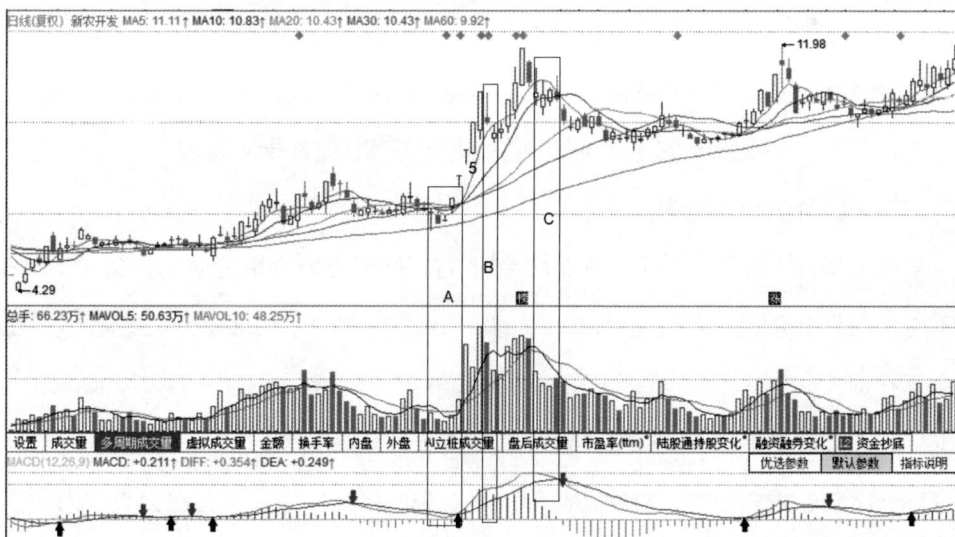

图6-3　新农开发-日线图

实战指南：

（1）在持股期间，只要发现主力是在快速洗盘，就要坚决持股，要做好这一点，就必须准确判断出主力是否在快速洗盘，所以学会如何判断主力是否在快速洗盘的方法，才能更好地坚守这一持股原则。

（2）主力在快速洗盘期间，通常不会影响MA5的运行方向，即MA5不会由上行转为快速下行，同时，无论股价短期如何表现为快速转跌，但不会跌破重要支撑，一旦止跌回升时的上涨速度都是很快的，妖股经常表现为地天板。

（3）如果发现主力在洗盘，但洗盘较缓慢时，则有可能是之前的一轮上涨已结束，这时应放弃继续持股，以卖出为主，因为有可能会演变为一轮中期调整，即便再看好这只股票，后市也会有更低的理想价位再买回来。

6.2　股价健康上涨的表现方式

6.2.1　快速上涨：K线引领MA5大角度上行

K线引领MA5大角度上行的状态，是股价在快速上涨时最经典的一种方式，实战时经常出现，尤其是强势股，更会以持续涨停的方式出现，是股价健康、快速上涨时的一种强势状态，只要发现，就不要恐高，坚决保持持股。

判断股价快速上涨的方法：

股价快速上涨时，K线保持在MA5上方，低点可能会接近MA5或略在MA5下方，但收盘会明显向上远离MA5，即阳K线实体较长，即使表现为阴线，往往会远在MA5上方，甚至是接近上一根K线的高点附近，且阴量不会过大，下一交易日即会放量上涨，或强势上涨，若短期上涨更为强势时，经常以持续跳空高开高走高收的方式出现，且快速涨停的光头阳线经常出现，再强时会表现为一字涨停。

如图6-4所示，亚宝药业（600351）在A区域向上钓鱼形态时买入股票后，

B段走势中，K线在MA5上方持续涨停，为K线引领MA5大角度上行的股价快速上涨的表现，应持股，直到C区域形成高位放量滞涨时方可卖出。

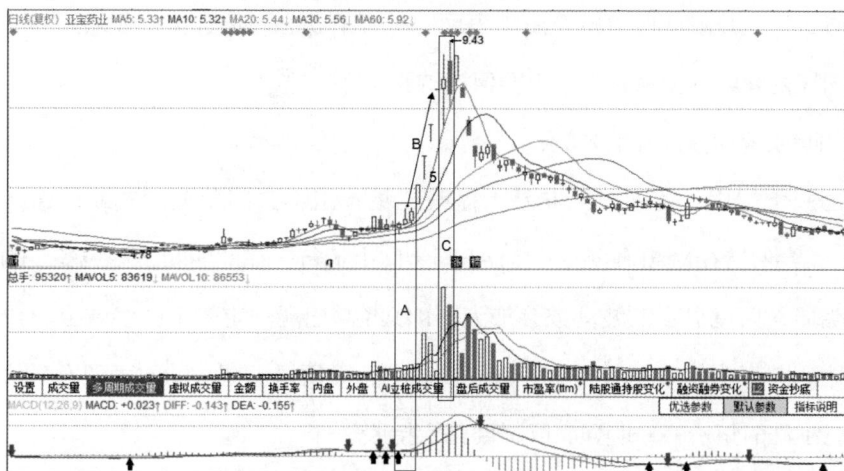

图6-4　亚宝药业-日线图

实战指南：

（1）当股价表现为快速上涨时，前期买入股票的投资者一定不要产生恐高心理，尤其是持续涨停式的上涨出现时，即便短期略震荡下行，甚至是以低开的方式出现时，只要不形成量价卖点或向下钓鱼形态，都属于健康上涨，应捂好股。

（2）股价快速上涨时，只要发现K线在MA5上方持续阳线引领MA5上行时，哪怕MA5上行的角度看似较大时，甚至是DIFF线已上行到顶部，出现或即将出现平行的高位钝化，或是出现背离，也要遵从这种量价齐升的上涨趋势，坚定持股，此时唯一的卖股理由就是形成卖点。

（3）在股价快速的强势上涨期间，盘口换手自然会放大，主力资金的净流出与净流入变化也较大，只要净流出不大，即应持股，因为主力在操盘期间，会不计成本地先压制卖出，然后再大举买入。

（4）当股价表现为快速上涨时，只要前期的涨幅不大，或是长期弱势震荡后出现的快速上涨，只要卖点不明晰，涨幅未达到短期翻倍左右时，或者股票为当前的热门股或基金重仓股时，就要坚定持股。

6.2.2 缓慢上涨：K线与MA5同步震荡上行

K线与MA5同步震荡上行的状态，是股价在缓慢上涨时同样经常出现的一种上涨方式，只是说明股价的上涨未表现出极强的状态，但强势特征依然很明显，所以同样为健康的上涨方式，也要保持持股状态。

判断股价缓慢上涨的方法：

当股价缓慢上涨时，除非是大盘股，基本上不会出现锯齿式或阶梯式的上涨，K线会保持在MA5附近，与MA5同步向上运行，在此期间，均线多头的排列较为明显，只是盘中的波动或会加大，K线经常出现一定的下影线或上影线，只要未达到向下钓鱼形态时的向下钓鱼线标准，即便是短期波动时表现为量价齐跌明显，上涨时量价齐升明显，同样要坚定持股。

如图6-5所示，泸州老窖（000568）在上涨趋势中，无论是B区域出现明显的向上钓鱼形态，还是A区域和C区域结束短线调整后的波段上涨中，K线均保持在MA5略上方，以角度较缓的方式，与MA5同步上行，为股价缓慢上涨的征兆，且从大趋势观察，每次调整低点均在缓慢抬高，为长牛股缓慢上涨的征兆。所以，无论何时买入，均应保持持股。

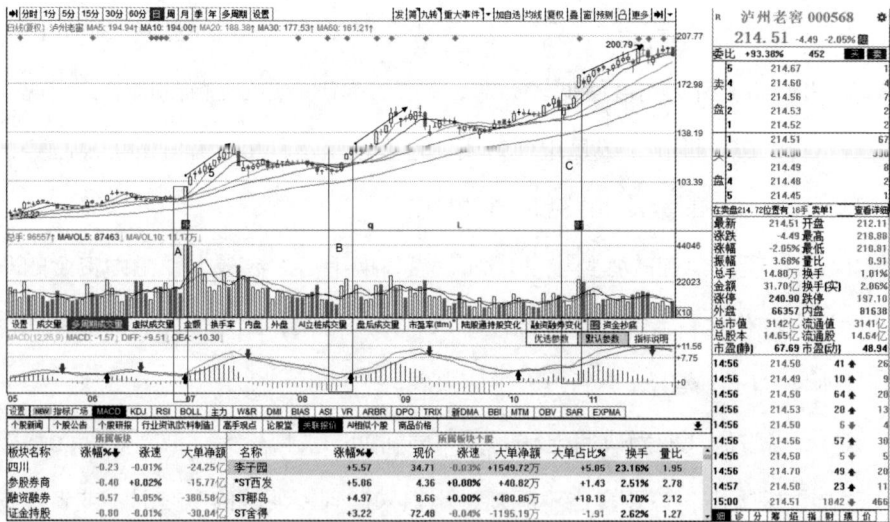

图6-5 泸州老窖-日线图

实战指南：

（1）当股价保持缓慢上涨时，判断是否为健康上涨时，最明显的仍然是下跌波动时缩量、上涨时放量，但若是在高位区的大量状态下，这种短线波动或会加剧，表现为量价齐跌与量价齐升的同步，甚至是偶尔出现小幅缩量上涨，均为持股状态的健康缓慢上涨。

（2）缓慢上涨经常在一些白马股或大盘绩优股身上出现，尤其是一些具有较高的长期价值投资的大盘白马股或绩优股，经常表现为锯齿式或阶梯式的上涨。这类股需投资者可以根据具体情况，阶段性的波段操作。

（3）一些流通盘略小的中盘股，或是小盘白马股也经常出现这种缓慢上涨，是上市公司业绩稳定状态下的持续上涨表现，所以，在判断缓慢上涨时，主要以K线与MA5是否保持同步上行为准，阶段性高点出现时，通常MACD会运行到高位，一旦大阴线大阴量跌破MA5时，多数时候即可确认阶段性高点的到来，再中止持股。

6.3 股价健康整理的形态

6.3.1 下跌时不破重要支撑位

在钓鱼战法操作中，持股期间一定要明白一种短线波动的情况，就是当股价震荡或下跌时，哪怕看似短期跌势很凶，表现为较长阴线和较大阴量，只要下跌到某一重要价位时，却不再下跌，甚至只是快速下探到接近或跌破这一价位后，股价即刻止跌回升，这就说明在此期间的波动属于正常，为股价短线洗盘时向下试探支撑的行为，应安心持股。

重要支撑位的判断方法：

（1）前期筹码聚集区。前期调整时，无论调整时间是长或短，都会短期聚集较多筹码，而在上涨趋势中，这一区域会对股价下跌形成支撑，轻易不会跌破，但允许瞬间跌破的无效跌破出现。若是在这一区域或上方即止跌，同样为健康的短线调整的持股形态。

如图6-6所示，联创光电（600363）若是在B区域根据向上钓鱼形态买入股票，其后，突破上涨后的B区域出现影线较长的震荡，但均在前期高点C区域上方附近即止跌，说明C区域的筹码聚集较多，具有一定支撑，应持股，直到其后E区域形成明显的大阴线大阴量的强势转跌时方可卖出。

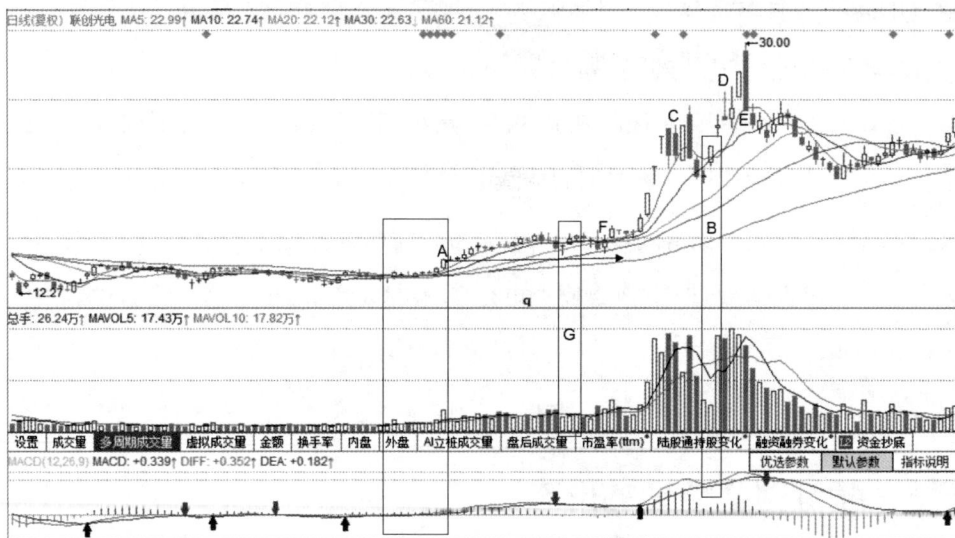

图6-6　联创光电-日线图

（2）股价明显加速上涨时的启涨阳线。这种情况在判断时，主要是判断股价在低位启涨不久即出现调整时，以前时启涨的长阳线高低点为准，只要此时的调整均在这一范围内时，调整低点不破启涨阳线的低点，即为健康的短线调整持股形态。

若在图6-6A区域内右侧末端启涨阳线时根据向上钓鱼形态买入股票，其后G区域及其后，虽然K线多次快速震荡下跌，但均未跌破A区域这根启涨阳线低点，所以为下跌不破重要支撑位的主力洗盘，应持股。

实战指南：

（1）健康整理的形态较多，但对于钓鱼战法的波段操作而言，只有出现的健康整理为短线整理时，即整理的幅度不太大时，持股的安全边际才高，才能获得日线波段的收益。若是整理时间过长，则多为长线波段操作中的局部小波段操作。对于钓鱼战法而言，风险相对较高，所以不具有实战意义。

（2）在判断重要支撑位时，主要是观察当股价在上涨时短时下跌到筹码聚集较多的区域时，看这一区域是否会构成明显支撑，若股价尚未跌到这一区域即止跌回升时，更能证明股价的强势。

（3）当股价的上涨是在长期弱势状态下时，往往初步启动的上涨阳线，包括当时的量能都是极为重要的，只要形成买点时的量价形态，一旦其后出现的调整，只要以这根上涨阳线的高低点为准，调整不破启涨阳线低点，即为健康整理，突破高点则为恢复强势的征兆。

6.3.2　下跌缩量、上涨放量

下跌缩量、上涨放量是股价在强势状态中经常出现的一种表现，是股价在短期内小幅波动震荡的表现，因为股价若是在上涨期间未表现为极强时，一旦短期小幅整理时，就会在下跌期间，因为持有者看多股票，所以卖出者多为短线跟风筹码，自然会出现明显缩量，一旦止跌，就会吸引跟风资金买入，造成放量，只要确保股价在此期间重心是不断上移的，即应安心持股。

具体形态要求：

在判断下跌缩量、上涨放量为健康整理时，无论通过日线图还是分时图观察均可，但主要应以日线图为准，观察日K线时无论是阳线或阴线均可，只要在确保K线重心在不断向上移动期间，下跌的阴线呈缩量，或是波动更小的短时阴量后转为阳量均可，只要下跌时阴量柱较短、上涨时阳量柱较长即可。

如图6-7所示，西南证券（600369）若在A区域以向上钓鱼形态买入股票，其后B区域的调整时，明显表现为右侧阴线的下跌缩量，右侧的止跌回升放量，属于健康的短线整理，应保持持股。

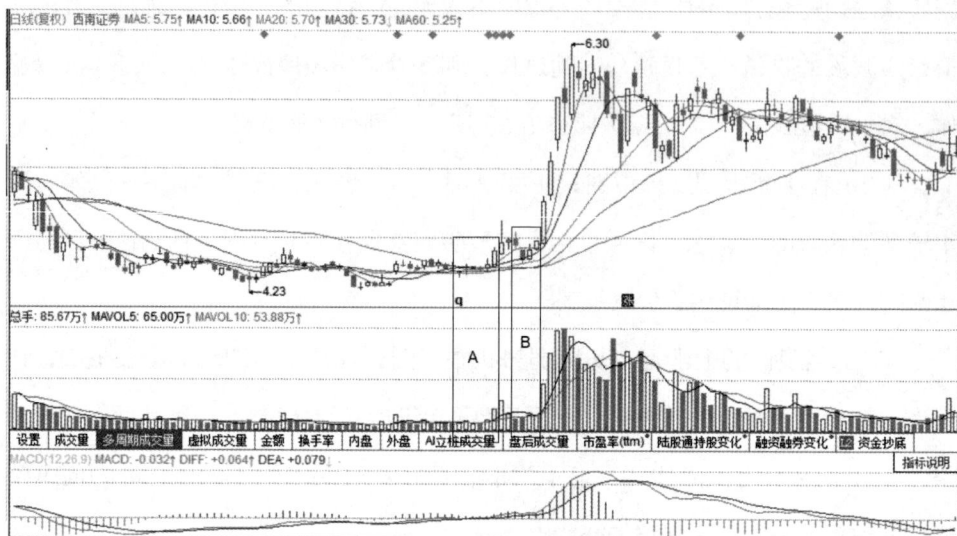

图6-7　西南证券-日线图

实战指南：

（1）当股价在上涨趋势中，一旦出现下跌缩量、上涨放量时，大多只是盘中的正常波动，而在一般情况下，即便是下跌阴线阴量出现时，可能会短时跌破MA5，但一般不会跌破昨日K线的低点即止跌回升。

（2）下跌缩量、上涨放量，观察当日的分时图会更明显，但因为分时图不会显示当日的量价变化与昨日的量价情况，所以，同样要结合日线图观察这种下跌缩量、上涨放量的整理程度，与昨日比较是否明显。

（3）通常在下跌缩量、上涨放量出现在上涨趋势期间，量能整体水平相对较大，但不会过大，否则这种波动震荡的幅度会有所加大，甚至是形成高位放量滞涨的盘整转弱形态。这一点在实战期间一定要留意。

6.4　主力强势洗盘的方式

6.4.1　巨量洗盘

当主力强势洗盘时，因为表现为时间短，所以主力必须以较为强势的方式才能完成快速洗盘，因此，巨量洗盘经常出现，若短时不出现股价看似的大幅快速下跌，低位持有的获利筹码是不会轻易交出手中筹码的，股价其后也难以持续大幅上涨，主力绝不会让大多数散户低位持股者大幅获利，只希望短线跟风者积极参与。因此，巨量洗盘是上涨期间最为凶狠的一种主力洗盘方式。

具体形态和要求：

巨量洗盘从形态上看，首先，多以大阴量阴线的方式出现，看似符合量价卖点要求，但如果观察股价当前的整体涨幅时，一般均不会在翻倍后出现，所以为上涨中途的主力洗盘；其次，巨量洗盘大多不会跌破重要位，如短期均线或是昨日最低点，经常表现为上涨状态的阴线放量阴线洗盘。观察和判断主力巨量洗盘时，一是当前的整体涨幅，二是可观察当时低位或均线、昨日收盘价等处的支撑是否明显，即哪怕快速跌破，只要能快速回升，就表明低位主力承接力较大，为主力在洗盘。

如图6-8所示，国电南端（600406）若A区域以向上钓鱼形态买入股票，其后B区域出现一根明显放量的巨阴量柱下跌时，看似符合短线卖点要求，但观察当前的低点累积涨幅，发现并不大，只在50%左右，且B区域之前的K线上涨时，是在MA5附近最低向下震荡幅度为MA10的情况下震荡上行，MA10的低位支撑明显，K线短时跌破MA10即快速回升到MA10上方上行，为主力上涨中途的巨量洗盘，应保持持股。

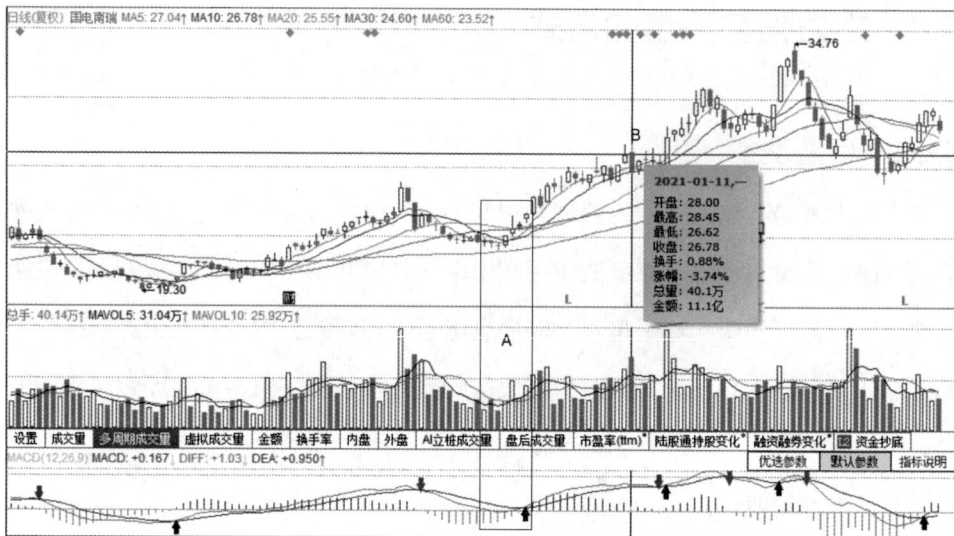

图6-8 国电南端-日线图

实战指南：

（1）主力在以巨量洗盘时，这根放大的大阴量大多并非主力卖出的筹码，而是短期散户获利的卖出筹码，所以，此时盘口信息很重要，即主力不会是真正在出货，净流出不会大，也就是散户大举卖出，主力却在持续买。

（2）主力要想通过快速洗盘吓走不坚定的散户，承接更多的相对低位筹码，必须在当日股价的波动幅度上加大，所以，当日股价的振幅会较大，即股价高低点相距较远，但在日线上一般不会跌破短线的强势线MA5，但这一点并非绝对的，所以确认主力在快速洗盘的最好方法，是下一个交易日，一般股价不会再大幅低开，即便大幅低点，也会短时快速回升，因为主力是在洗盘，不会把好的低位买入机会留给太多人。

6.4.2 空中加油洗盘

空中加油，经常出现在某些上涨趋势短期较强的股票身上，由于这种情况出现时，先是股价的大幅快速上涨，而后才出现洗盘，所以，相较巨量洗盘而言，对散户造成的惊吓一点儿不弱，且持续时间相对要略长，所以容易达到快速洗盘的目的。而由于这种形态出现时，就像是战斗机在空中通过加油机完成快速加油，所以叫作空中加油，其后股价会恢复继续快速上涨，所以是持股期间识别主力快速洗盘时的一种重要形态。

具体形态和要求：

空中加油出现时，股价会先出现一根跳空高开高收的K线，即日线图会形成一个向上缺口，其后才会出现1～5个交易日的震荡，只要确保在其后的震荡中，股价未完全回补掉这一上涨缺口，即出现快速止跌回升的量价齐升形态时，即可确认为主力是在快速洗盘。

如图6-9所示的森特股份（603098），若A区域根据向上钓鱼形态买入股票，持续涨停中在T字涨停板后进入B区域，涨停板打开，持续三个交易日巨量震荡，但无论盘中如何大幅震荡，始终未回补掉C区域T形线与下方一字板之间的缺口，D区域K线大幅高开快速涨停的出现，说明B区域为主力空中加油形态的快速洗盘，持有者可安心持股，短线者可适量在D区域抢板介入。

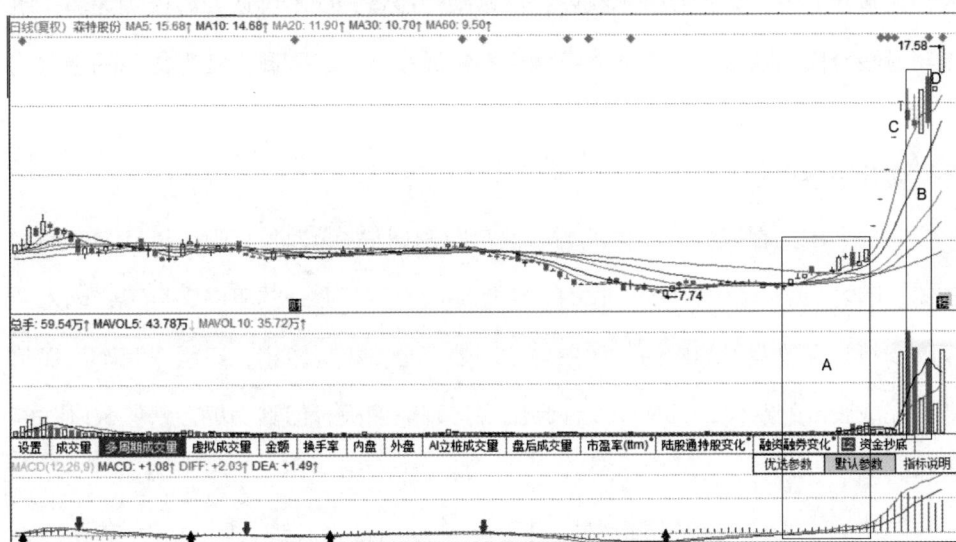

图6-9　森特股份-日线图

实战指南：

（1）在判断主力是否以空中加油形态快速洗盘时，关键是对首根K线的向上跳空高开的判断，必须形成一个明显的向上缺口，而后才会出现震荡整理，且整理期间股价不会向下完全回补掉这一向上缺口即止跌回升，否则一旦完全回补，则极有可能是在加大调整时间与幅度，甚至是趋势转弱的征兆。因为主力洗盘并不意味着就会清洗干净，一旦砸盘过猛，极易出现翻车的情况。

（2）根据空中加油判断主力快速洗盘时，还有一个重要的标志，就是股价前期的涨幅不可过大，一般在短期持续涨幅的20%～50%时最理想，且累积涨幅也不会过大，否则就极有可能为岛形反转的征兆。

（3）辅助判断主力洗盘的空中加油时，盘口信息同样重要，仍以相对较小的中盘股为例，主力净流出资金不可过大，通常不会超过2 000万元，因为过大则意味着砸盘过强，极易造成翻车。

6.4.3　快速跌停洗盘

快速跌停洗盘，也是一些超强主力在股价上涨期间经常使用的一种方式，因为在大多数时候，如果股价不跌停，许多散户投资者即不会认为股价的弱势，所以一旦股价快速跌停，往往能够吓倒许多短线投资者，因此，实力雄厚的主力，经常以快速跌停的方式洗盘。

具体形态和要求：

首先，主力在以快速跌停的方式洗盘时，通常K线为光脚阴线，且实体通常较短，因为大幅低开的跌停低收时，更能造成投资者心理的恐慌，且不会因为持续的弱势，导致筹码的松动，即主力动用的资金量相对较小，只需一两个大卖单即可完成股价的跌停，且其间或许会出现打开跌停板，但其后仍会跌停，以跌停收盘。

其次，主力快速跌停洗盘时，下一个交易日最为关键，因为下一交易日，同样允许大幅低开，但通常不会再次跌停收盘，所以，在判断主力是否跌停洗盘时，不会持续最多两个交易日弱势，即若是在第三日，股价会表现为快速回升，且K线会快速回升到第二个交易日的K线高点之上，甚至是第二个交易日或第一个交易日，即上演地天板的快速反转。

如图6-10所示的宝光股份（600379），若A区域向上钓鱼形态时买入股票，连续三个涨停后，突然在B区域左侧出现毫无征兆直接跌停开盘，只是盘中跌停板出现打开及快速冲高，但仍以跌停收盘，所以形成倒T形线，但阴量极小，说明主力未出货，而是在快速洗盘，这一点从B区域右侧K线的大幅低开明显止跌快速放量回升中可清晰看出主力跌停洗盘的意图，所以应安心持股。

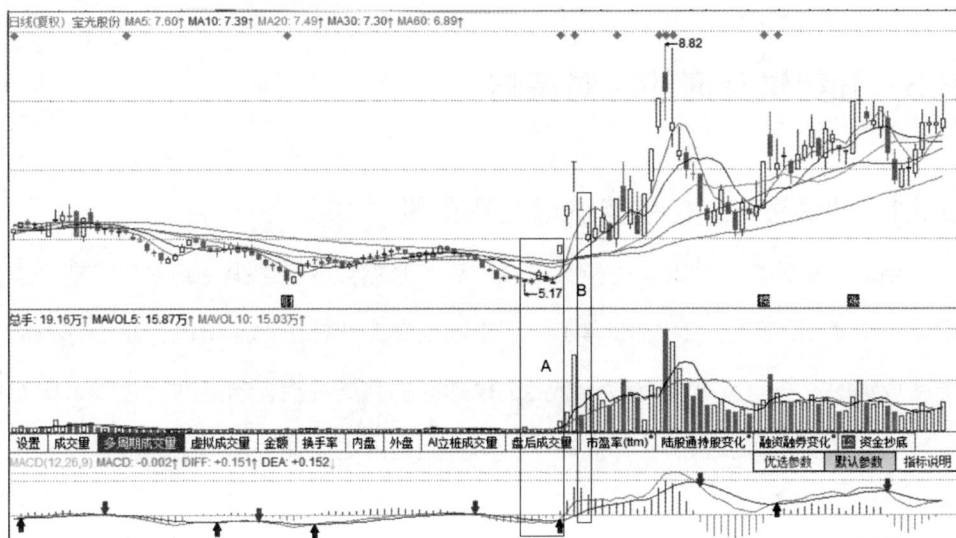

图6-10　宝光股份-日线图

实战指南：

（1）判断主力是否以快速跌停的方式洗盘时，前期的强势特征同样明显，但涨幅不可过大，且这一跌停阴线的实体较短，大多在MA5附近即止跌回升，持续弱势快速跌停的时间不会过多，最多不会超过三个交易日，即最多在第三个交易日即快速止跌回升。

（2）当主力以快速跌停的方式洗盘时，经验少的投资者难以准确识别，即便是许多老股民在判断时也经常出现失误。因为这种强势洗盘大多发生在一些次新股上市首次打开一字涨停板期间，或是老股票在持续涨停的强势上涨期间，所以，这类股票多为近期市场的"妖股"，经常以地天板的形式出现，即大单致使快速跌停后又快速出现涨停。

（3）对于投资者来说，应对主力快速跌停式洗盘的策略，不是是否能够有效识别，而是不妨多从股价更长的趋势出发，只要发现短期趋势未明显破坏中期时，这种较强的弱势持续时间不长，未超过三个交易日，中期趋势依然上行，即可安心持股。

6.5 强势洗盘时的应对策略

6.5.1 快速突破时的强势洗盘坚决捂股

当股价在强势上涨时，一旦突破高点后，必然会或多或少受到来自前期高点附近筹码卖出的影响，因为解套了，胆小者自然会选择出局。所以，主力在发动上涨攻势时，一旦突破高点后，都会选择短时的强势洗盘，若是时间过长，势必导致短期趋势的转弱。因此，应对主力强势突破时的快速洗盘策略，就是在确认强势洗盘后坚决捂股。

判断股价突破时的强势洗盘方法：

当股价突破阶段高点或历史高点后，一旦主力在快速洗盘时，通常股价再不会有效跌破这一高点，或是即便跌破也不会持续三个交易日均收盘在高点之下，否则就是有效跌破了，说明高点的压力较大，且调整的时间通常不会过长。一般情况不会超过五个交易日，因时间一旦过长，超过五个交易日，就会影响MA5的短期方向，只有长牛股调整的时间或略长，但即便回撤，幅度也不会过大，通常不会跌破上一次调整的低点，保持长期趋势的震荡上行状态。一旦确认突破后为主力强势洗盘时，就要坚决捂股。

如图6-11所示的片仔癀（600436），若A区域根据向上钓鱼形态买入股票，至B区域持续上涨后出现调整时，发现是突破前期高点后的回踩，因为K线震荡回踩时未跌破突破高点时强势上涨时的阳线高点即止跌回升，且缩量明显，所以，可确认为突破高点后的回踩洗盘，应持股。

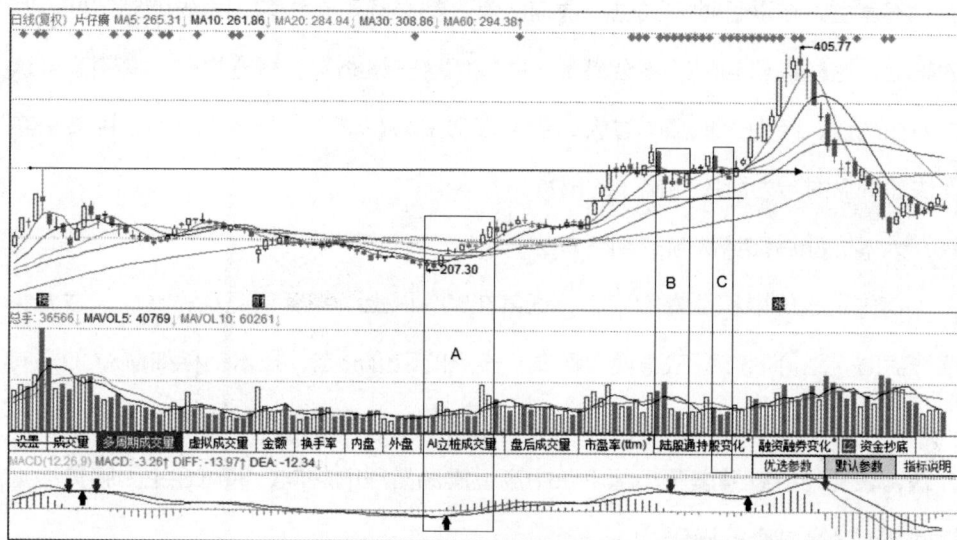

图6-11　片仔癀-日线图

实战指南：

（1）当主力在强势洗盘时，大多会发生在强势的上涨趋势中，因为弱势已经过长期震荡的洗盘，通过钓鱼形态快速洗盘后，即会发动强势上涨。所以，主力的强势洗盘，均发生在强势上涨的中途，突破阶段性高点和历史高点时经常出现。

（2）当股价突破高点后的强势洗盘时，由于调整时间短，所以判断是主力洗盘时，是不能持续三个交易日K线收盘在高点下，否则说明突破高点的行为属于假突破的无效突破，即快速冲高，其后必然会出现回落，甚至转势。

（3）当股价突破的是历史高点时，意味着盘中已无套牢筹码的压力，所以，即便其后的调整幅度略大，只要时间不过久，且未改变震荡上涨的趋势，即调整低点未跌破上次低点，且未形成量价突变的卖点，即应安心持股。

6.5.2 大幅上涨后的强势洗盘减仓操作

当投资者在持股期间发现股价在持续大幅上涨后，若出现主力的强势洗盘时，不管主力在以哪种方式进行快速洗盘，都必须引起注意，事先就制定好应对的策略，这样在遇到时才不会慌乱，并按照这一策略实施减仓操作。即便是确认主力在洗盘，因为累积涨幅过大，也要提防主力在感觉上行压力大时，即无法实现快速洗盘时转为阶段性操作的出货。

大幅上涨后强势洗盘的判断方法：

首先是股价累积涨幅的判断，通常在50%以上，甚至是更高；其次，主力快速洗盘时，量价形态经常表现为略低于卖点的量价形态，技术指标如MACD已向上运行到顶部，或K线与MA5向上乖离过大等，甚至是量价表现为略放量的量价齐跌，表现为持续缩震荡小幅下跌中高位震荡滞涨的趋向，即可在主力强势洗盘期间采取逢高减仓的操作。

如图6-12所示的宁夏建材（600449），若A区域根据向上钓鱼形态买入股票，B区域出现持续大阴量放量调整时，此时持续上涨的累积涨幅已在80%左右，相对较大，且MACD已运行到顶部高位区，所以B区域应以波段减仓甚至卖出为主，尤其是C区域波段卖点明显，即便长期看好也应卖出或减仓，到D区域时中长线投资者可再买回。

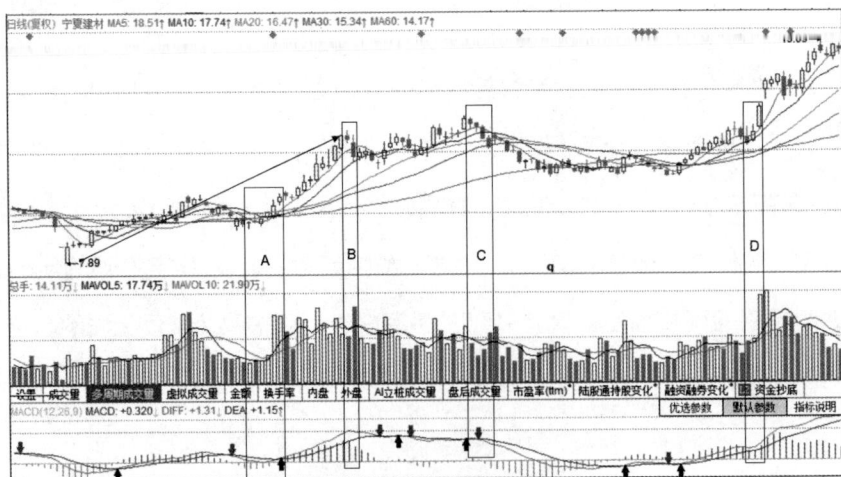

图6-12　宁夏建材-日线图

实战指南：

（1）当股价在持续上涨的高位区，要求股价在短期涨幅达到50％左右时，但对于持续上涨的长牛股，累积涨幅或许会更高，这一点是判断大幅上涨时高位判断的基本标准。

（2）当股价经过短期大幅上涨后，另一个判断指标就是技术指标在未背离状态下到达顶部，如MACD中的双线，尤其是DIFF线，或MA5向上乖离过大，再就是未形成向下钓鱼形态，且量价表现又未过于明显时，就要实施减仓操作。

（3）股价在经过大幅上涨后的主力强势洗盘时的减仓操作，不是放弃这只股票，而是为了能够及时锁定大部分收益，以防止股价在高位区，主力因为洗盘失败，导致加大调整的时间和幅度时的一种应对策略。因为若是主力即便不出货，但由快速洗盘转为缓慢洗盘时，会出现更好的低位买点，减仓是为了其后能够再次在低位止跌回升的洗盘结束时介入，以获得更大的收益。

6.6 实战要点

6.6.1 瞬间跌破关键位要持股

在根据钓鱼战法买股后对持股的强弱进行判断时，一定要留意一种股价瞬间跌破关键位的情况，因为这种情况属于股价的短时回撤行为，是主力在洗盘时的向下试探行为，只要下探时遇到支撑，就说明下方的支撑比较牢固，则洗盘很快会结束，所以这时要坚定捂股，不要轻易卖出。

区分瞬间跌破与有效跌破关键位的方法：

有效跌破的判断方法有两种：一是日线图上K线收盘在关键位下方，如K线收盘在昨日收盘线下方时，即为有效跌破；二是在股价跌破指标线时，如某一均线，只有K线持续三个交易日收盘在这一均线下方时，方为有效跌破。

这样，判断股价是否有效跌破关键位时就有了标准，如盘中股价跌破昨日收盘价，但收盘在昨日收盘价之上，即为瞬间跌破，日线上会表现为一根低点低于昨日收盘价却高于昨日收盘价上方的K线；或是K线在MA5上方运行时，突然一日跌破MA5，但次日或第三日又收盘在MA5上方，同样是一种瞬间跌破行为。

如图6-13所示的扬农化工（600486），若A区域根据向上钓鱼形态买入股票，B区域右侧阴线和右侧阳线虽然均出现跌破MA5的情况，但收盘在MA5上方，所以为盘中的瞬间跌破，而C区域右侧小阴小阳持续收盘在MA5下方，为有效跌破MA5和MA10，但量价杀伤力不大，且此时MA20已缓慢上行，与MA5和MA10相距较近，而C区域中H区域的阴线下影线快速下探时并未跌破B区域调整低点，为无效跌破，所以持有者应持股，空仓者反而可在H区域为向上钓鱼形态时，结合C区域的持续回升确认买入时机。

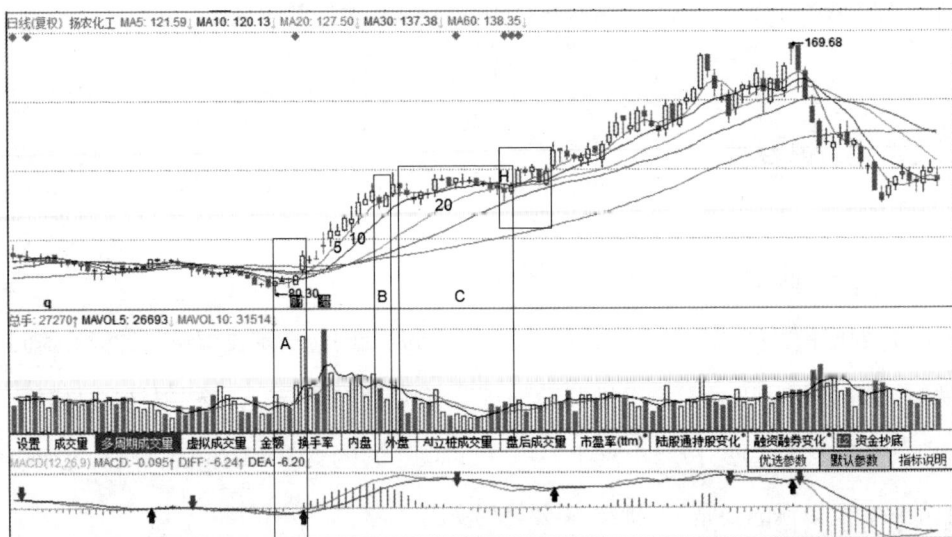

图6-13　扬农化工-日线图

实战指南：

（1）在判断持股强弱时，判断股价跌破关键位时是瞬间跌破或有效跌破前，一定要先选好这一关键位，如短线强弱的关键：一是昨日收盘线，二是

MA5。这样才能找到强弱判断的标杆。

（2）当股价有效跌破昨日收盘线时，应以收盘价为准，只要收盘在昨日收盘价下，即为有效跌破，否则就是盘中跌破昨日价的瞬间跌破。

（3）当股价跌破如MA5等均线时，同样以收盘价为准，但有效跌破时必须持续三个交易日收盘在这一均线下方，方为有效跌破，若只有一日或两日时，则为瞬间跌破。

6.6.2　有效跌破重要支撑位须止损

根据钓鱼战法买股后，判断持股强弱时，一定要注意一种弱势情况，即股价在有效跌破重要支撑位时，一定要及时止损卖出股票，而不要继续持股。因为股价在上涨过程中，一旦有效跌破了重要支撑位，就说明股价上行阻力大，会继续沿着压力小的方向运行，即便不会就此转为下跌趋势，仍然会继续下探去寻求支撑，甚至是以继续整理出现，以时间的拉长来换取其后上涨的空间。

重要支撑位的判断方法：

根据向上钓鱼形态买股后，重要支撑位的判断主要是长期弱势震荡类股票在向上钓鱼形态形成后的启涨后，股价跌破这根启涨阳线的最低点，或是出现向上钓鱼线后的上涨中，股价短时跌破向上钓鱼线的低点，即说明跌破重要支持位，意味着启涨的失败和调整的加剧，即为止损点。

如图6-14所示，方大特钢（600507）A区域为长期弱势震荡中的向上钓鱼形态，若买入后出现B区域股价跌破A区域启涨阳线时，为跌破重要支撑位，应及时止损；如图6-15所示，厦门钨业（600549）A区域为上涨趋势调整行情出现的向上钓鱼形态，其后B区域出现跌破A区域左侧向上钓鱼线低点时，为跌破重要支撑位，同样应及时止损。

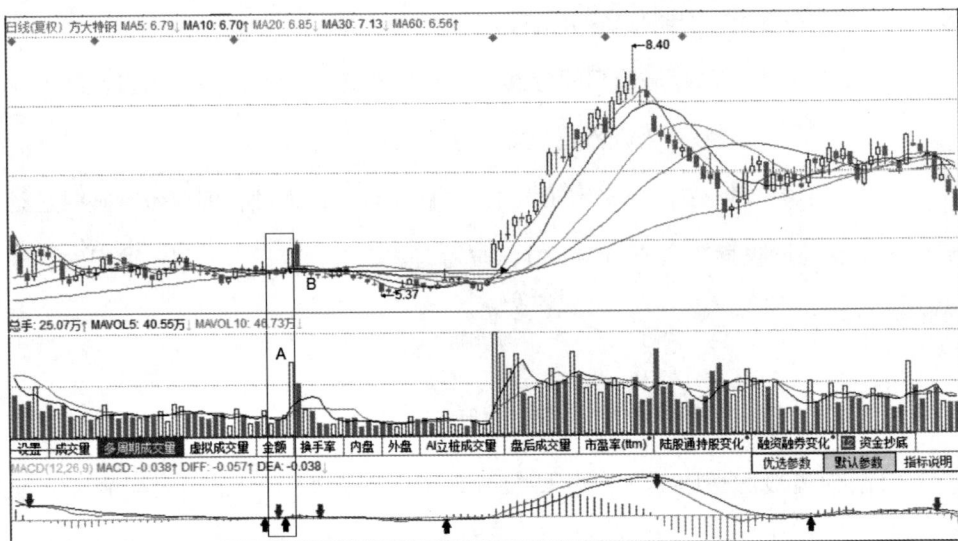

图6-14 方大特钢-日线图

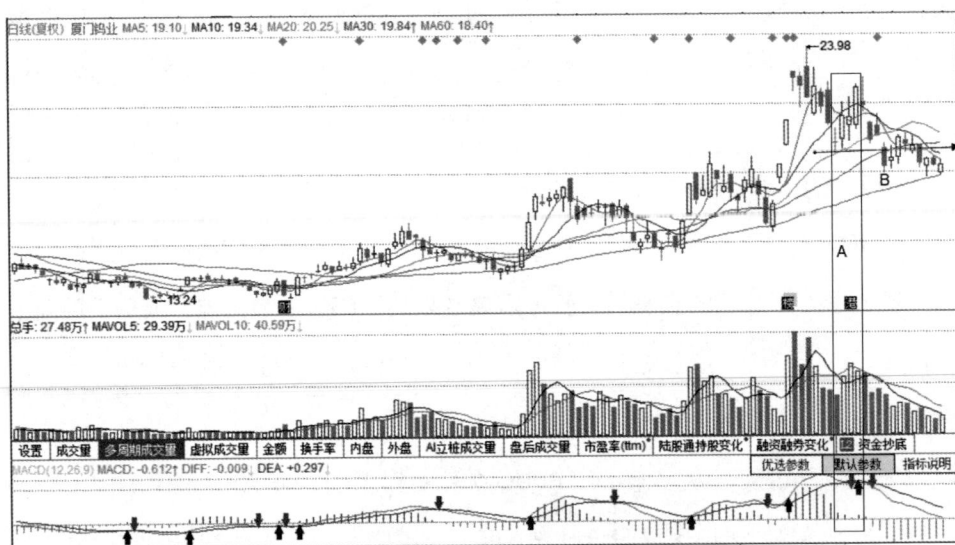

图6-15 厦门钨业-日线图

实战指南：

（1）MA5或昨日收盘价虽然是判断股价强势时的主要依据，也属于较为重要的支撑位，但不属于强弱状态判断时的重要支撑位。因为重要支撑位，只有股价上涨初期的强势上涨中的K线起点（低点），或是突破高点后，这一高点才会成为重要的关键位和支撑位，对日后股价的强势起着重要的支撑作用。

（2）当股价跌破重要支撑位后，即意味着前期的启涨低点，或是突破高点时的高点，并未对股价的强势起到支撑，意味着启涨低点或突破高点时的高点处压力较大，因此，在持股期间一定要在跌破重要支撑位时止损出局，以防止股价的继续下跌。

6.6.3 涨多跌少是稳健的持股状态

根据钓鱼战法买入股票后，在对持股的强弱进行观察时，一定要明白一种判断股价趋势强弱的方法，就是无论盘中个股如何调整，趋势向上才是持股的最根本理由，因为趋势向上才能获利收益，所以，一定要在看到持股出现涨多跌少时，始终保持持股状态。

股价涨多跌少时的主要表现：

当股价表现为涨多跌少时，主要从日线图上K线在上涨与下跌时的状态来观察，涨多不只是K线持续上行，跌少也不只是下跌的幅度较大，而是股价上行时会不断刷新高点，保持重心的向上移动，下跌时的幅度却小，或是如上涨时出现两根上涨阳线，下跌却只是出现了一根或少于上涨时的两根阴线，或是上涨阳线的幅度明显大于下跌阴线的幅度，股价保持上涨三步下跌一步的缓慢震荡上涨。

如图6-16所示，金晶科技（600586）A区域根据向上钓鱼形态买入股票，其后的1、2、3、4段为持续上涨阶段，之前调整时，发现每次调整幅度均较少，且一旦调整结束，股价即刻持续上涨中强势特征明显，不断刷新高点，是涨多跌少的稳健持股状态。

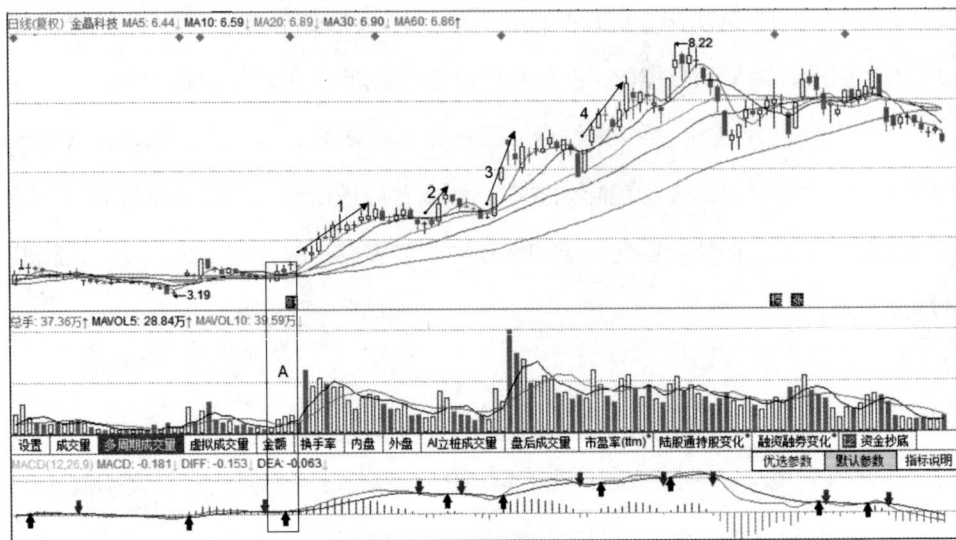

图6-16　金晶科技-日线图

实战指南：

（1）在判断股价的涨多跌少时，不仅是从上涨阳线与下跌阴线的数量上判断，主要是从上涨的幅度要大于下跌的幅度来确认。

（2）股价涨多跌少时，只要涨幅高于跌幅时即可确认，而这类形态的股票，往往是日线图上表现为锯齿式震荡上涨的股票，所以，观察时只需通过K线的趋势判断即可，如股价每次上涨都会刷新高点，而下跌时却从不会跌破上一次下跌的低点，即出现止跌回升。

（3）涨多跌少是一种明显的股价缓慢上涨的状态，只要不出现突然爆出的量价齐跌突变，就不会影响趋势的突然转弱，所以是一种健康的持股状态。

第 7 章

向下钓鱼形态：主力拉高出货的卖股时机

向下钓鱼形态虽然是操盘中的最后一个环节，但在实战前也一定要全面了解，因为持股的最根本观察和判断，就是未形成上涨趋势短期破坏性的卖股时机，不事先掌握和了解，是无法准确判断出是否要持股的，也就无法做到在主力出货离开的初期及时锁定收益，及时从主力抬升的"轿上"完成"下轿"，实现落袋为安。

7.1 卖股原则

7.1.1 无法获利卖出原则

投资者根据钓鱼战法卖出所持有的股票时，一定要坚持一条首要的卖出原则，就是当持股短期内再无法实现获利时，就要中止继续持股，选择卖出股票。因为在继续持股短期无法获利的情况下，一旦趋势走弱，则必然会降低收益。

判断持股短期无法获利的依据：

（1）判断持股无法短期继续获利时，形成向下钓鱼形态的量价突变卖点是最主要的依据，如向下钓鱼形态期间的巨量下跌、放量下跌和持续阴量下跌、跌破昨日收盘线的大阴量下跌，辅助判断依据是盘口换手率较大、主力资金净流出较多。

如图7-1所示，用友网络（600588）若A区域根据向上钓鱼形态买入股票，持续上涨中进入B区域形成向下钓鱼形态，股价持续放量下行中，主力以净流出为主，量价齐跌明显，再持股已经无法短线获利，所以必须卖出。

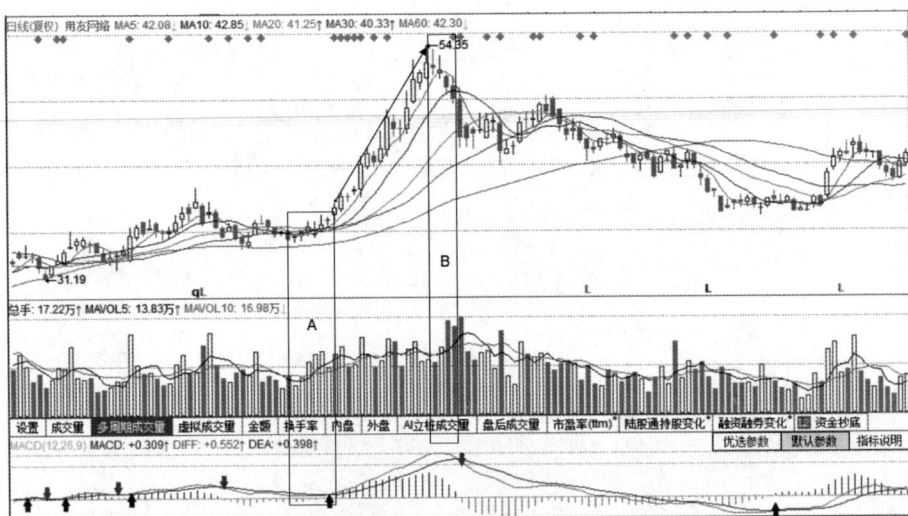

图7-1　用友网络-日线图

（2）判断持股短期无法继续获利的另一个标准，是不管是否形成了标准的向下钓鱼形态，只要表现为主力出货的量价形态，即大阴量大阴线下跌、高位放量下跌、高位放量滞涨、明显缩量盘整，或巨量下跌与明显放量下跌，盘口换手率较大、主力以净流出为主。

如图7-2所示，湖南海利（600731）在A区域根据向上钓鱼形态买入股票，持续震荡上行中，进入B区域，虽然未形成标准的向下钓鱼形态，只是出现了高位缩量的盘整，但均为阴量，短期持股已很难获利，所以同样要卖出。

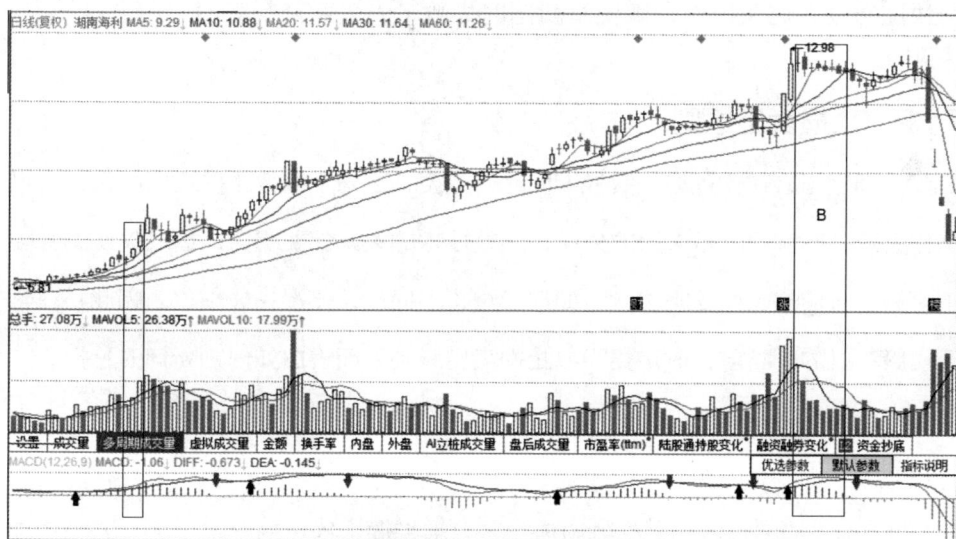

图7-2　湖南海利-日线图

实战指南：

（1）持股短期无法继续获利是卖股时一条首要坚持的原则，在这一原则指导下，主要是判断向下钓鱼形态期间的量价卖点，辅助判断为盘口中的换手率和主力净流出状态。但并不是唯一的依据。

（2）判断持股短期无法继续获利的另一个依据，就是未形成向下钓鱼形态，但股价在持续上涨的高位区形成主力出货的量价卖点，或是量价齐跌的明显突变，如巨量下跌、明显放量下跌等。

（3）并不是所有的股票，在量价卖点甚至是向下钓鱼形态出现后，中长期趋势均会转跌，许多价值投资的长牛股，在明显的量价卖点或向下钓鱼形态卖点后，只是阶段性高点的出现，其后的调整也只是阶段性的，这一点是普通股与大盘长牛股走势中最大的不同。

（4）近期市场的持续热门股，也不会过于遵守钓鱼战法中的卖股时机把握，即便是在趋势转弱时，也经常会上演地天板，所以遇到妖股时，应根据趋势快速转变的迹象操作，即便是卖出时失败了，只要获利即不应后悔。

7.1.2 止损卖出原则

止损卖出，在钓鱼战法实战期间尤为重要，因为不懂得止损卖出原则，一旦操作失败，不管原因是人为的失误，还是技术的失误都要明白，造成失误的原因不可怕，可怕的是你要明白此时如何通过止损操作，让损失最小化。因此，在学习卖股时机的判断前，一定要明白止损卖出原则，而明白如何判断何时止损，才能更好地执行这一原则。

判断止损的具体要求：

（1）长期弱势震荡走强的股票，一旦根据向上钓鱼形态买入后，若是出现股价未震荡或持续走强，却出现震荡走弱，跌破向上钓鱼线的低点，即创出近期新低时，表明股价依然存在弱势整理的需求，应及时止损卖出。

如图7-3所示的亚通股份（600692），若A区域在长期弱势震荡中根据向上钓鱼形态买入股票，在缓慢震荡中进入B区域，K线跌破A区域向上钓鱼线的低点时，应及时止损卖出。

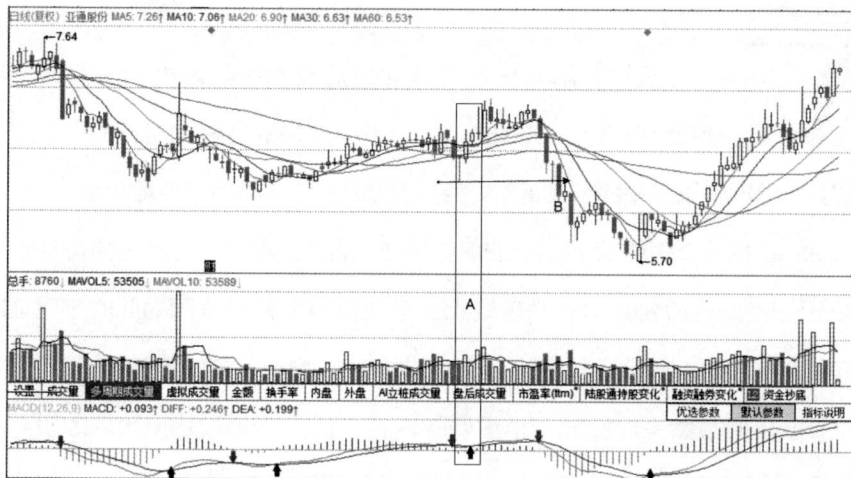

图7-3　亚通股份-日线图

（2）上涨趋势调整行情结束的向上钓鱼形态期间，一旦发现股价在略上行后即转为下行，且短期跌破向上钓鱼线低点时，即说明股价依然存在起码是短线的调整需求，调整幅度或许会出现加大，应果断止损卖出。

如图7-4所示，海尔智家（600690）在上涨趋势调整行情结束时的A区域，若根据向上钓鱼形态买入股票，其后震荡下跌中B区域跌破向上钓鱼线低点时，应果断止损卖出。

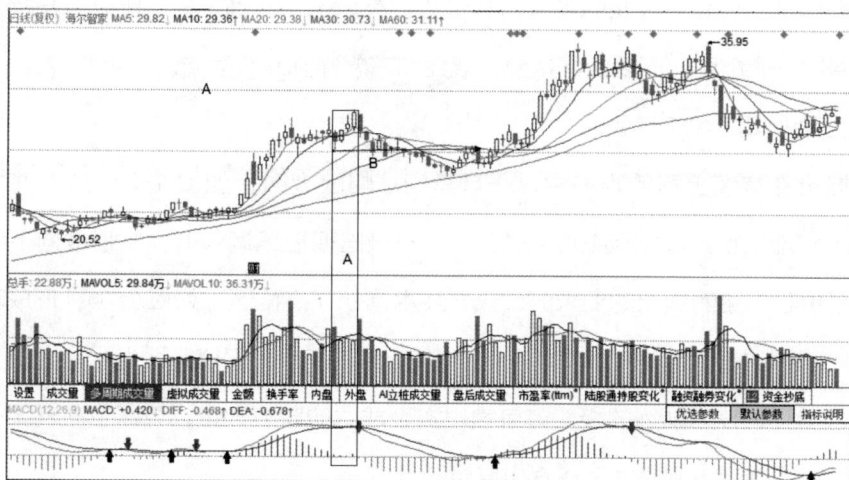

图7-4　海尔智家-日线图

实战指南：

（1）止损无论是在钓鱼战法还是其他操盘技术中都是极为重要的一项内容，但投资者一定要明白，止损并非市场上不少人讲的，根据自己的心理承受能力来设定止损位，如下跌5%或是2%，甚至是10%，这都是盲目地止损。

（2）止损，就是在发现买入的股票出现破位走弱的情况，在钓鱼战法中，主要是根据当前的股价走势，跌破向上钓鱼线低点为标准。因为此时方可证明向上钓鱼线时的主力向下试探支撑的行为是失败的，方可实施止损操作。

（3）止损虽然是炒股时一个重要的内容，但并不是说止损出局的股票就一定会走弱，而是走弱的概率较大，此时的止损操作，目的是避免其后可能出现的走弱给投资带来的亏损增大，是从中短线投资的风险出发，所以，操盘时必须坚持止损卖出原则。

7.1.3　止盈卖出原则

在钓鱼战法中，同样存在止盈卖出原则，但投资者一定要首先纠正一个认识误区：止盈不是像止损一样，预先设定一个目标，如股价涨幅达到50%甚至100%后，及时止盈。这种止盈方法过于主观，是不科学的，因为市场瞬息万变，即便是主力介入较深的股票，其走势也有诸多的不确定性。所以，坚持止盈卖出原则十分重要，而要做好止盈，就要知道怎样判断止盈点。

止盈时机的判断方法：

股价在持续上涨的走势中，一旦短期涨幅较大时，如加速上涨超过40%左右，或底部累积涨幅达到100%左右时，一旦出现短线调整时，未形成向下钓鱼线，量价也未达到卖点的要求时，只要技术指标在高位区，如MACD，形成略小于卖股时机的量价形态时，如略缩量的阴量阴线下跌，即应确认为止盈时机，及时止盈出局，技术熟练的投资者可卖出资金成本的股票数量，只留下获利部分的股票数量，待卖点明显时再清仓出局。

　　如图7-5所示的金瑞矿业（600714），若A区域根据向上钓鱼形态买入股票，持续快速上涨进入B区域后，虽然未形成向下钓鱼形态，但短期涨幅较大，高位放量滞涨明显，应及时止盈卖出。

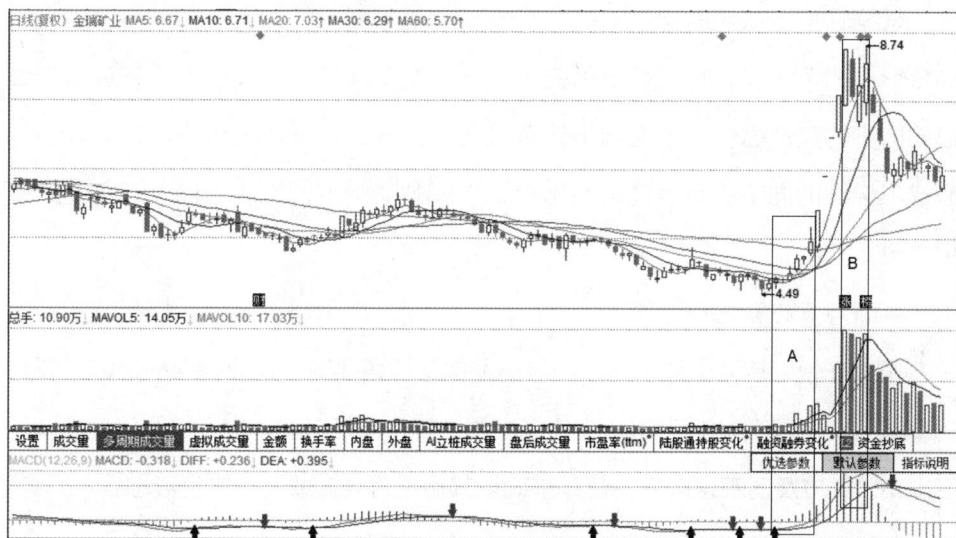

图7-5　金瑞矿业-日线图

实战指南：

　　（1）在持股期间，要想做到真正科学的止盈方法，就必须纠正许多投资者存在的一种止盈观念：不是持股获利多少比例目标后即止盈，而是根据股价短期强势转弱征兆出现时，股价存在短期走弱变为趋势走弱的概率较大时，实施止盈。

　　（2）判断止盈时机尤为重要，只要发现股价在持续或累积涨幅较大的情况下，出现大量状态的阴线快速下跌时，即可实施止盈操作。

　　（3）关于止盈时机的具体操作，如果是入市不深的投资者，可以采取清仓的操作，只有技术熟练的投资者，方可卖出大部分股票，原则上是在止盈时卖出成本的股票数量，其后一旦卖点明显时，就要果断清仓。但具体的止盈卖出的股票数量，可根据自身情况，具体把握。

7.2 识别向下钓鱼形态

7.2.1 第1步：发现向下钓鱼线

根据钓鱼战法判断卖股时机时，首要的是判断向下钓鱼形态，而识别向下钓鱼形态的第一步，也就是最关键的一步：发现向下钓鱼线。因为不管是否会形成向下钓鱼形态，也不管向下钓鱼线是否标准，股价在强势快速转弱时，标准或不标准的向下钓鱼线经常会出现，所以判断向下钓鱼线为持股看盘时的重中之重。

判断向下钓鱼线的标准：

股价在短期持续上涨期间，一旦出现向下钓鱼线时，往往为一根上影线较长的K线，阴线或阳线均可，K线实体越短越理想，或是形成一根上吊线最理想。一经出现，即应及时观察向下钓鱼线来确认其后是否会形成向下钓鱼形态。

如图7-6所示，交运股份（600676）在持续上涨的A区域，出现一根上影线超过实体的阳线，可基本确认为向下钓鱼线，这时就要及时观察。

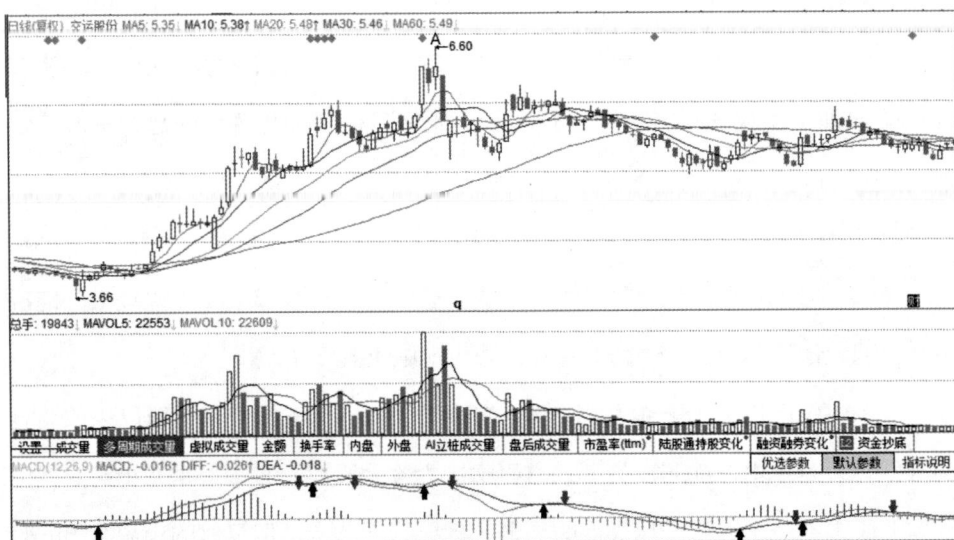

图7-6　交运股份-日线图1

实战指南：

（1）在根据钓鱼战法的卖股要求判断向下钓鱼线时，一旦出现一根上影线较长的K线时，即可确认为向下钓鱼线，就要持续观察。

（2）如果发现在向下钓鱼线形成期间，K线表现为实体较短的阳线，但成交量表现为明显的大阴量，这时一定要引起注意，应根据当时的盘口信息来确认是否形成主力快速出货时以真卖假买的方式，在对倒出货。

（3）向下钓鱼线虽然只是判断向下钓鱼形态的第一步，但由于存在未形成向下钓鱼形态的主力快速出货时的卖点情况，所以，一旦发现向下钓鱼线出现异样，就要及时观察盘口及成交量等情况。

7.2.2　第2步：观察向下钓鱼线的长度

当一只股票在持续上涨的高位区出现一根上影线较长的向下钓鱼线后，就要及时观察向下钓鱼线的长度来分析股价的短期强弱。因为这种分析不仅仅是对其后向下钓鱼形态是否形成的概率分析，也是对股价短期强弱突变时的上行力度与下行力度的分析。

向下钓鱼线的长度与强弱判断：

观察向下钓鱼线的长度时，包括两个内容：一是向下钓鱼线的实体部分，要求是实体越短越理想；二是上影线部分，必须至少要大于实体部分两倍的长度。如果这根向下钓鱼线能够形成一根上影线保持较长状态的上吊线，则后市形成向下钓鱼形态，甚至是股价短期快速转弱的概率极高。

如图7-6在A区域发现向下钓鱼线后，通过图7-7A区域仔细观察，发现上影线的长度超过实体两倍，符合向上钓鱼线趋势转弱初期的特征，就要随时留意其后的走势。

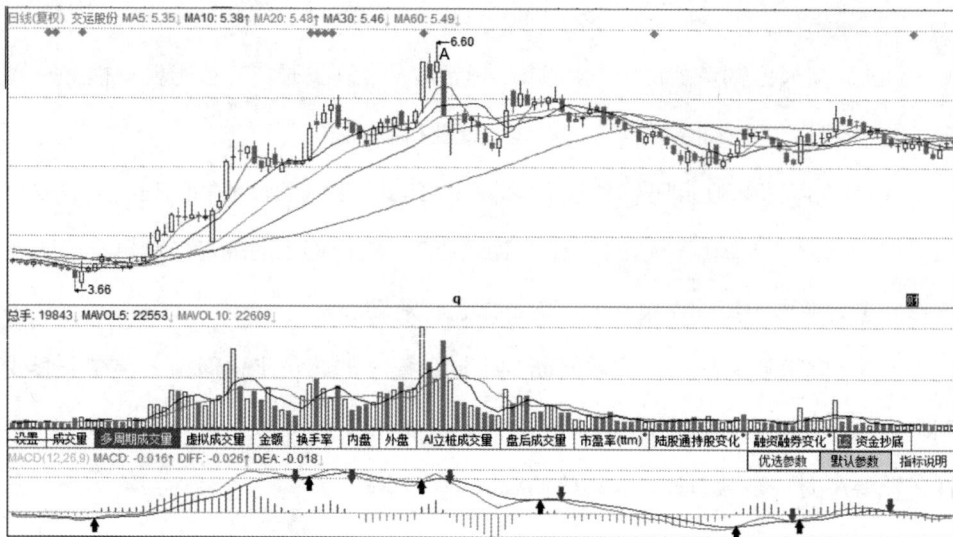

图7-7 交运股份-日线图2

实战指南：

（1）观察向下钓鱼线出现时的长度，主要就是观察向下钓鱼线的K线，包括两个内容：一是K线实体部分，二是上影线部分。观察的重点是上影线的长度与实体的长度，上影线越是长于实体时，弱势越明显。否则，若是上影线小于实体长度时，弱势不明显。

（2）观察向下钓鱼线的长度时，一定要留意一种看似强势的情况，即上影线与实体在均较长的情况下，虽然比例是上影线相当于实体的长度，但实体较长，这种情况说明当日股价冲高较大，只不过收盘回落也较大，但若是成交量为阴量柱时，则其后快速转弱的概率极高，若是放量阴量柱，应格外小心，一旦此时涨幅较大，次日一旦快速冲高或大幅高开后快速下跌，应果断卖出离场，不要刻意等待确认向下钓鱼形态形成后再卖出。

（3）判断向下钓鱼线的长度时，若形成上吊线，说明短期股价快速转跌的欲望极强，一旦下一个交易日弱势明显，就要提早卖出股票。

7.2.3 第3步：判断向下钓鱼线后的K线弱势

根据钓鱼战法实战卖股期间，判断向下钓鱼形态的最后一步，也就是确认向下钓鱼形态的关键，是向下钓鱼形态后的股价短期弱势，只有向下钓鱼线后的股价呈现快速或持续的弱势状态时，才是趋势转弱的向下钓鱼形态。

向下钓鱼线后的K线弱势的具体表现：

判断向下钓鱼线后的K线弱势时，主要是通过量价形态来确认：一是大阴线的下跌，二是持续阴线或十字星的震荡下跌。只要出现一种，即可确认为向下钓鱼形态成立，即可根据盘口的换手率要求和主力净流出的资金动向及卖股时机的具体量价要求来确认卖股时机。

通过图7-6和图7-7的判断和观察，再通过图7-8中对A区域向上钓鱼线后的B区域观察和分析，表现为低开后持续走低的K线弱势，这时就要及时观察盘口状态和量价卖点来确认卖股时机。

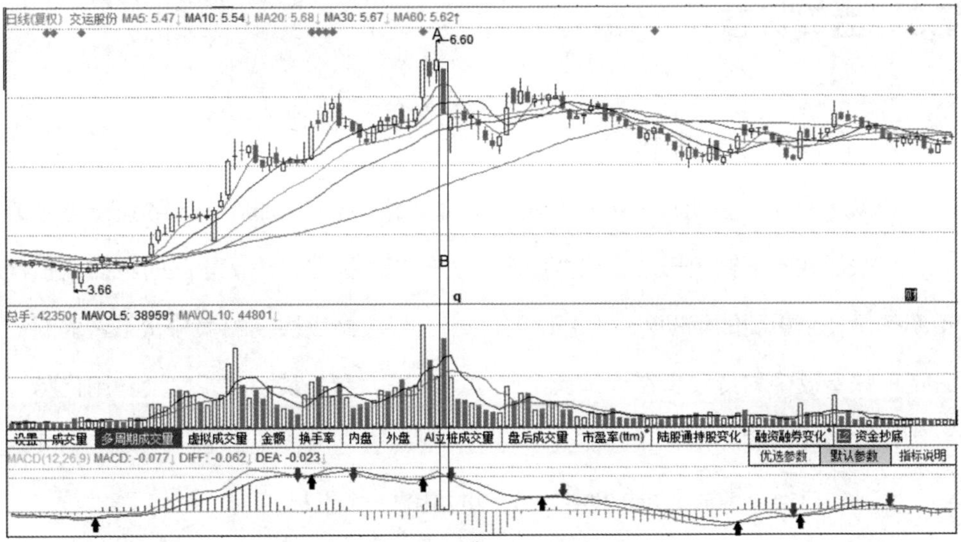

图7-8 交运股份-日线图3

实战指南：

（1）当向下钓鱼线形成后，一定要根据其后的K线趋势来判断向下钓鱼形态是否形成。因为只要形成，说明上涨波段即将结束，但确认趋势转弱的卖股时机时，必须结合盘口信息和量价形态，所以，确认向下钓鱼形态和卖股时机的判断是同步进行的。但在实战时，一定要明白这种分析和判断行情的前后步骤。

（2）向下钓鱼线形成后，确认向下钓鱼形态时的K线弱势，主要包括两种情况：一是K线以明显的大阴线的方式快速下跌；二是K线以不明显的实体相对较短的方式持续震荡下跌。

（3）在确认向下钓鱼形态期间，存在主力出货的不明显卖股时机，在确认向下钓鱼线后的K线弱势，一定要留意一种股价在高位放量大量滞涨或高位盘整的情况。因为这种形态下虽然不符合向下钓鱼线后的K线弱势，即不符合向下钓鱼形态，但却是主力出货的征兆，所以学习时要完全了解所有的卖股时机的把握，才能去正常操作。

7.3 盘口状态

7.3.1 日换手率短期极高

日换手率在卖股期间虽然并不如买股时重要，但不管是在向下钓鱼形态形成后，或未形成向下钓鱼形态，只要出现主力出货的征兆，确认卖股时机时，日换手率都是一个重要的辅助判断依据。因为当一只股票由快速的强势状态转弱时，必定意味着盘中的持股者在大举卖出股票，而主力参与其中时，又会利用优势，一边在维持股价的高位，一边在大举卖出，必然会造成换手率处于当前较高的水平。所以，日换手率放大是辅助判断卖股时机的一个指标。

卖股时的日换手率要求：

由于股价在持续上涨时需要主力不断地向上作价，导致换手率的不断放大，所以主力在出货期间，也就是股价快速转跌时的换手率，放大迹象或许不会明显，只要保持相对较高的换手率即可，通常以中盘股的日换手率计算，一般保持在15%～20%。这时就要及时观察当日的主力资金是否净流出较大来确认。

如图7-9所示，传化智联（002010）在A区域确认并判断完向下钓鱼形态符合要求后，发现K线震荡后持续出现换手率放大的主力净流出，如B区域明显弱势下跌当日，盘口换手率为3.65%，虽不太高，但处于涨跌明显时的较高水平，这时就要及时观察主力资金动向。

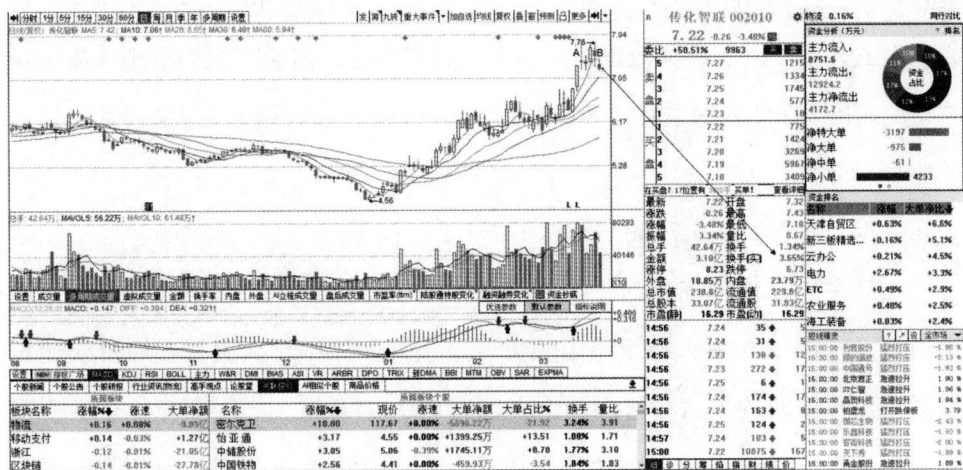

图7-9　传化智联-日线图

实战指南：

（1）日换手率在买股时的放大变化更为明显，但由于卖股时，换手率本身就已经较高，所以从放大与否的角度来对比，往往不够准确。因为放大可能不明显，所以应以当前的换手率大小来判断，即保持在日换手率15%～20%为常态，若达到或超过30%则更要小心；若换手率更小时，只要是当前的较高水平，同样符合要求。

（2）因为日换手率只能说明主力在一个交易日内换手买卖的频率，不能体现出主力当时操作股票的方向，所以，换手率必须结合盘口的主力资金净流出或净流入的具体情况来确认是强势还是强势转弱的征兆。

（3）通过日换手率来判断股价强弱变化初期的征兆时，一定要留意一种特殊情况，就是次新股由于上市不久，市场参与度高，日换手率会经常保持在20%甚至更高的情况。所以次新股的高换手率属于常态。

7.3.2　主力资金以净流出为主

在利用盘口信息辅助判断卖股时机时，主力资金的净流出状态是一项重要的内容，主要是配合高手率来确认主力资金的动向，因为即便是当前的换手率较高，但主力当日的资金净流出量并不大，或者是主力资金并未表现出净流出状态，反而是以净流入为主时，即无法确认是主力在出货，所以无法造成股价趋势的快速转弱。

卖股时主力资金净流出的具体要求：

一旦主力在快速出货时，盘口信息中的资金分析一栏，会表现出主力资金当日以净流出为主，且净流出的资金量较大，如中小盘股，在股价快速转跌时，当日短时的主力净流出即会表现为1000万元以上，甚至是达到数千万元，而大盘股整个交易日会净流出数亿元，所以中小盘股当前只要表现为主力资金净流出表现为1 000万～5 000万元时，或大盘股在即时行情中表现为2 000万～3 000万元时，日净流出量在5 000万元～1亿元时，即可确认为主力出货的净流出状态，配合高换手率及向下钓鱼形态、量价卖点状态，即可确认为卖出时机。

如图7-9中发现盘口的日换手率符合放大的要求时，通过对图7-10中当日盘口的主力资金分析发现，主力当日净流出为4 172.7万元，对于一只股价只有7元多、流通盘在31多亿元的大盘股来说，主力流出仍然明显，这时就要通过量价确认卖出时机。而整个A区域和B区域的向下钓鱼形态期间，B区域表现为持续阴量下跌，应及时卖出股票。

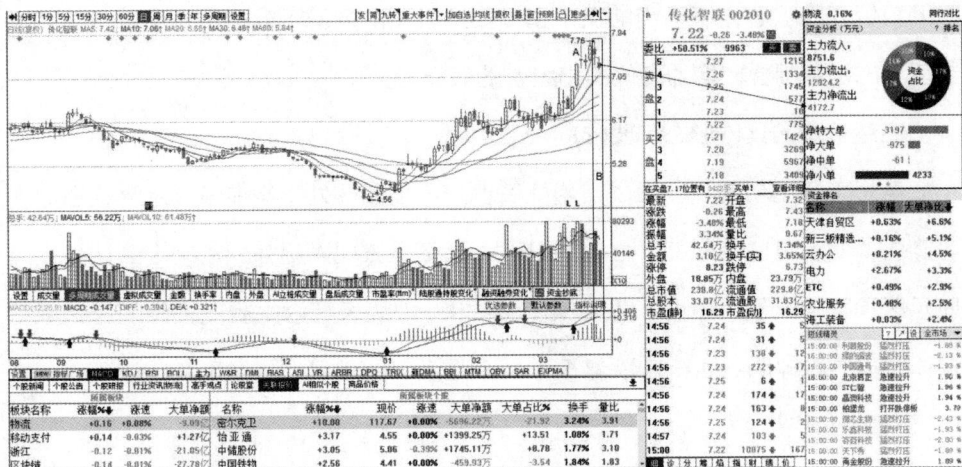

图7-10　传化智联-日线图

实战指南：

（1）主力资金净流出的判断，主要是结合换手率的辅助判断，因为高换手率下的主力以净流出为主，才意味着主力的快速出货，必然会造成股价的短时快速下跌，但必须知道如何确认主力是以净流出为主。

（2）如果以整个交易日为准来判断主力净流出为主时，通常中小盘股只要达到1 000万~5 000万元时即可确认，大盘股确认时一般日净流出达到5 000万元~1亿元，若中小盘股超过5 000万元，大盘股超过1亿元时，为流出明显。

（3）若是在即时行情中判断当时的主力净流出为主时，一般是在股价转弱后，通常在早盘，短时主力以净流出为主明显时，小盘股在1 000万元以上，中盘股在2 000万元左右，大盘股达到4 000万~5 000万元时，即可确认主力资金是以流出为主。

7.4　卖股时机一: 向下钓鱼形态卖点

7.4.1　巨量下跌

巨量下跌，是指当向下钓鱼形态形成期间，量价突变的一种最明显的放量下跌的量价齐跌状态，表明当前盘中整体卖出股票的情况十分严重，所以不管向下钓鱼形态是否明显，均为高位卖出股票的最佳时机。

巨量下跌的具体形态和要求：

巨量下跌出现时，一般成交量柱表现为一根量柱处于当前较高水平状态时即可确认，如阴量柱明显高于之前的量柱、甚至是表现为更强烈的向上到达成交量显示区顶部的天量阴量时，表明卖出量更大，K线表现为中阴以上的阴线，或是实体较小的跌停阴线，一字跌停板，甚至是十字星均可。一经确认巨量下跌，即应果断卖出股票。

如图7-11所示，华联控股（000036）在通过A区域和B区域确认向下钓鱼形态的B区域K线弱势时，K线为小阴线下跌，但量柱为一根明显高出之前量柱的巨量柱，为巨量下跌，应果断卖出股票。

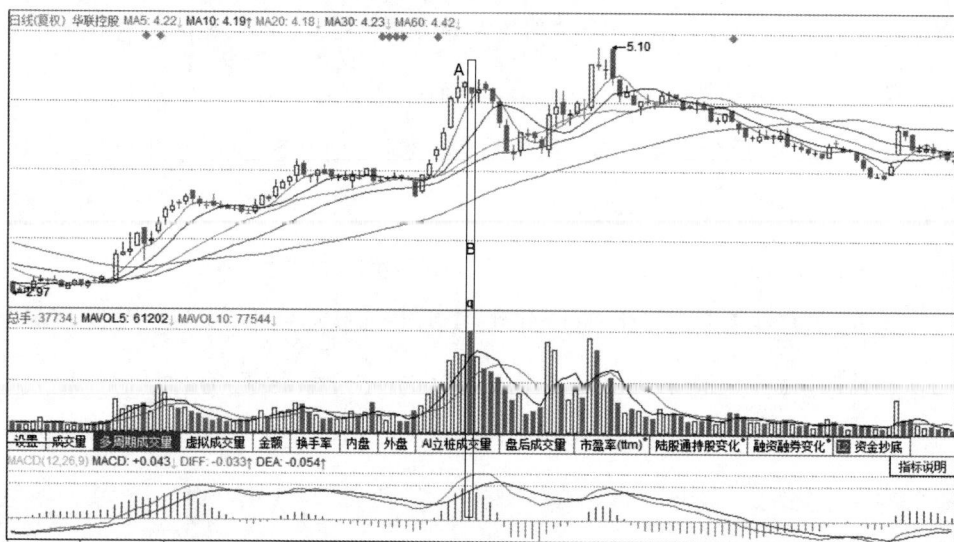

图7-11　华联控股-日线图

实战指南：

（1）巨量下跌是向下钓鱼形态期间股价短时强烈转跌的卖股形态，一经确认即应果断卖出股票，而即便是未形成向上钓鱼形态，只要巨量下跌明显，也应以卖出股票为主。

（2）判断巨量下跌时，有着强弱状态的不同，即股价在阴线下跌时，阴量柱只要达到当前的高水平即可，若是阴量柱明显高于之前时为明显的巨量下跌，若达到天量阴量时为最强烈的量价转跌信号。

（3）若是向下钓鱼形态明显，当前的整体量能水平尚未达到极高水平时，即整体量柱水平还未离显示区域上方较近时，如果出现巨量下跌时，往往阴量柱会达到成倍高于之前量柱水平的情况，若是持股为大盘牛股，即便短期涨幅过大，也多为阶段性高点的转跌时机，此时同样应以卖出为主。

7.4.2　放量下跌

放量下跌，是指当向下钓鱼形态形成期间，量价突变的一种明显放量下跌的量价齐跌征兆，只不过相较于巨量下跌而言略弱，但同样表明当前盘中是以卖出股票为主的状态，所以意味着股价的快速转跌，应果断卖出股票。

放量下跌的具体形态和要求：

放量下跌出现时，量柱为一根明显较之前量柱长的阴量柱，如当前大量水平的量柱略高的小幅放量，或是量柱水平较低时的大幅成倍放量，只要K线表现为中阴以上的阴线、实体较短的光头跌停阴线、一字跌停板、十字星，即可确认为放量下跌。

如图7-12所示，深大通（000038）在A区域右侧K线确认为上影线极长的向下钓鱼形态后，当日成交量表现为一根明显极长的大幅放量阴量柱，为放量下跌，应果断卖出股票，无须通过其后确认向下钓鱼形态时再卖出。

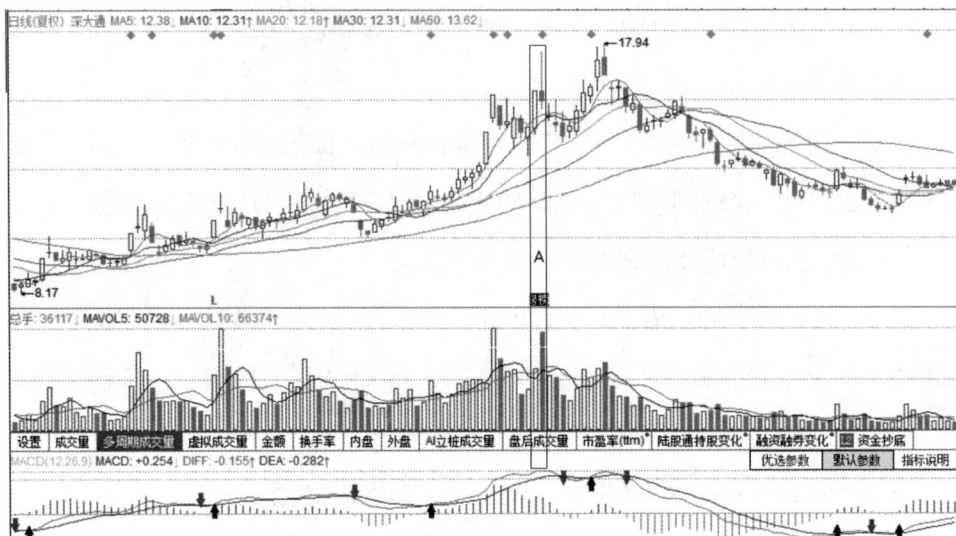

图7-12　深大通-日线图

实战指南：

（1）放量下跌虽然仅次于巨量下跌的量价形态，但事实上其杀伤力并不一定会弱于巨量下跌，虽然从整体量能水平观察，巨量下跌可能量更大，但放量下跌中的量明显超过之前量柱水平，所以是明显的以量破价的表现，"杀伤力"同样不容忽视。

（2）由于主力操盘时的手法不同，即便是股价大幅上涨后的高位区，股价快速转跌的量价形态也不会千篇一律。在大量水平的高量状态，巨量下跌与放量下跌的形态或许存在一定的重合，因此，判断时不必过于纠结属于哪一种，只要是明显的量价齐升即可。

（3）虽然放量下跌是向下钓鱼形态期间的量价卖点，但若是向下钓鱼形态未出现，只要股价在高位区出现，同样应视为卖股时机。

7.4.3　持续阴量下跌

持续阴量下跌，是向下钓鱼形态形成期间一种常见的量价齐跌形态，只不过短时的量价未形成突出的巨量下跌和放量下跌，而是以一种略缓慢的方式出现，表明在略长的周期内，盘中是以持续卖出股票为主的，所以，同样是向下钓鱼形态中股价转跌时的量价形态，也应果断卖出股票。

具体形态和要求：

持续阴量下跌出现时，必须至少有两根或以上的阴线呈下跌状态，成交量柱也至少有两根或以上的阴量柱，或呈长短相近状态，或是表现为后一根略低于前一根的小幅缩量状态，只要均为当前较高的量能水平即可。当向下钓鱼形态形成时，一经出现持续阴量下跌，盘口卖出征兆明显，即应果断卖出股票。

如图7-13所示，深圳能源（000027）在A区域确认了向下钓鱼形态时，发现K线弱势下跌时，成交量为两根持续大量状态的阴量柱，为持续阴量下跌，应果断卖出股票。

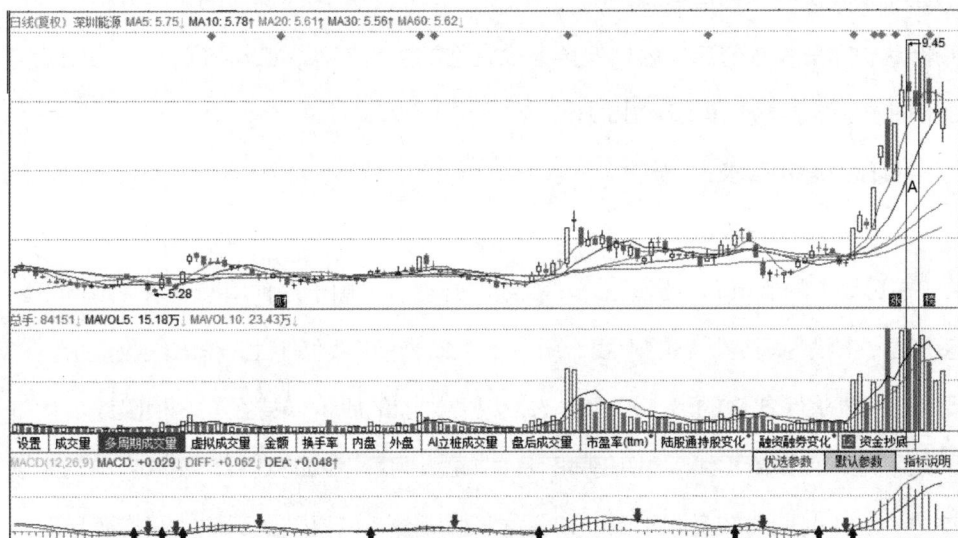

图7-13　深圳能源-日线图

实战指南：

（1）持续阴量下跌的判断关键，是阴线下跌的同时，成交阴量的持续，所以确认持续时至少要有两根阴量柱与对应的阴线，但对两根阴量的要求并不十分严格，只要保持在当前的大量水平即可，无论是后一根与前一根长度相近或略短均可。

（2）在根据持续阴量下跌判断向下钓鱼形态的转跌强弱时，即便是有三根阴线卜跌和三根阴量柱，且持续缩量明显时，也证明股价的转弱较强。若是将阴量柱叠加在一起后，其量柱水平并不会形成单根阴量的放量下跌或巨量下跌，则卖出时一定要果断。

（3）在根据持续阴量下跌判断卖出时机时，与巨量下跌或放量下跌时一样，同样要结合盘口信息来辅助判断，能够更好地确认股价短期的快速转跌。

7.4.4　跌破昨日收盘价的大阴量下跌

跌破昨日收盘价的大阴量下跌中，是从股价短期趋势上，通过量价齐跌突变的征兆来确认向下钓鱼形态期间的卖股时机。因为从短线操盘的角度分析，一旦股价跌破昨日收盘价后，依然保持大量状态的阴量下跌，即可确认股价短期趋势的快速转弱，就应当果断卖出股票。

具体形态和要求：

判断跌破昨日收盘价的大阴量下跌时，主要有两个方面的表现和要求：一是K线在日线上的低点向下超过上一根K线的开盘价，由于这种情况要求形成向下钓鱼形态，K线为弱势状态的阴线，所以，判断当前K线低于上一根K线收盘价时，是以上一根K线实体的最下沿为准的，只要当前的股价保持在上一根阴线实体下沿的下方，且保持阴线阴量下跌即可；二是大阴量下跌的判断，要求当前的阴量柱达到这一时期的较高水平时，K线为下跌状态。只要以上两种情况均满足时，且能够持续，即可确认为向下钓鱼形态的卖出时机。

如图7-14所示，中集集团（000039）在A区域形成向下钓鱼形态期间，K线阴线下跌时，右侧下跌阴线开盘即在昨日阴线实体下方较远位置，成交量为较高水平的大阴量，为跌破昨日收盘价的大阴量下跌，应卖出股票。就这只股票而言，最佳卖出时机为 A 区域左侧向下钓鱼线形成当日即表现为巨量下跌时卖出。

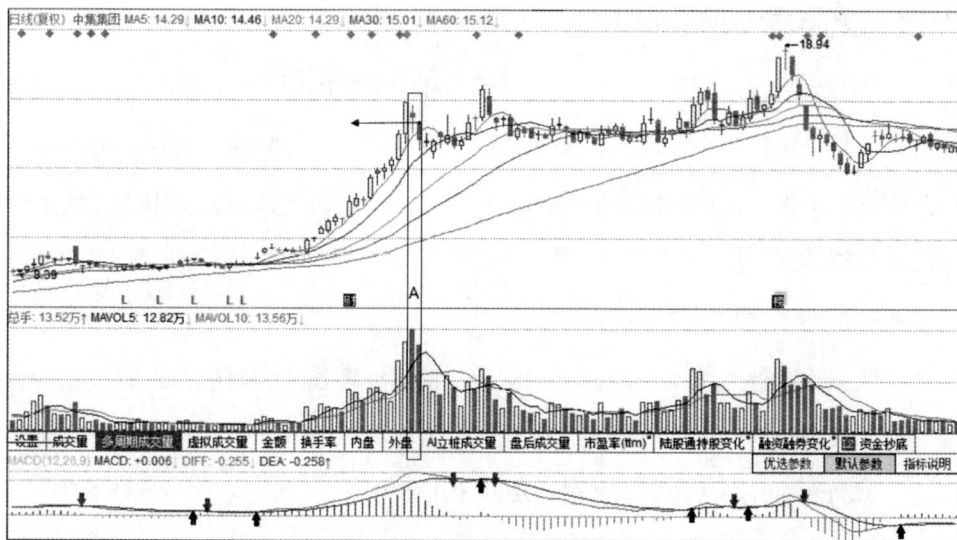

图7-14　中集集团-日线图

实战指南：

（1）在判断跌破昨日收盘价的大阴量下跌形态时，许多投资者都会通过日线图与分时图的观察来确认，这是因为在分时图上很容易判断出昨日收盘价的情况，事实上由于向下钓鱼线形态的成立需要向下钓鱼线出现后呈弱势状态，所以，确认形态时的K线为阴线。判断当日的收盘价时，只要观察这根阴线的实体最下方与当日的股价位置，即可确认，当股价位于上一根阴线实体下方，呈持续下行状态，成交量为大阴量时，即可确认。

（2）根据向下钓鱼形态和跌破昨日收盘价的大阴量下跌确认卖股时机时，关键在于向下钓鱼形态的确认，以及股价跌破昨日收盘价时的成交量状态，只要为当前较高量能的阴量，即可确认为大阴量，不一定要形成放量，小幅缩量亦可。

7.5 卖股时机二：主力出货卖点

7.5.1 大阴量大阴线式下跌

大阴量大阴线式下跌，是股价在持续上涨中经常出现的一种趋势快速转跌的征兆，尤其是一些中小盘股，在快速转跌时经常出现，意味着主力在快速出货，在此期间，不管是否形成向下钓鱼形态，只要结合盘口确认主力在出货，就要果断卖出股票。

具体形态和卖股时机把握：

大阴量大阴线式下跌出现时，通常为一根当前较长的阴量柱，略放大或略缩量均可，大阴线为一根实体较长的阴线，下跌明显。在此期间，只要是盘口换手较大，主力资金以净流出为主，即可果断卖出股票。

如图7-15所示，新和成（002001）在持续上涨的高位区，虽然未形成向下钓鱼形态，但K线高位震荡中出现了A区域的较长阴线，成交量为一根较长的大阴柱，为大阴量大阴线式下跌，盘口换手率较高，主力以净流出为主，应及时卖出股票。

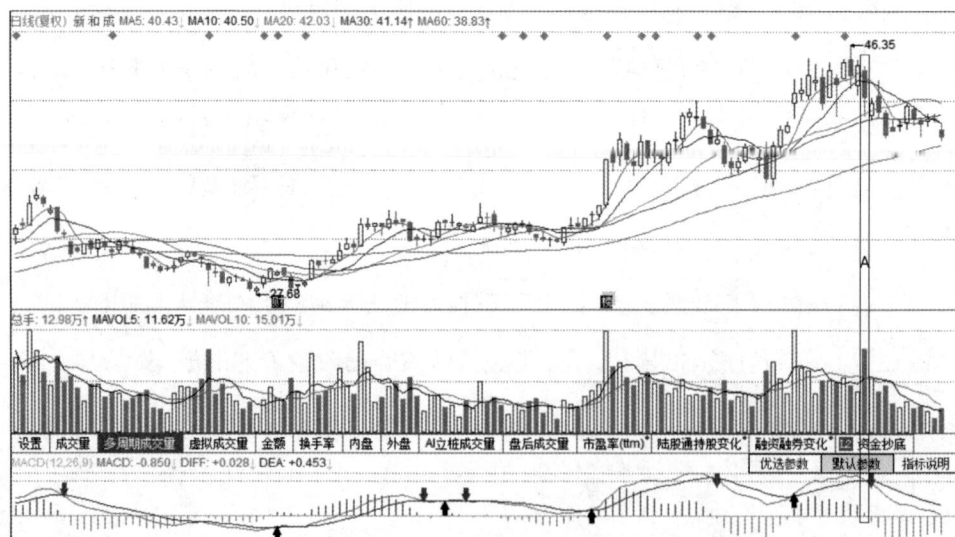

图7-15　新和成-日线图

实战指南：

（1）大阴量大阴线式下跌出现时，多为当前较高水平的阴量柱，通常与上一根量柱比较会略缩量，否则即为放量下跌的明显卖点。

（2）大阴量大阴线式下跌出现期间，K线为中阴线以上的较长阴线，实体较长，允许存在影线。

（3）根据大阴量大阴线式下跌选择卖出时机时，应结合盘口换手率和主力净流出状态确认，虽然不要求其间必须形成向下钓鱼形态，但必须确认主力的出货动向时，方可卖出。

7.5.2　高开放量下跌

高开放量下跌，是股价在快速转跌时经常出现的一种量价形态，也是主力在快速拉高出货的征兆，尤其是中小盘股，在短期持续上涨的高位区经常出现，一旦盘口信息满足了高换手率、主力净流出较大的要求，即表明主力在出货，应果断卖出股票。

具体形态和卖股时机把握：

高开放量下跌出现时，高开往往会刷新前高，其后出现快速下跌时，成交量为阴量放量状态。一旦股价在持续上涨的高位区出现，盘口换手率较高、主力净流出较多，当日分时图的明显放量下跌即是最佳卖股时机。

如图7-16所示，苏宁易购（002024）在持续快速上涨的高位区，虽然未出现向下钓鱼形态，但A区域出现了一根高开并创下新高的阴线，同时成交量柱为阴量放大状态，为主力出货时的高开放量下跌，主力以净流出为主，应果断卖出股票。

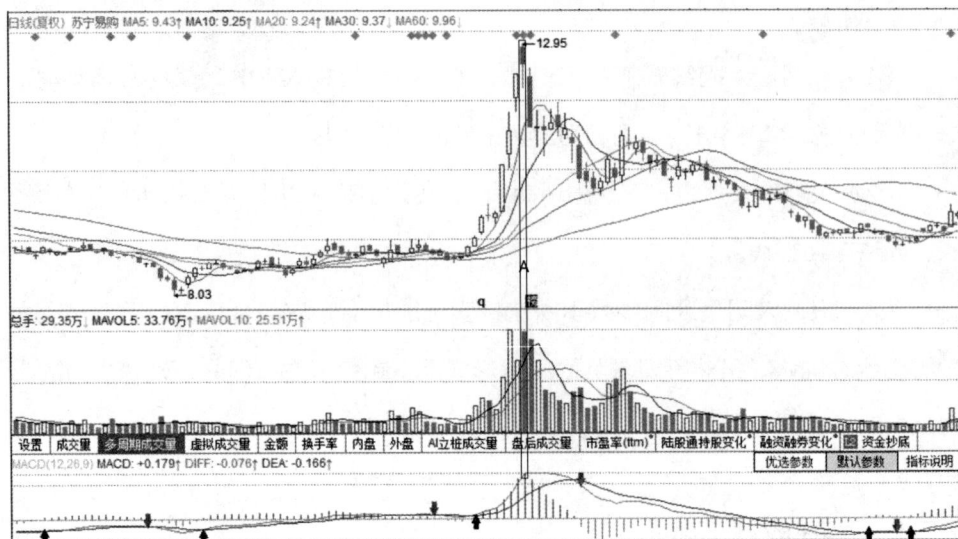

图7-16　苏宁易购-日线图

实战指南：

（1）高开放量下跌是股价在持续上涨中经常出现的一种短期快速转跌的形态，经常以直接涨停开盘而后打开涨停板快速放量下跌的方式出现，主力快速出货的意图短时非常明显，所以，必须结合盘口状态来确认主力是否在出货。

（2）由于高开放量下跌出现时，弱势明显，且股价是在新高后的直接快速下跌，极易出现跌停，因此，在判断卖出时机时，应在日线图高开量价齐跌状态时，结合分时图在短时出现的股价线大角度下行的区间放量来确认最佳的提前卖出时机。

7.5.3　高位放量滞涨

高位放量滞涨，是当股价持续上涨到高位区后，主力利用对倒的操盘手法，以中小挂单委买，以大委卖单在高位卖出，即维持股价在高位出货时最为隐蔽的一种出货手法，因此只要出现，盘口状态又表明主力有出货的征兆，就应果断逢高卖出。

具体形态和卖股时机把握：

高位放量滞涨出现时，一是高位，即股价短期持续上涨明显，往往震荡滞涨初时会刷新高点，二是在保持当前较高的大量水平下，K线在同一水平反复震荡，成交量可阴可阳，K线可阴可阳，一般持续3~5个交易日即可确认。只要通过盘口确认为主力出货的高换手率、净流出较大状态，即应逢高卖出。

如图7-17所示，航天电器（002025）在持续上涨的A区域，虽然未形成向下钓鱼形态，但在高位区刷新前高后，保持高量水平下的K线反复在同一水平震荡，为主力隐藏出货的高位放量滞涨形态，盘口主力以净流出为主，应及时逢高卖出股票。

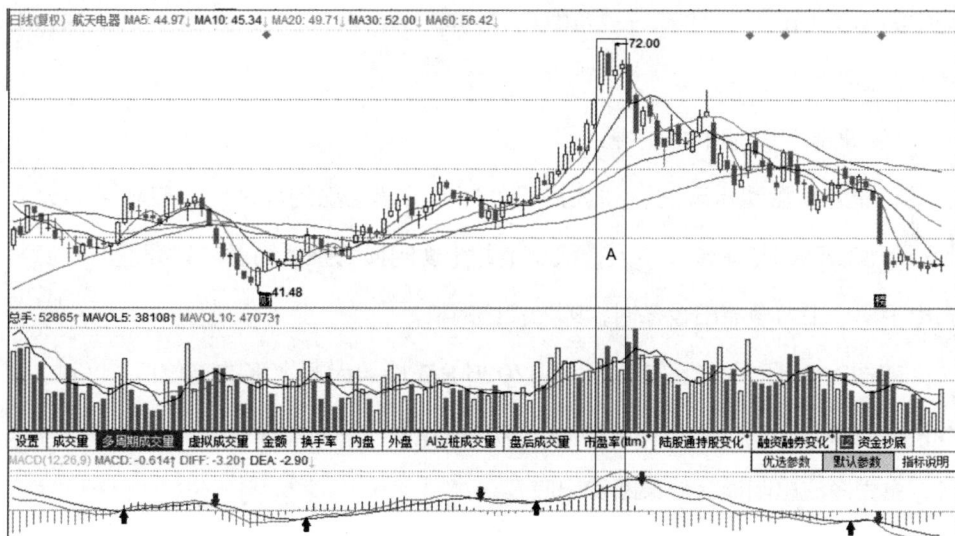

图7-17　航天电器–日线图

实战指南：

（1）高位放量滞涨期间，只要从量价形态及当前的股价位置即可判断出来，但也通过其他指标进行辅助判断，在此期间可能不会形成向下钓鱼形态，如利用MACD时双线也会出现高位区的震荡盘整。

（2）高位放量滞涨期间，或量能整体出现明显放大，或只是保持在当前的高量水平，同时应注意其间允许股价快速刷新高点后快速回落，只要K线保持在同等水平即可。

（3）高开放量滞涨多数是中小盘股转跌前的征兆，流通盘略大的大盘股或蓝筹股，主力出货时则更为缓慢，表现为反复在高位震荡中的量缩盘整。

7.5.4　明显缩量盘整

　　明显缩量盘整是流通盘较大的大盘股主力出货的征兆，因为大盘股的主力持股数量较多，短时难以达到出完货的目的，会利用股价在高位区反复小幅盘整持续出货，甚至是有些大盘股多为基金抱团股，某些主力会长期持有这些股票，只是通过股价的波段涨跌，进行减仓与增仓的操作，完成中长期持股与短期持股的获利，所以才会在高位区反复盘整的缩量状态下隐藏出货，或是主力在之前的上涨中即边拉边出货。因此，一经出现，同样要结合盘口状态，果断在确认主力出货时卖出股票。

　　具体形态和卖股时机把握：

　　明显缩量盘整出现时，往往是股价短期持续上涨的高位区，股票多为大盘股，盘整震荡的整体幅度不大，成交量却出现明显的整体缩量。只要盘口表现为高换手率、主力净流出较多时，即为卖出时机。

　　如图7-18所示，山东威达（002026）在持续大幅上涨的高位区A区域，K线持续震荡，未形成向下钓鱼形态，成交量表现为明显缩量状态，盘口换手率较高，主力净流出明显，应果断卖出股票。

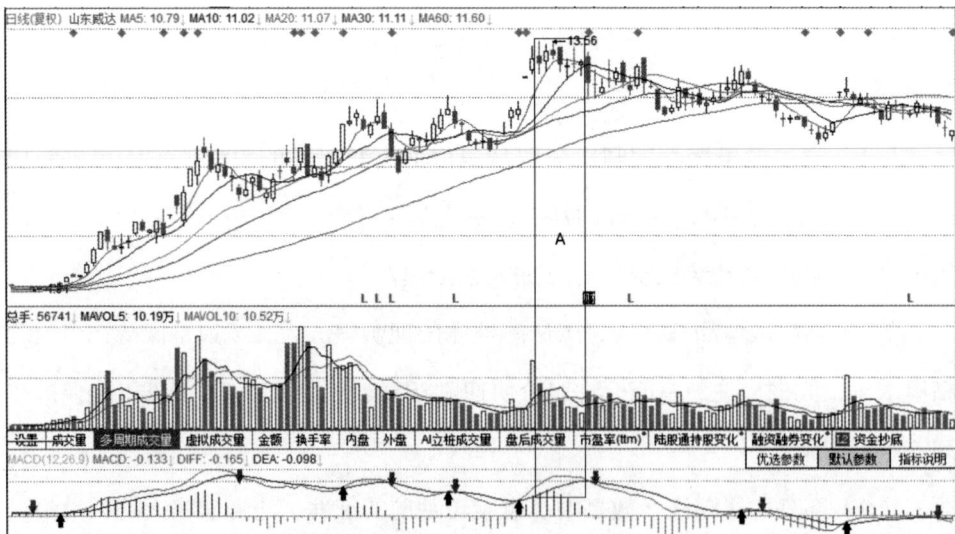

图7-18　山东威达-日线图

实战指南：

（1）明显缩量盘整是大盘股主力出货时的一种征兆，尤其是一些价值投资的标的股，如大盘白马股，其中最为明显的就是一些白酒与医药行业的大盘股，如恒瑞医药、五粮液等。

（2）明显缩量盘整与高位放量滞涨从形态上观察，有着相同的情况，如都是在高位形成震荡，只不过高位震荡滞涨中的股价滞涨和放量明显，而明显缩量盘整中的股价滞涨明显，但缩量也明显，这是最大的区别。

（3）明显缩量盘整期间，允许股价在震荡中创出新高，但此时表现为创出新高后的量能不足导致的回落，即上涨动力无法持续，所以，在此期间是主力拉高出货的征兆，也是散户借机卖出的最佳节点。

7.6　实战要点

7.6.1　结合向下钓鱼形态与主力出货征兆确认卖股时机

投资者在根据钓鱼战法卖出股票时，一定要结合向下钓鱼形态的卖股时机和主力出货的卖股时机来确认最终的卖股时机。因为从根本上来讲，向下钓鱼形态是主力出货时最明显、也是经常出现的一种方式，属于主力出货的经典方式，而其他方式则相对隐蔽，所以在卖股时一定要综合两种卖股时机来确认卖出时机，以实现及时锁定收益的目的。

判断最佳卖股时机的方法：

一旦发现持股出现了持续大幅的上涨后，在出现向下钓鱼线时应观察其后是否形成了向下钓鱼形态的K线走弱，结合巨量下跌、放量下跌、持续阴量下跌、跌破昨日收盘价的大阴量下跌、大阴量大阴线式下跌、高开放量下跌、高位放量滞涨、尖顶式放量下跌、明显缩量盘整等形态对照，不管是否形成了明显向下钓鱼形态，或只是出现了向下钓鱼线，甚至是未出现，只要满足这几类量价齐跌要求中的任意一种形态时，即应果断卖出股票。

如图7-19所示，达安基因（002030）在持续上涨的A区域，股价已经大幅上涨，累积涨幅已超过200％，虽形成了向上钓鱼线，但其后弱势不明显，表现为高位放量滞涨，说明主力在隐藏出货，应果断卖出股票。

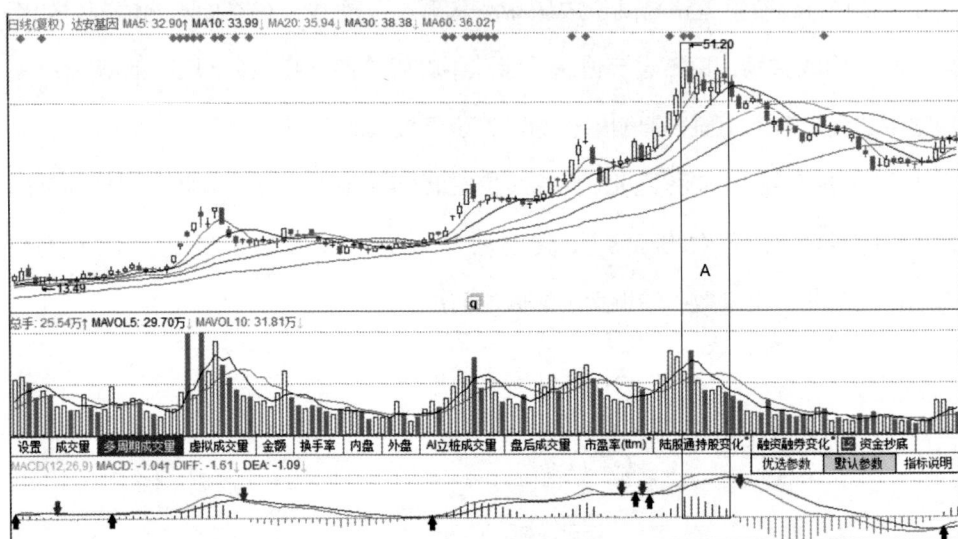

图7-19　达安基因-日线图

实战指南：

（1）投资者在根据钓鱼战法卖股期间，一定要明白不要拘泥于向下钓鱼形态的卖股要求，因为钓鱼战法中的向下钓鱼形态虽然是股价转跌时经常出现的一种形态，但并不是唯一的弱势形态，出于及时锁定收益的目的，必须学会所有股价快速转弱时的卖出时机，才能真正学会卖股。

（2）要想真正学会和学懂钓鱼战法，就要对本章中卖股时机一和卖股时机二中所有的内容均要一一掌握，同时还要结合盘口状态来判断主力资金的动向，而不过分拘泥于向下钓鱼形态的确认，要重向下钓鱼形态，但不死板地一味等待向下钓鱼形态的出现。

7.6.2　结合股价累积涨幅判断卖出时机

根据钓鱼战法实战卖股期间，一定要学会通过股价涨幅来判断卖出时机的方法或技巧，这是从主力操盘的角度出发，如果主力操盘一只股票时，除非是长期持有、短期小波段操作，否则必须达到一定的获利幅度，才能真正获利。因为主力操盘的成本较高，主力获利的计算要扣除这些成本，散户不同，只要差价高于交易税，就能获利。

主力操盘时股价涨幅的基本要求：

主力操盘一只股票时，逢低建仓期间的股价震荡、加大震荡幅度的洗盘，以及上涨中的拉升与洗盘，这些都需要通过对倒交易完成，成本较高，一般一只股票若是在低位的累积涨幅无法达到翻倍，就无法取得50%的收益。所以，从股价累积涨幅判断卖出股票时，只要发现涨幅接近翻倍时，出现符合要求的向下钓鱼形态的卖股时机，或是主力出货时的卖股时机量价及盘口要求，就要果断卖出股票。

如图7-20所示，联创电子（002036）在持续上涨的A区域，股价表现为高位放量滞涨，且从低点计算，累积涨幅已近200%，盘口主力以净流出为主，即便是长期看好这只股票，也应及时卖出。

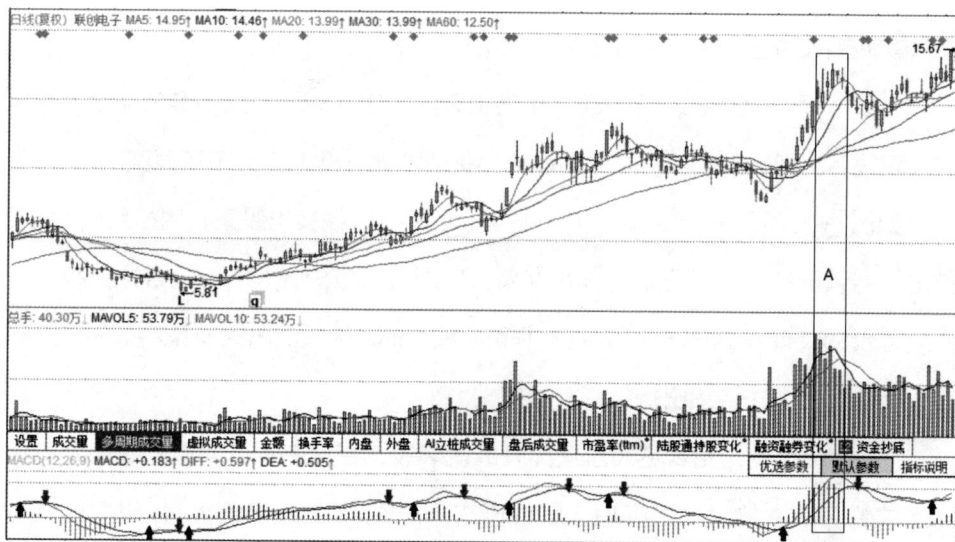

图7-20　联创电子-日线图

实战指南：

（1）在通过股价的累积涨幅辅助确认卖股时机时，应从股价在低位时的低点至当前的最高价来粗略计算即可，不可过于纠结是否翻倍，只要保持在涨幅80%以上时即可。

（2）结合股价累积涨幅的判断卖股时机不是主要的方法，因为个股质地不同，主力操盘个股的方式也会不同，所以，不能以此为主来判断卖出时机，且在实战时，应首先以股价出现的卖出时机时，再来结合当前的累积涨幅确认略不明显的卖出时机，而不是在向下钓鱼形态及量价卖点明显时，发现累积涨幅不足时，还要坚定持股。

7.6.3 卖出后持续上涨时不可再买回来

根据钓鱼战法卖股时，一旦卖出股票，若是发现股价在短期内又出现震荡走强时，千万不可再买回来，因为向下钓鱼战法的卖股时机确认，是通过寻找主力出货初期的征兆来卖股，并不意味着主力已经完成出货，所以，其后除非一些特殊标的股出现的看似持续上涨均是主力再次推高股价吸引跟风盘的出货行为，买入后造成亏损的风险极高。

卖股后股价出现持续上涨的具体情况：

（1）一般中小盘股，均表现为K线上行时上影线较长，盘中震荡加剧，或是较长阳线后出现较长阴线，是主力继续出货的征兆，此时千万不可再买回来。

如图7-21所示的兔宝宝（002043），若是A区域卖出股票，调整后B区域股价出现持续上涨时，千万不可再买回来，虽然看似量价齐升明显，且这只股票为一只总股本只有7亿多股的中盘股，非长牛股，而A区域卖出时及其后量价齐跌明显，明显是主力在持续出货。

（2）大盘股，尤其是大盘绩优股或蓝筹股，甚至是一些当前的超级牛股，在形成钓鱼战法的卖出时机后，股价再次上涨时，持续性较强，但也要区别对待，尤其是短线又快速走强时，绝大多数是妖股的表现，操作时也应以短线对待，至于大盘绩优股，也不要轻易买回来。

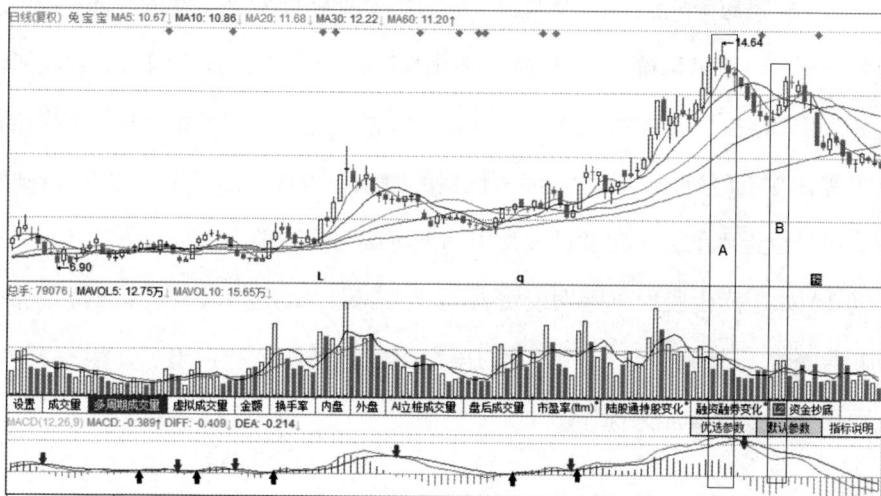

图7-21　兔宝宝-日线图

如图7-22所示的长安汽车（000625），若是在A区域巨量下跌卖出股票，其后B区域明显持续上涨时，同样不要买回来，虽然长安汽车是总股本为54.4亿股的二线蓝筹大盘股，又是当前的热门股，但低点累积涨幅已经高达300%，买入风险极高，大幅上涨后不经过充分整理，很难再持续走强。

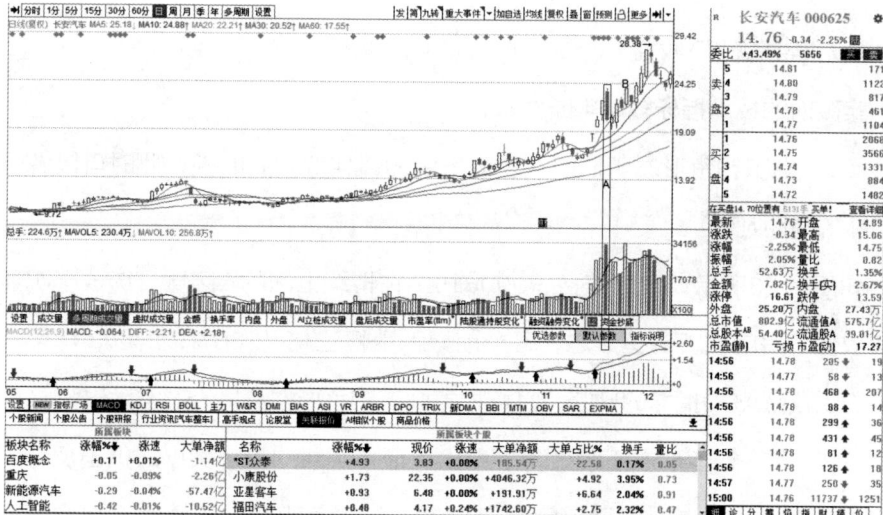

图7-22　长安汽车-日线图

实战指南：

（1）根据钓鱼战法卖出股票后，一旦股价在短期发动上涨时，若达到强势买股要求时，几乎可以确认这只股票为短期市场"妖股"，操作时一定要谨慎。

（2）如果投资者操作的是中小盘股，或是大盘蓝筹股或绩优股，则短期发动的上涨往往不可持续，因为业绩再优良的股票，大幅上涨后不经过充分整理，是很难再持续上涨的，一定要遵守卖出后不可买回的原则。

（3）如果卖出股票是因为投资者判断失误造成的过早卖出行为时，股价当前的短期涨幅已较大，从投资风险的角度出发，既然获利卖出了，也不要再买回，可重新寻找目标股来操作。

7.6.4 卖股时不可过于看重技术指标

投资者在根据钓鱼战法卖股时，应该有意识地规避掉许多技术派投资者的操作习惯，应在重向下钓鱼形态的基础上，更重趋势突变的量价卖股时机的把握，来寻找具体的卖出时机，不可过于看重辅助判断行情的技术指标状态，因为所有的技术指标都存在一个共同的缺点，就是统计周期造成的趋势突变时反应迟钝，或背离，过于看重技术分析，很容易出现无法在趋势转弱初期做到第一时间卖出股票，无形中减少了收益。

卖股时的技术指标辅助判断要求：

（1）向下钓鱼形态明显时，量价齐跌为最佳的卖股时机，此时可以忽略技术指标的辅助判断。

如图7-23所示，奥园美谷（000615）在持续上涨的A区域，形成了明显的持续放量下跌的向下钓鱼形态，且当前累积涨幅已超过200%，所以，可忽略当前的均线或MACD指标的判断，直接根据向下钓鱼形态及量价形态卖出股票。

（2）向下钓鱼形态不明显，主力出货征兆明显的量价卖出时机出现期间，技术指标的辅助判断，只要确认在高位区，或震荡明显，或依然上行均可，如MACD或高位区震荡，或在顶部依然表现为双线较近的上行状态；如均线的短期均线尚未转为下行，K线未跌破MA5等。

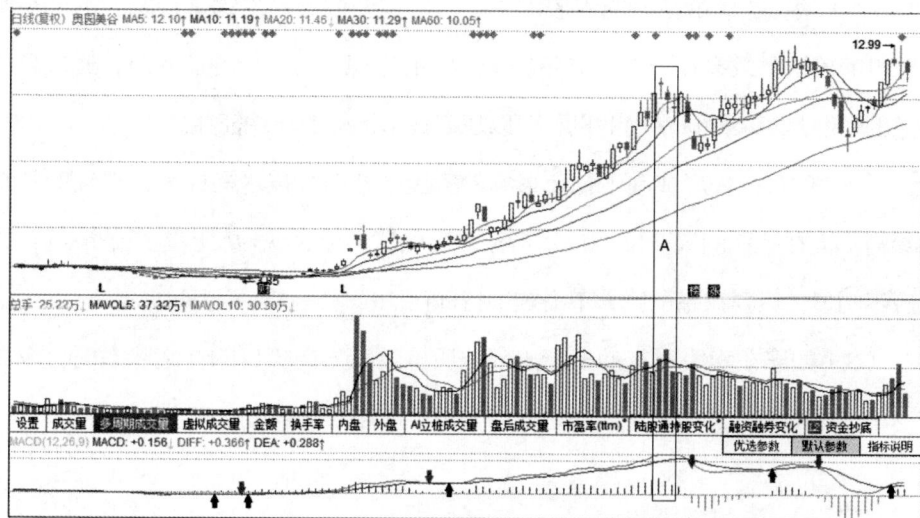

图7-23　奥园美谷-日线图

如图7-24所示，中油资本（000617）在持续上涨的A区域，虽然未形成向下钓鱼形态，且涨幅并不大，但这是一只总股本在126.4亿股的大盘股，且形成高位放量滞涨，下方MACD已经运行到高位区，上方DIFF线钝化明显，同样应卖出股票。

图7-24　中油资本-日线图

实战指南：

（1）根据钓鱼战法判断卖股时机时，应主要依据向下钓鱼形态的确认和卖股时机的确认，或是在未形成向下钓鱼形态时出现主力出货的征兆时，通过盘口信息的辅助判断来确认卖出时机，可以忽略技术指标的转跌征兆。

（2）只有在未形成向下钓鱼形态的卖股征兆时，技术指标才具有辅助判断的参与，但在此期间只要发现技术指标在高位区，或表现为反应迟缓的震荡，或反应不明显，只要在高位区，不一定下行即可。

（3）如果在卖股时其他指标出现与股价运行方向相反的背离状态时，应放弃这一指标的辅助判断，主要通过盘口与量价形态来确认最佳卖出时机。

第 8 章

操盘技巧: 使巧力才能获大利

　　虽然钓鱼战法是波段操作中短线获利最高的一种操盘技术,只要严格按照操盘步骤在实战中一一落实即可获利,但不明白其间的各种操盘技巧,就无法在操盘时运用自如。并且难以在使用钓鱼战法的基础上,做到既依靠钓鱼战法,又要不完全依靠这一技术,跳出钓鱼战法的波段操盘的最高境界。

8.1　选股技巧

8.1.1　长期弱势选股时优选BOLL和MACD

投资者在根据钓鱼战法实战选股期间，在技术面选股时，一旦遇到股价呈长期弱势震荡时，应优先选择BOLL和MACD两个指标，因为这两个指标在反映股价震荡趋势时形态十分明显。

长期弱势时BOLL与MACD的主要表现：

当股价表现为长期弱势时，BOLL会表现为波带在极窄状态下的水平小幅震荡，MACD会表现为双线相距较近、几近黏合状态下的水平小幅震荡。如图8-1所示，兴化股份（002109）在A区域，BOLL表现为波带在极窄状态下的水平小幅震荡，下方MACD双线相距较近、几近黏合状态的水平小幅震荡，为选股时的股价长期弱势状态。

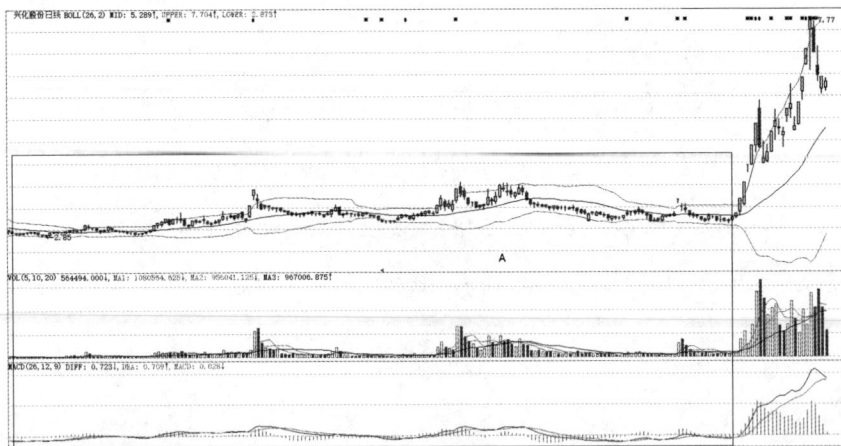

图8-1　兴化股份-日线图（大智慧）

实战指南：

（1）长期弱势不是股价长期处于持续震荡下跌的状态，而是长期处于弱势震荡整理，也就是在判断趋势时，股价表现为震荡趋势的形态。

（2）判断长期弱势时，虽然均线缠绕也极为准确，但由于均线缠绕判断趋势时要求日线上所有均线均表现为缠绕，所以，初学者判断时应优选BOLL或MACD。

（3）根据BOLL或MACD判断股价长期弱势时，主要是通过这两个指标中任意一种指标表现出的长期弱势震荡状态，即可确认符合技术选股要求。

8.1.2　短期弱势选股时优选均线

投资者在根据钓鱼战法实战选股期间，若股价表现为短期弱势时，应优选均线进行判断，因为股价在上涨趋势的短期调整期间，不同周期的均线在口线图上的变化显示最为明显，更能准确地反映出股价在长期趋势不变的情况下，出现的短期变化。

短期弱势时的均线排列主要表现：

当股价出现短期弱势时，必须在长期趋势不变的情况下，即长期均线表现为上行的基础上，只有短期均线或中期均线表现为震荡或下行，且未与长期均线交叉时，即为符合选择技术要求中的短期弱势。

如图8-2所示，天邦股份（002124）在A区域上涨趋势的情况下，B区域和C区域股价出现调整时，均是短期均线中的MA5和MA10出现略下行，未与下方中长期均线交叉即转为震荡上行，符合短期弱势时的均线排列要求。

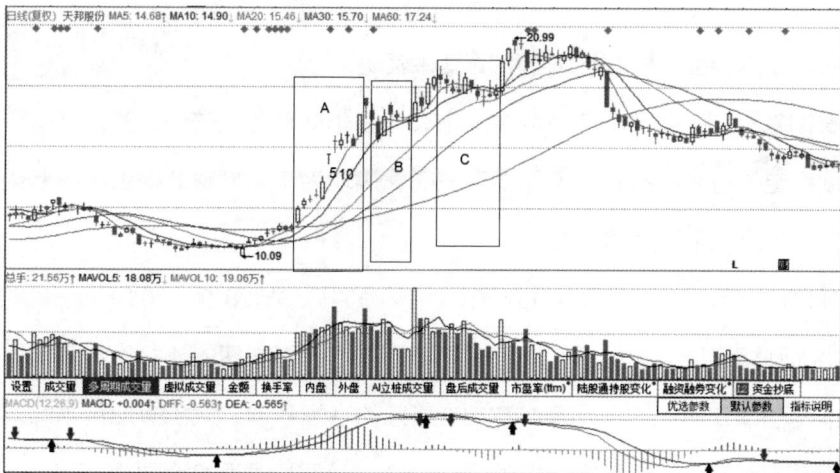

图8-2　天邦股份-日线图

实战指南：

（1）选股期间的股价短期弱势，即上涨趋势的短期调整行情，所以，首要的判断标准是上涨趋势，而判断趋势时均线排列为主要的判断形态，虽然MACD也能准确判断出上涨趋势，只是由于在出现短期变化时，若短期调整幅度较小时，DIFF线的变化不明显，所以选股时应优选均线。

（2）均线排列在股价短期弱势时，表现为长期均线上行不变的情况下，只有中短期均线出现了缠绕或下行，当调整幅度不大时，只涉及短期均线，中期期均线是上行的；调整幅度或时间略长时，才会涉及中期均线的缠绕或下行变化，但必须未与长期均线出现交叉。

8.1.3　长期弱势选股时优选长期基本面强、短期基本面弱的

投资者在通过基本面选股时，如果这只股票属于技术面长期弱的状态时，则在基本面选股时应优选那些长期基本面强、短期基本面弱的股票。这是因为，只有长期基本面强的股票，在持续技术弱势状态下，未来出现趋势转强的概率才更大，而短期基本面弱又能体现出公司短期业绩的波动向下，也正是在好公司最差时的表现，这类公司一旦短期基本面转强，则发动一轮上涨时的短期涨幅持久性更强，获利也最为丰厚。

长期基本面强、短期基本面弱的具体表现：

长期基本面强时，主要表现在上市公司的年度财务报表中，各财务指标均处于持续稳定的盈利状态；短期基本面弱时，表现为单季度财务报表中盈利情况略弱，甚至是出现了一定的亏损。

如图8-3所示，好想你（002582）在2017年、2018年、2019年三年的财务报表中净利润保持持续的明显增长，为长期基本面强；图8-4中2020年前三个季度的净利润却在第三季度出现1 771.35万元的小幅亏损，属于短期基本面弱。符合长期基本面强、短期基本面弱的优选标准，只要技术面符合要求，即应列为优选目标股。

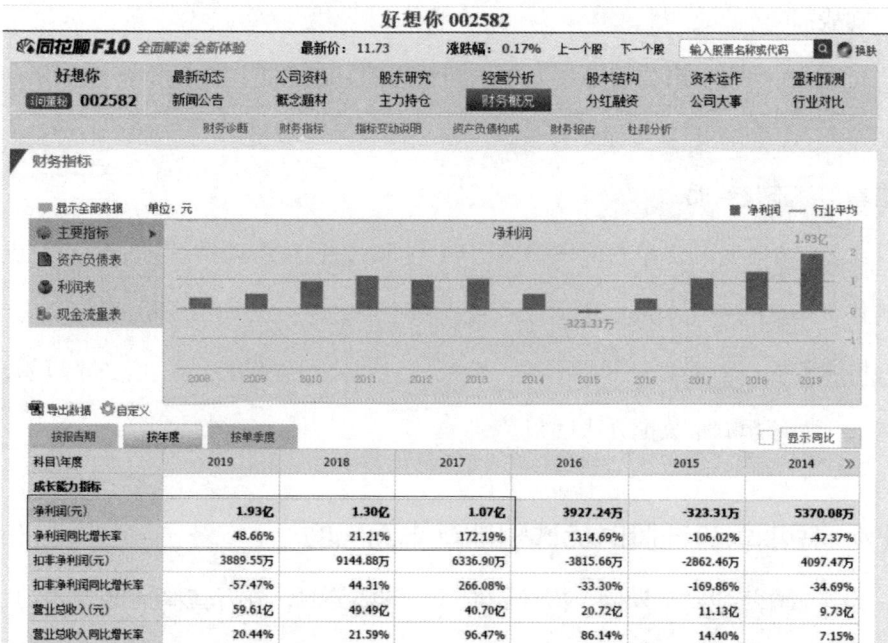

图8-3 好想你–财务概况（按年度）

图8-4 好想你–财务概况（单年度）

实战指南：

（1）在观察上市公司的长期基本面状态时，以最近三年的财务指标呈现优良即为强势，而短期基本面则是根据上市公司某一单季度内的业绩，相对其他季度略差，甚至是亏损。

（2）如果上市公司的单一季度出现亏损时，往往不可持续亏损，否则就会影响整个年度的长期业绩，但对于行业龙头企业，由于公司市场份额较高，允许出现持续亏损，但要对亏损原因进行分析，只要公司盈利能力在，亏损下的技术弱势时，为理想的中长期介入时机。

8.1.4 短期弱势选股时优选短期基本面强的

投资者在选股实战期间，如果股价呈短期弱势时，分析基本面时，则应优选那些短期基本面强的股票。因为是短期弱势选股，股价的长期趋势是向上的，而市场又有着强者恒强的特征，所以越是短期基本面强的股票，短期内在上涨趋势的强势下，越是容易出现止跌后的加速上涨，收益会较高。

短期技术弱势时短期基本面强的具体要求：

当短期技术面弱时，短期基本面的强弱判断，应观察上市公司最近一个或两个季度财务指标的变化。因为根据基本面选股时，公司业绩报告的颁布时间通常是推迟时间较长的，所以只能观察基本面的一个短期趋势，只要趋势是向上的，如业绩呈持续增长的即可。

如图8-5所示，赣锋锂业（002460）在2020年第三季度的6~9月，即A区域，表现为弱势震荡，属于技术面弱势；图8-6中2020年第三季度的6~9月，净利润却出现了明显的增长，为短期基本面强。这类股票为选股时的优选目标股。

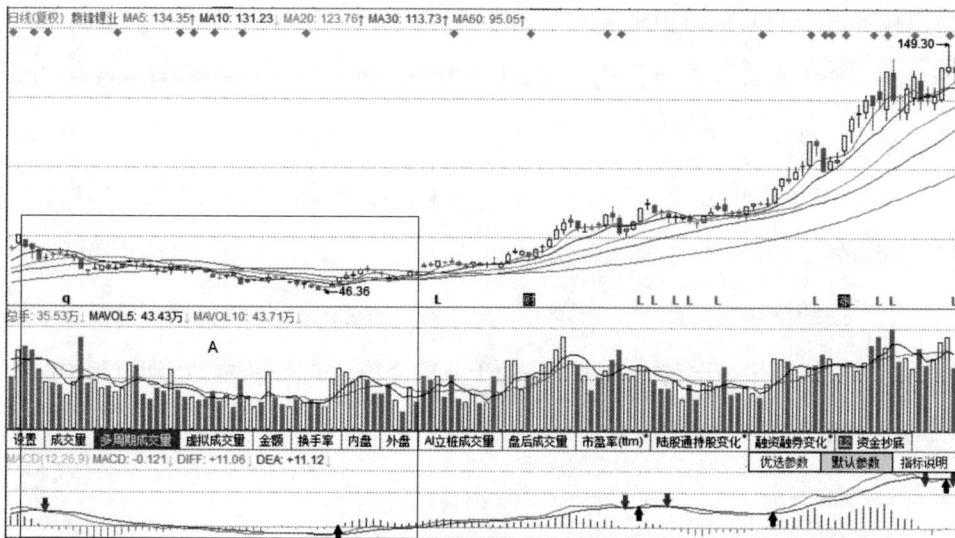

图8-5 赣锋锂业-日线图

赣锋锂业 002460

图8-6 赣锋锂业-财务概况

实战指南：

（1）当目标股技术面呈短期弱势时，往往是处于上涨趋势调整行情中，所以技术面选股时应注重短期的业绩增长为主，但若是上一季度业绩是大幅亏损状态下变为小幅亏损时，因为总体是亏损的，所以不属于短期基本面强的范围，龙头股除外。

（2）判断上市公司短期基本面的强弱时，虽然因为发布时间的滞后造成不好的判断外，但对于优质股在判断时，有一定技巧，如长期稳定的绩优股或白马股。因为业绩常年稳定增长，所以，若是在某一季度出现偶尔业绩不佳甚至亏损时，当前技术面短期弱势时，如果是处于业绩公布前的时间时，可通过单季度业绩的变化规律，得出预判结果。

8.2 买股技巧

8.2.1 向上钓鱼形态期间，辅助指标攻击形态越强越可信

在买股时，一旦形成向上钓鱼形态，利用辅助指标进行判断时，在同等的条件下，应优选辅助指标呈强势攻击形态的股票，并且攻击形态越明显、越表现为强势特征，则后市股价短期快速转强的欲望越强烈，不仅买入的安全性更高，短期收益也会更大。

辅助指标攻击形态的强势情况：

（1）BOLL开口形喇叭口的强势攻击信号。当开口形喇叭口形成期间，K线以涨停方式突破中轨或上轨，或是阳线突破上轨时，上轨向上与下轨向下的角度保持在45°以上时，为强势攻击形态。

如图8-7所示，中能电气（300062）在A区域形成向上钓鱼形态期间，开口形喇叭口上轨向上与下轨向下的角度接近60°的大角度，且右侧K线是涨停阳线突破上轨，为强势的开口形喇叭口攻击信号。

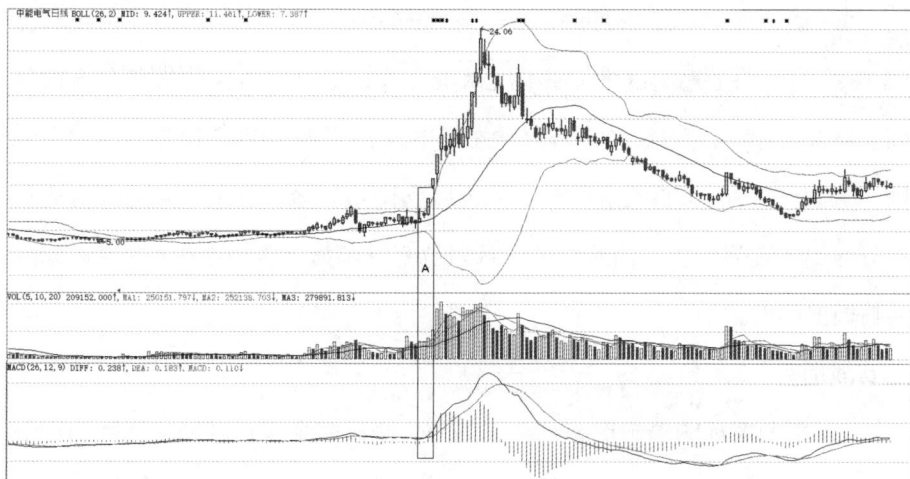

图8-7 中能电气-日线图-BOLL显示（大智慧）

（2）标准的多头排列初期形态。前期均线缠绕时间越久、相距越近，一旦形成多头排列初期，MA5向上发散翘起越明显，其余均线略向上发散特征明显，且K线阳线突破MA5并站在上方时；或是MA5大角度上行与其余均线相继金叉后的向上发散明显时，中期均线恢复上行的趋势明显，长期均线上行明显，K线站上MA5。

如图8-8所示，中能电气（002206）A区域形成向上钓鱼形态期间，均线表现为标准的各均线明显向上发散的多头排列初期。

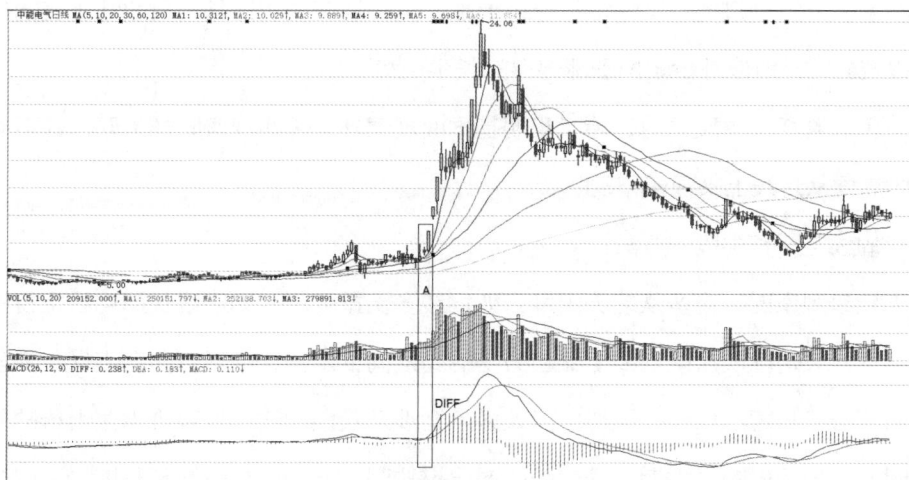

图8-8 中能电气-日线图-均线显示（大智慧）

（3）前期弱势震荡整理时间长，振幅较小的状态下，形成DEA线略上行的DIFF线明显向上翘起时的双线向上发散。如图8-8中A区域形成向上钓鱼线期间，MACD表现为双线长期震荡状态下的DIFF线突然向上翘起时的向上明显发散，为强势的MACD攻击形态。结合以上两点内容，A区域完全符合均线、MACD、BOLL强势攻击信号要求，且量价齐升明显，应果断在A区域右侧涨停阳线封板前买入。

实战指南：

（1）辅助指标的攻击形态判断强势时，必须完全符合辅助指标强势形态的标准，在这一基础或前提下的强势特征，方为强势的辅助指标攻击形态。

（2）从理论上来讲，前期整理越是充分的技术攻击形态出现时，一般均会形成明显的技术攻击形态的强势，如大幅下跌后的长期弱势震荡整理，以及上涨后回调期间形成的长期弱势整理，都是以时间换取空间的典型例子。所以，强势与否，多在于前期的蓄势是否充分，因此，操作时应重在选股。

8.2.2　向上钓鱼形态期间，周线震荡上行的股票多为长牛股

实战期间，很多时候根据向下钓鱼形态卖股时，发现卖出后股价的调整幅度并不大，且经过整理后又恢复了继续上涨，这种情况说明这是一只业绩优良的价值投资标的，所以才会走出涨涨停停的长牛走势。

因此判断这类股票时，除了长期基本面观察外，周线观察同样重要，甚至有时候需要从月线上来观察和判断。

周线判断长牛股的方法：

周线观察时，应多从趋势出发，如均线多头排列下，即周线长期均线上行的状态下，只是出现短期均线上涨趋势中的短期向下调整，甚至有时会出现中期均线的下行或与短期均线的缠绕，但大多不会涉及长期均线，且股价震荡上行的特征明显，最明显的是中期均线对股价的支撑较强，但若调整时涉及长期均线时且

上行明显，往往是构筑阶段性大底的时机。

如图8-9所示，洋河股份（002304）从上市初期的周线图观察，发现在经历一波上涨后，A区域、B区域和C区域的每次K线回调到120周均线下方，均为阶段性大底，其余时间只要跌破中期均线，同样成为日线图阶段性上涨的低点，所以，可以确认这是一只长牛股，可结合周线和日线反复进行波段操作。

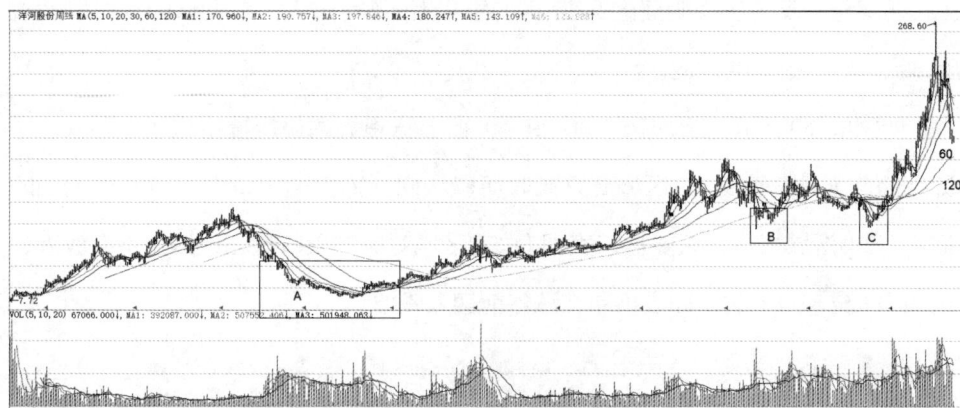

图8-9　洋河股份-周线图（大智慧）

实战指南：

（1）周线观察股价趋势时，虽然多用于更长周期的操盘，但在日线图波段操作中，经常喜欢观察周线，往往更能把握股价的中长期趋势，短线操作时成功率更高。

（2）在钓鱼战法实战期间，尤其是向下钓鱼形态后的周线震荡上行类股票，虽然可以确认为长牛股，但周线更多的意义在于，在向上钓鱼形态期间，通过周线的观察来确认日线上这种支撑是否有力。因此，不管是出于发现长牛股还是其他目的，学习钓鱼战法的投资者，或是喜欢短线操盘的朋友，都应平时多学习一些周线的看盘技巧。

8.2.3　买股时要重向上钓鱼形态、更重量价突变

由于向上钓鱼形态是主力向下快速试盘的明显征兆，而绝大多数的股票在启

涨前均会出现眼前突然一黑的走势，所以，在观察目标股期间，一定要着重观察是否形成了向上钓鱼形态，但买股时又不能只重形态，还要重量价突变，因为只有在向上钓鱼形态期间出现明显的量价突变，才意味着强势。

买股时的观察和判断核心：

向上钓鱼线出现后是否形成向上钓鱼形态，是否辅助指标也形成强势征兆，在此期间量价是否出现明显的突变，且短期量能不可过大，辅助判断时可以通过盘口状态确认主力的动向。

如图8-10所示，惠博普（002554）在上涨趋势调整行情中进入A区域，形成明显的向上钓鱼线，B区域高开高收可确认向上钓鱼形态，为缩量涨停阳线的强势，在B区域当日，只要盘口表现为如C区域对应的盘口状态：日换手率放大、主力以净流入为主时，即应果断在涨停前买入股票。

图8-10　惠博普-日线图

实战指南：

（1）在判断向上钓鱼形态期间，首先准确捕捉到向上钓鱼线，其次通过向上钓鱼线的长度判断主力向下试盘时的支撑力度，最后通过K线的强势确认向上钓鱼形态。在确认向上钓鱼形态后，不要忽略其他指标的辅助确认。

（2）量价突变，主要表现为明显的量价齐升，如买股步骤四中的四种量价买点形态，但要记住一点，量价突变时除了要确保量价齐升突变明显外，还不可有量过大，如巨量上涨，因此，在此期间通过盘口状态的辅助判断也是极为重要的，因为只有健康状态的主力上攻，持续性才会更有保障。

8.3　持股技巧

8.3.1　发现长牛股应反复进行波段操作

投资者在买入一只股票后的持股期间，主要观察股价在日线上的强势是否具有持续性，强势持续时安心持股，短线调整为健康的整理状态时，同样要持股。但是，也应利用这一时间对持股进行更为仔细地观察，包括基本面中所有的资料，如行业地位、业绩状况等。一旦确认为价值投资的长牛股时，可以通过阶段性的上涨波段反复操作。

反复波段操作长牛股的技巧：

可以始终留有一定数量的底仓股票，然后通过股价在阶段性高点到达时卖出一定数量的股票，待阶段性低点时再买回来，如常驻基金机构一样反复波段操作获利。买卖交易时，一定不要拘泥于钓鱼形态，如向上钓鱼线即便不出现，可通过辅助指标判断，只要止跌回升时强势特征明显，即可波段买入；卖出时，哪怕形成的向下钓鱼线不标准，或是只出现阴线下跌明显，即可执行波段卖出。

如图8-11所示，海天味业（603288）只要通过周线发现为均线长期多头上涨走势，结合基本面发现业绩长期优良，无论在何时买入股票，只要发现如周线图A区域和C区域未跌破长期均线的止跌回升，即可根据日线图向上钓鱼形态或止跌回升明显的状况买入，而周线图如B区域和D区域的快速冲高回落时，根据日线向下钓鱼形态或高点快速回落状态卖出股票。这就是日线图结合周线图反复波段操作长牛股的方法和技巧。

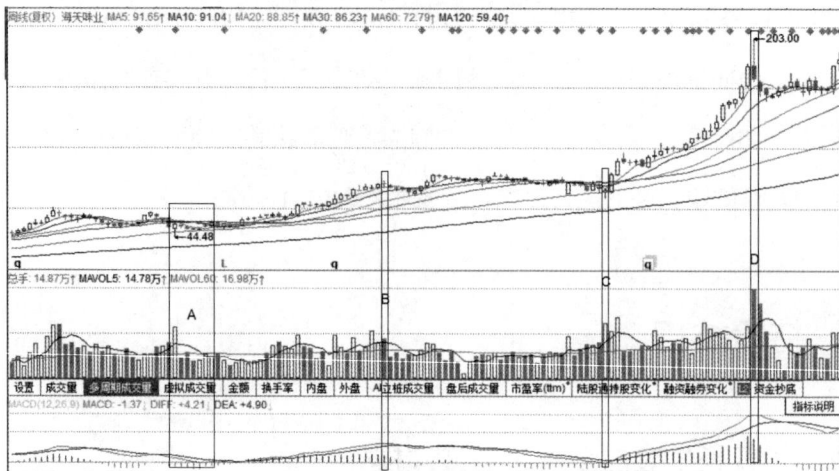

图8-11　海天味业-周线图

实战指南：

（1）在波段反复操作长牛股之前，必须确认目标股为长牛股，判断时除了通过常年业绩确认外，还要结合股票所处行业，结合行业发展潜力、国家经济发展方向等来综合判断，因为长牛股之所以能够持续多年上涨，确保业绩的持续稳定发展的唯一判断，就是公司的盈利能力保持活力，而这一活力的最终根源，还在于行业在国民经济发展中的地位，因为行业及国家经济发展的重点，是提供企业活力的最大动力。

（2）虽然股票投资的关键在于遵从股票的技术走势规律，但股票市场是国家经济的晴雨表，研究上市公司在国家经济发展中的地位十分关键，也是寻找超级牛股最可靠的方法。上市公司的价值高低，与其在国家经济发展中的地位是分不开的，只有那些契合了某一时期国家经济发展主线的上市公司，在这一时间才会受到更多大资金的持续关注。

8.3.2　持股期间以判断主力短期洗盘为主

投资者在买入股票后的持股期间，主要目的是通过持股持续获得收益，所以，主要是判断股价的短期强势，而更多的时候，即便是处于强势上涨的股票，也大多不会表现为短期的超强状态，总会出现短时的波动，而波动的幅度又有大有小，所以，其间最主要的任务就是判断股价调整时是否为主力的短期洗盘，只要主力在短期洗盘，即应持股，否则就应采取回避措施。

判断主力是否短期洗盘的技巧：

主力短期洗盘时，时间会较短，不会跌破重要位，造成趋势的转弱，所以，只要发现持股出现波动时，一是从调整的幅度上，只要在不跌破启涨阳线的低点或是突破回撤的高点等重要位，时间一般保持在五个交易日内时，基本均为主力的快速洗盘。若是调整时间一长，尤其是短期大幅上涨后的盘整，多数意味着调整需求较大，起码应阶段性回避。

如图8-12所示，格林美（002340）A区域根据向上钓鱼形态买入股票，B区域在整体涨幅不大的情况下，若出现极短的类似于B区域的快速下跌，时间较短，只是MA5上行渐缓或转下行不久即恢复上行时，且未跌破C区域突破性阳线低点的重要位时，即说明主力在快速洗盘，就应保持持股。而同样是上涨走势的短线调整行情，当D区域出现调整时，一是形成向下钓鱼形态，二是E区域向上钓鱼形态K线回升时量价齐升虽然明显，但调整时间较长，且当日MA10依然呈略下行状态，所以不可买入，即便是D区域未辨识出向下钓鱼形态，也应在E区域的冲高中卖出股票，不可再持股。

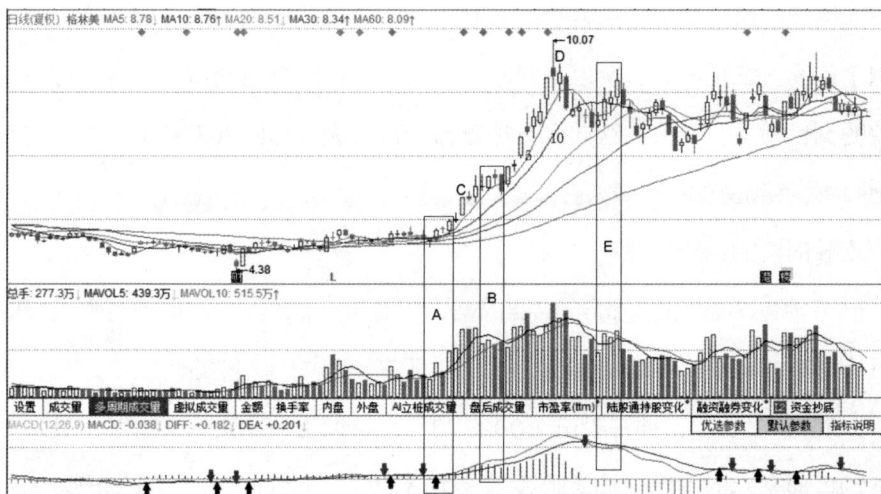

图8-12 格林美-日线图

实战指南：

（1）持股期间股价波动时，判断主力是否在短期洗盘，关键是调整时间及幅度的判断，因为短期洗盘时间会较短，力度不大，不会跌破关键价位，如重要支撑和启涨位，但要提防主力强势洗盘时的情况，如巨量洗盘、跌停洗盘等。

（2）股价在上涨期间，当主力短期洗盘时，大多以盘中大幅震荡为主，或是以直接大幅低开的方式出现，但回升的力度也会很大、很快。因为主力压低股价是为了清洗掉浮筹，而不是让更多的人低位买入，所以，哪怕一只股票主力通过早盘的大幅压低开盘价，造成盘口看似较大量的净流出状态时，开盘后这种净流出也会快速变为净流入。

（3）主力短期洗盘期间，换手率因为主力的反复买卖会略大，放大状态不会过大，但净流入状态会明显。

8.4 卖股技巧

8.4.1 卖股时轻向下钓鱼形态、重量价突变

投资者在根据钓鱼战法实战卖股时，虽然向下钓鱼形态是主要的，但由于主力在此期间以快速出货为主要目的，并不一定会形成标准的向下钓鱼线，且主力快速出货的方式也不同，所以，卖股时不可过于依赖向下钓鱼形态，而应以量价齐跌的突变为主。量价齐跌突变意味着盘中持股者以短时大笔卖出为主，应及时卖出股票，锁定收益。

卖股时机的判断技巧：

向下钓鱼形态只是判断的重要依据，不是唯一依据，第7章中两类卖股时机的量价形态才是量价齐跌突变的卖点，只要符合要求，就应及时卖出股票。

如图8-13所示，神开股份（002278）在持续上涨中进入A区域，虽未形成向下钓鱼形态，但出现一根大阴线、大阴量的巨量下跌，为主力快速出货的卖出时机，应及时卖出股票。

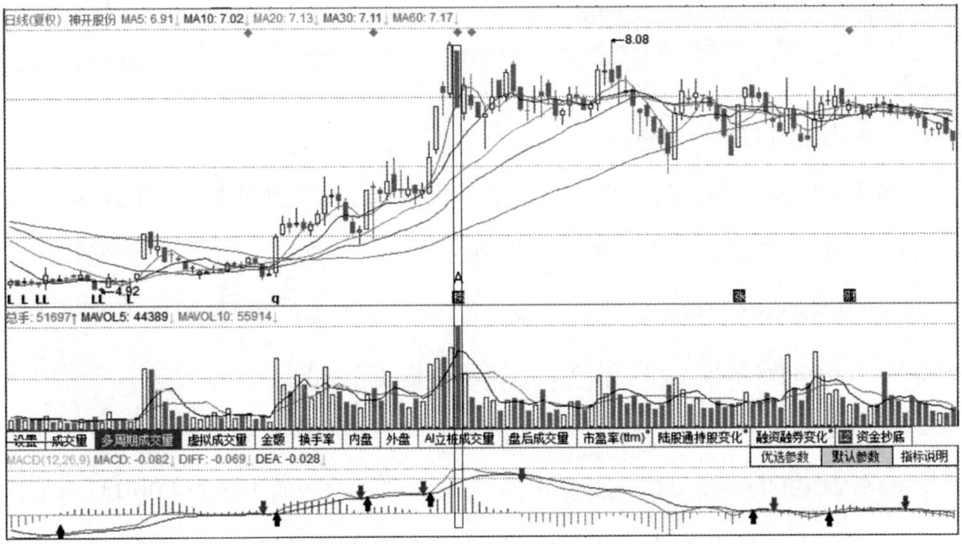

图8-13 神开股份-日线图

实战指南：

（1）因为股价在短期大幅上涨后的高位区，累积的短线获利筹码较多，主力出货时往往是迅速的，而为了不引起散户持股者的注意，经常会营造出一种股价强势的征兆，但K线形态具有欺骗性，而主力大举卖出的成交量变大却无法改变。所以，卖股时应轻形态、重量价齐跌突变。

（2）在通过量价齐跌突变卖股时，一定要留意不明显的量价突变形态，即高位放量滞涨或高位缩量盘整。因为这种量价突变最不明显，是主力隐藏式出货的主要方式，一经出现，其后股价快速转跌概率几乎为百分之百，所以应及时卖出。

（3）盘口状态在辅助确认量价突变时尤为重要，因为盘口状态的异常，表明是主力资金的动向，是在量价突变中捕捉主力动向的最直接证据。

8.4.2 卖股期间结合盘口信息判断主力是否出货

投资者在根据钓鱼战法卖股实战期间，虽然通过向下钓鱼形态和量价齐跌突变即可准确判断出卖股时机，但盘口信息的状态却能够在这种量价齐跌突变中准确地捕捉到主力资金的真实动向，所以，应结合盘口状态辅助判断，以确认卖出时机。

主力出货时的盘口判断技巧：

当主力以出货为主时，盘口首先表现出日换手率处于明显较高的状态，通常一般流通盘在10亿股左右的中盘股在20％左右，但这一点不是绝对的，可以20％的日换手率为基础，结合具体个股的流通盘大小，以及股性当前的活跃程度，上下略有浮动，只要保持当前较高的换手率期间，主力资金以净流出为主，且流出量较大为准，虽然由于股价高低和流通股本数量，主力流出资金多少也没有固定的标准，但是短期内只要发现盘口主力净流出达到2 000万元左右时，且依然在不断变大时，即可确认主力是在出货，只要量价齐跌突变明显，即可卖出股票。

如图8-14所示，华东医药（000963）在A区域股价高位区形成向下钓鱼形态初期，最右侧K线只是形成了大阴线大阴量下跌，但盘口显示换手率较高，达到8.05％，主力净流出为44 027.9万元，流出较多，即应果断卖出股票。

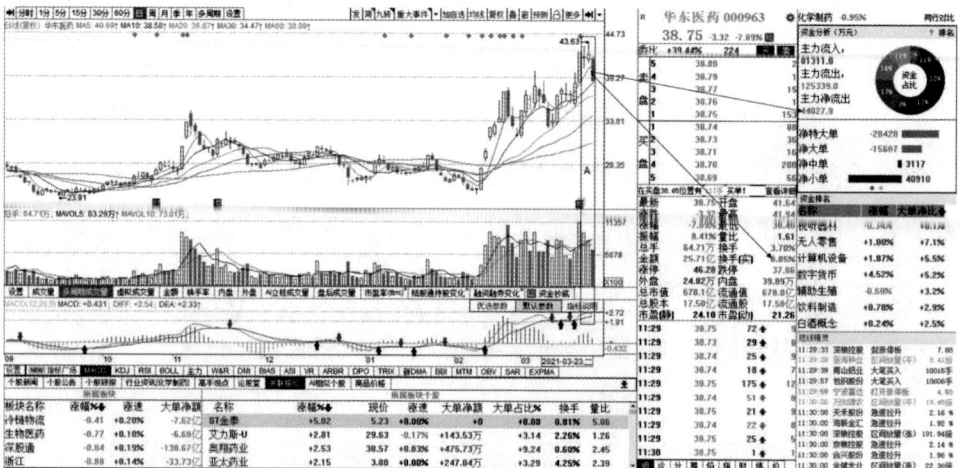

图8-14　华东医药-日线图

实战指南：

（1）投资者在卖股时，盘口信息虽然不是主要的依据，但异常的盘口状态却能够准确让投资者看出主力是否在出货，所以不应忽略盘口信息的变化。

（2）由于主力在出货时，所持有的筹码数量不同，且主力通常为多个，而股票的流通盘大小和股价也存在差别，所以，盘口状态的判断，只要发现当时的日换手率达到20%左右时，盘口短时的主力流出达到2 000万元时，即可确认为换手率放大明显、主力净流出较大，只是大盘股与中小盘股略有差异。

（3）短期快速涨幅较大的股票，或是市场热度极高的股票，通常为妖股，其走势会异于常态的股票，换手率及主力资金的流出与流入状态会明显放大，如短时换手率达到30%～50%，主力在大盘净流入突然转为净流出的情况也时有发生，根据盘口状态判断主力是否出货时也会经常出错，这时，应结合近几个交易日内的主力资金动向及高换手状态来确认，即便是操作失误卖早了，也不应后悔，因为妖股本来就妖性十足，表现反复异常。只要记住一点即可，股价涨多了必然会跌，短期涨得越猛，其后会跌得越狠，只是时间早晚会略有不同。

8.5　识别钓鱼形态技巧

8.5.1　根据股价位置确认向上钓鱼形态

虽然股价涨跌规律中存在跌久必涨的规律，但跌多久后才涨却是未知的，不可预测的，因为主力介入的程度不同，具体操盘的结果也不尽相同，所以，除了根据向上钓鱼线的强势状态可以短期看出股价转强的征兆，但在选股时同样可以根据股价当前的位置，有效观察出什么样形态的股票最容易出现向上钓鱼形态。

容易出现向上钓鱼形态的股票技术特征：

（1）上涨趋势形成后的短期调整行情是最容易出现向上钓鱼形态的技术特征，安全性也较高，尤其是上涨趋势成立后的首次回调，向上钓鱼形态后的强势上涨概率最高。

如图8-15所示，超华科技（002288）在明显的上涨趋势形成后首次回调的C

区域，形成均线恢复多头初期、量价齐升的向上钓鱼形态，为最安全的买入时机。

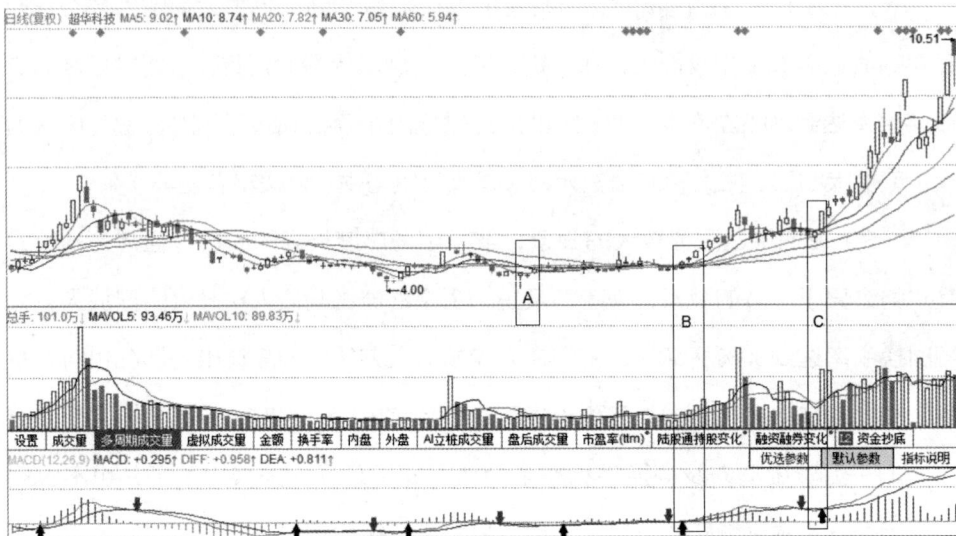

图8-15　超华科技-日线图

（2）长期弱势震荡同样是向上钓鱼形态容易出现的形态，但长期弱势震荡出现时，股价有两种不同的形态：一是股价在持续大幅的下跌中，当首次止跌回升后，再次下跌所形成的弱势震荡时，股价由高点计，跌幅达到100%左右甚至更高时，往往长期弱势震荡出现向上钓鱼形态的转强概率最高；二是股价经过一定上涨后，出现小幅回调甚至是直接震荡期间，形成的长期弱势震荡，同样是向上钓鱼形态容易出现的征兆。

在这两种情况下，股价越是震荡幅度较窄，成交量保持在低量水平，且震荡时间通常在30个交易日左右、甚至更长时间，如达到1年左右时，一旦向上钓鱼形态出现，或是未形成标准的向上钓鱼形态，但技术攻击特征明显时，往往是牛股启涨的征兆。

如图8-15中A区域形成的向上钓鱼形态，是股价小幅上涨后的回调时形成的长期弱势震荡中出现的，而信立泰（002294）A区域形成的向上钓鱼形态，则是在持续下跌后的长期弱势震荡中出现的，如图8-16所示。

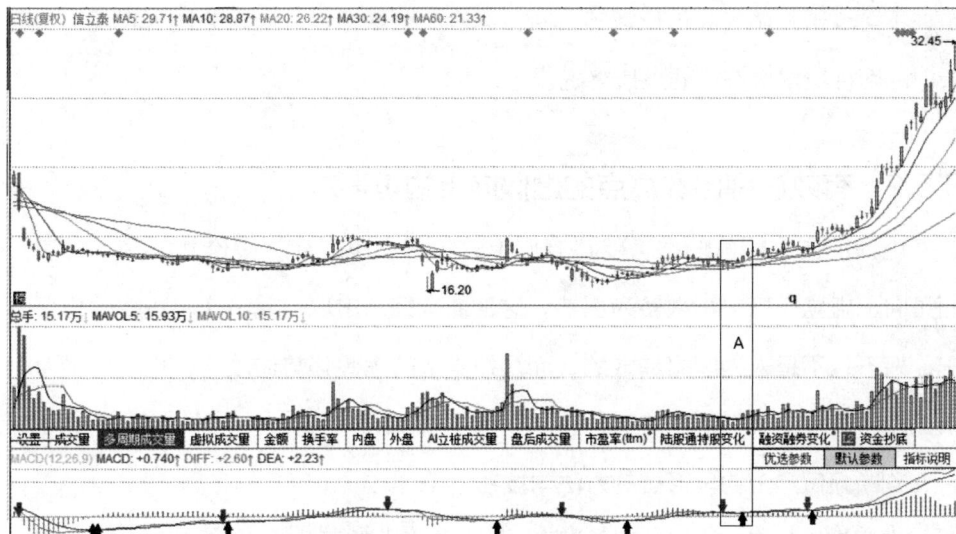

图8-16　信立泰-日线图

实战指南：

（1）在最容易出现向上钓鱼形态的股票类型中，上涨趋势形成时涨幅不大的首次短期回调中最容易在调整末端出现向上钓鱼形态，但若是二次回调或三次回调时出现，只要符合向上钓鱼形态时的买股要求，同样说明股价已恢复强势。

（2）长期弱势震荡整理同样是最容易出现向上钓鱼形态的股票技术特征，但许多投资者在判断长期弱势时习惯于股价大幅下跌后的弱势中寻找，而根据股价运行规律，往往是二次下跌后跌幅在100%左右时的长期弱势震荡期间，是最容易出现向上钓鱼形态的强势上涨，但不能排除弱势走弱后的再次弱势震荡时出现，不过是出现的概率相对较小。而且经过一定幅度上涨后出现的长期弱势震荡整理期间，一旦股价发动上涨，同样会经常以向上钓鱼形态的方式出现，这类股多为以时间换空间的上涨趋势的调整行情，大多发生在业绩优良的大盘绩优股或白马股身上，为长牛股上涨中继较长时间的调整。

（3）根据股价位置判断向上钓鱼形态，只是最容易形成向上钓鱼的技术形态，不可过于强调对股价位置的判断，而应主要依据股价当前的技术表现，即选股时的两种技术形态标准来最终确认。

8.5.2　有效识别出次高点的虚假向上钓鱼形态

虚假的向上钓鱼形态，就是当向上钓鱼形态出现后，股价并未真正转强，而是向上虚晃一枪，再次转为弱势。这种情况经常出现，属于买股失败的止损情况，只不过不是人为因素造成的，而是技术上的虚假强势造成的，也就是主力向下试盘后下方支撑不强的结果。

判断虚假向上钓鱼形态的方法与技巧：

虚假向上钓鱼形态，只要按照向上钓鱼形态的要求出发，不符合要求时即为虚假向上钓鱼形态。其中最关键的，主要表现为向上钓鱼线形成后的K线强势时，量能表现为温和放量或缩量，或是格外放量的巨量时。因量能过小，则难以即刻在向上钓鱼形态后表现为持续强势，而量能过大最容易因短线跟风盘较多，主力拉升压力大，会被迫继续弱势洗盘。因此，确认是否为虚假向上钓鱼形态时，应以向上钓鱼线后K线强势后的具体走势，看K线是否会跌破向上钓鱼线的低点，短时瞬间跌破，有可能为主力再次向下试盘，只要其后强势，仍然不可确认为失败；持续跌破向上钓鱼线低点时，方可确认为虚假向上钓鱼形态，此时方可止损卖出。

如图8-17所示，理工环科（002322）A区域为标准的向上钓鱼形态后持续上涨的情况，而B区域出现时，在即时行情中，同样为上涨趋势调整行情的向上钓鱼形态，但MACD辅助指标为双线下行，均线为中短期均线下行、MA60上行状态，不符合辅助指标的助涨要求，且在股价上涨期间，成交量保持低量水平的持续阳量缩量，是量能不足的表现，所以，B区域看似为向上钓鱼形态，实则是虚假的向上钓鱼形态，不可买入，买入后也应及时止损。

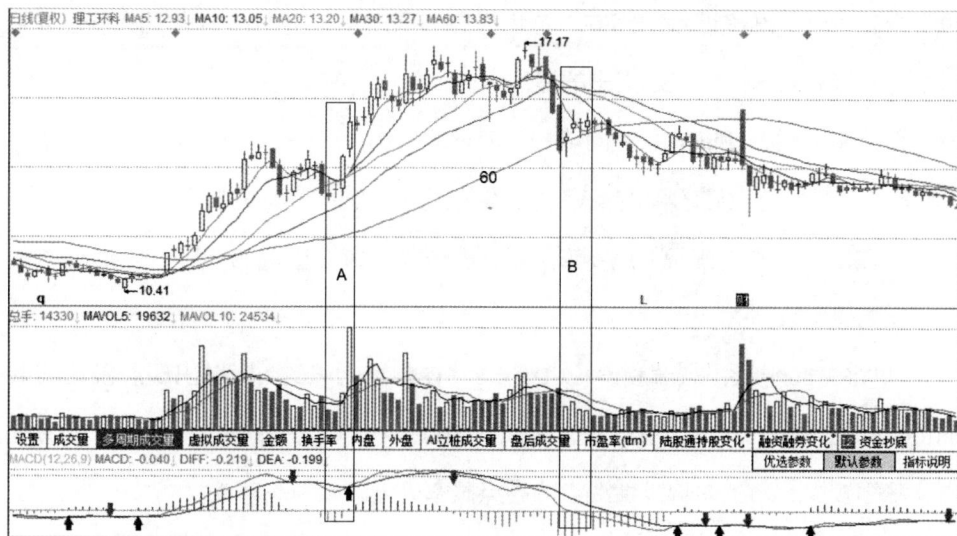

图8-17　理工环科-日线图

实战指南：

（1）在判断向上钓鱼形态是真的强势还是弱势时，只要根据向上钓鱼形态的判断标准来确认即可，虚假向上钓鱼形态，往往是向上钓鱼形态期间股价强势时量价齐升突变不明显或量能过大，即量能过小或过大。

（2）当发现向上钓鱼形态为虚假向上钓鱼形态时，只要满足买股要求即可买入，其后只有K线有效跌破向上钓鱼线低点时，方为止损点，否则买入者就应继续持股。

（3）在根据向上钓鱼形态确认买入时机时，正是为了避免落入虚假向上钓鱼形态的出现，才需要在买股时通过其他指标的助涨确认，以及量价形态、盘口状态的强势状态一步步确认股价的强势状态时，方可买入，所以，只要严格按照向上钓鱼形态时的买股要求和步骤操作，才能避免陷入虚假向上钓鱼形态的陷阱。

8.5.3　识别主力震仓期间的虚假向下钓鱼形态

当股价在上涨过程中，一旦主力感觉股价上行的压力较大时，也经常会使用向下钓鱼形态的方式进行震仓洗盘，这种情况在实战中发生得虽然不是很多，但也不少，所以，准确识别出当向下钓鱼形态出现时，是主力在出货还是震仓至关重要，直接关系到持股还是卖出的操作。

识别主力震仓期间的虚假向下钓鱼形态的方法：

（1）从当前上涨的幅度观察。主要通过股价低点开始的累积涨幅观察，一般股价在未接近累积涨幅100%前，即上涨幅度不大时出现的向下钓鱼形态为主力震仓的概率较高。

如图8-18所示，杰瑞股份（002353）在持续上涨的A区域出现放量后缩量的持续阴量下跌的向下钓鱼形态，但此时由低点计算累积涨幅，只上涨了50%左右，涨幅较少，为主力阶段性洗盘的高点概率极大。

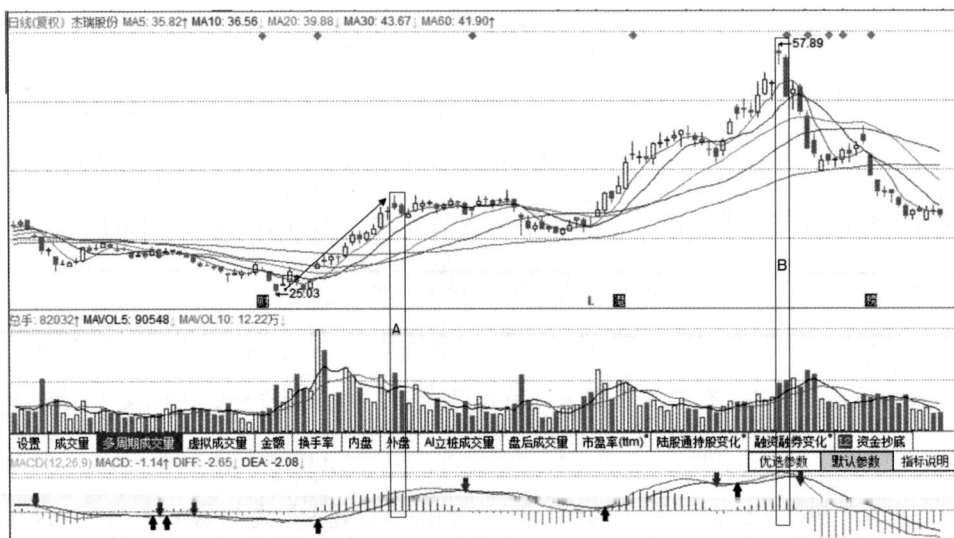

图8-18　杰瑞股份-日线图

（2）从持股的基本面分析。那些长期业绩优良的大盘白马股、绩优股，即长期价值投资标的股，即便短期涨幅较大，向下钓鱼形态的出现，多为阶段性高点，其后通常长期趋势不会变坏。

如图8-19中这只股票为白马股和绩优股，所以成为长牛股的概率极高，A区域的向下钓鱼形态多为阶段性高点。而B区域的向下钓鱼形态形成后，股价持续量价齐跌明显，为转势时的向下钓鱼形态。

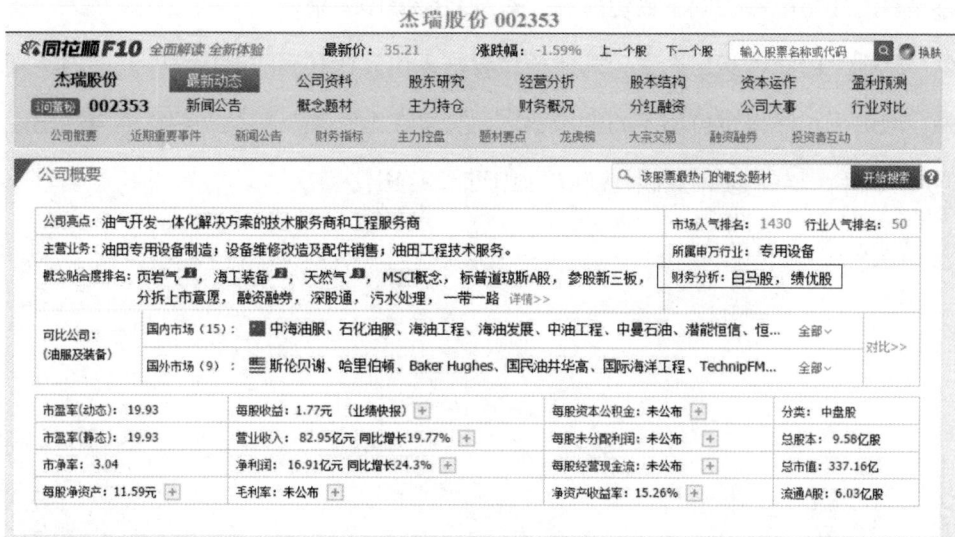

图8-19　杰瑞股份-最新动态

（3）从向下钓鱼线后的K线跌幅和时间观察。往往越是虚假向下钓鱼线后，K线表现为小幅震荡下跌，且略震荡下行后即转为震荡，而转势时的K线表现为较大阴线实体的大阴量下跌，不仅短期破坏力强，且持续下跌，即卖点时的量价齐跌明显时为趋势反转的向下钓鱼形态，不明显的量价齐跌多为虚假向下钓鱼形态。

如图8-18中A区域出现向下钓鱼线后，只出现了一条阴线下跌，即表现为小幅震荡略上行，可见向下破坏力不大。综合以上可确认A区域为阶段性高点，应阶段性卖出，其后一旦止跌回升明显时，可再买回来。

实战指南：

（1）在根据钓鱼战法实战期间，识别虚假向下钓鱼形态时，主要是从股价短期趋势变坏的力度和速度上，越是量价齐跌明显的向下钓鱼形态，多会造成趋势反转向下，而越是表现温和的不明显的量价齐跌的向下钓鱼形态，主力洗盘的概率较高。并且若主力在洗盘，往往时间会较短。

　　（2）由于向下钓鱼形态出现时，必然是短期涨幅较大时，在实战期间，不管是真的还是虚假的向下钓鱼形态，对于波段操作者来说，短期已获利较大，所以，原则上仍然以卖出为主，即便长线看好，也应在其后明显止跌回升时再买回来。但对于长线投资价值不高的股票，尤其是在上涨趋势短期调整行情末端出现的向下钓鱼形态，无论真假，都应在出现时即卖出。